事例で学ぶ
刑法各論

船山泰範 著

成文堂

はしがき

　刑法各論は事例で学ぶのが第1である，という方針で本書をまとめた。事例の大半は判例に基づくが，それ以外に，いわゆる講壇事例もある。ちなみに，判例索引では，簡単な項目や事件名をつけて検索の便とした。判例数は450件を超えている。そのほか，付録として，犯罪類型を区別する「主な犯罪・早わかり」をつけておいた。活用して頂きたい。

　本書の2番目の特色は，通説・判例に疑問のあるものについては私見を述べた点である。見解の分かれる訳を考えてほしい。

　3番目は，刑法総論との関係に配慮した点である。刑法の事例は，総論・各論どちらだけで解けるものではない。ほとんどが両者の絡む問題である。その点に関して，各所で注意を喚起する記述をしておいた。

　4番目は，法解釈にあたって刑事政策的視点を入れた点である。犯罪現象の変容を抜きにして解釈を進めるのは効果が薄いといえよう。

　ところで，犯罪に関わる事例を調べるとわかるように，事例の中に人間存在のさまざまな側面を見い出すことができる，つまり，刑法各論は，犯罪という観点から，「人間とはいかなるものか」という課題に迫る取り組みであるといえよう。

　本書を上梓するにあたっては，斉藤信宰先生（大東文化大学法科大学院教授）にひとかたならぬ御支援を頂いた。厚く感謝を申し上げたい。急ぐ出版にあたって，成文堂編集部の相馬隆夫氏には懇切な編集作業をして頂いた。御礼申し上げたい。なお，本書の作成にあたって，以下の諸君の心のこもった協力を得た。佐藤由紀子（日本大学法科大学院院生），福岡久美子（同），山田裕之（同），加藤裕康（同），張光雲（専修大学法学研究科院生），浜崎昌之（日本大学法学研究科院生），宮澤麻衣子（日本大学法学部学生）。記して，感謝を申し上げたい。本書の元は，日本大学通信教育部の教材『刑法Ⅱ』であることをお断りしておく。

刑法を学ぶことが人間理解の1つの手がかりとなり，いくらかでも犯罪を少なくすることにつながり，さらに明るい社会の実現に寄与できれば，と願ってやまない。

　平成20年

バラの芽に雨降る季節に
船 山 泰 範

目　　次

はしがき

第Ⅰ編　刑法各論の基礎 …………………………………… 1
第1章　刑法総論との関係 ……………………………… 2
1　犯罪成立要件と刑法各論との関係 …………………… 2
2　犯罪の成立と刑罰の適用 ……………………………… 8
第2章　犯罪の分類 ……………………………………… 14
1　刑法各論の体系 ………………………………………… 14
2　法益から犯罪類型を捉える …………………………… 16
3　犯罪の分類 ……………………………………………… 18

第Ⅱ編　個人的法益に対する罪 ………………………… 21
第3章　生命・身体を害する罪 ………………………… 22
1　人の生死 ………………………………………………… 22
2　殺人の罪 ………………………………………………… 25
3　傷害の罪 ………………………………………………… 33
4　過失致死傷の罪 ………………………………………… 48
5　堕胎の罪 ………………………………………………… 52
6　遺棄の罪 ………………………………………………… 53
第4章　人身の自由を侵す罪 …………………………… 57
1　逮捕および監禁の罪 …………………………………… 57
2　略取および誘拐の罪 …………………………………… 61
第5章　精神的自由・生活の平穏を害する罪 ………… 69
1　脅迫の罪 ………………………………………………… 69
2　住居を侵す罪 …………………………………………… 72
3　秘密を侵す罪 …………………………………………… 77
4　名誉に対する罪 ………………………………………… 82
5　信用および業務に対する罪 …………………………… 93

iv 目次

第6章　性犯罪 …………………………………………… *102*
1　性犯罪の保護法益 ………………………………… *102*
2　性犯罪の各種類型 ………………………………… *105*

第7章　財産犯罪 ………………………………………… *118*
1　財産犯罪の基礎 …………………………………… *118*
2　窃盗の罪 …………………………………………… *126*
3　強盗の罪 …………………………………………… *134*
4　詐欺および恐喝の罪 ……………………………… *146*
5　横領および背任の罪 ……………………………… *154*
6　盗品等に関する罪 ………………………………… *161*
7　毀棄および隠匿の罪 ……………………………… *164*

第Ⅲ編　社会的法益に対する罪 …………………… *167*

第8章　公共の平穏を害する罪 ………………………… *168*
1　騒乱の罪 …………………………………………… *168*
2　放火および失火の罪 ……………………………… *170*
3　出水および水利に関する罪 ……………………… *181*
4　往来妨害罪 ………………………………………… *182*

第9章　国民の健康を害する罪 ………………………… *189*
1　薬物犯罪 …………………………………………… *189*
2　飲料水に関する罪 ………………………………… *190*
3　公害・薬害 ………………………………………… *191*

第10章　経済犯罪 ………………………………………… *194*
1　経済犯罪の特色 …………………………………… *194*
2　さまざまな経済犯罪 ……………………………… *195*

第11章　偽造犯罪 ………………………………………… *200*
1　通貨偽造の罪 ……………………………………… *200*
2　有価証券偽造の罪 ………………………………… *204*
3　支払用カード電磁的記録に関する罪 …………… *206*
4　文書偽造の罪 ……………………………………… *208*

  5　印章偽造の罪 ……………………………………………… *217*
 第12章　社会生活感情を侵す罪 ……………………………… *219*
  1　性的感情を害する罪 …………………………………… *219*
  2　賭博・富くじに関する罪 ……………………………… *225*
  3　礼拝所・墳墓に関する罪 ……………………………… *228*

第Ⅳ編　公務に関する犯罪 ……………………………… *233*
 第13章　公務員による罪 ……………………………………… *234*
  1　国家機関による個人に対する犯罪 …………………… *234*
  2　職権濫用の罪 …………………………………………… *236*
  3　賄賂の罪 ………………………………………………… *240*
 第14章　公務を害する罪 ……………………………………… *251*
  1　公務の執行を妨害する罪 ……………………………… *251*
  2　逃走の罪 ………………………………………………… *263*
  3　犯人蔵匿・証拠隠滅罪 ………………………………… *266*
  4　偽証の罪 ………………………………………………… *273*
  5　虚偽告訴の罪 …………………………………………… *274*

第Ⅴ編　国家的法益に対する罪 ……………………… *277*
 第15章　国家の存立を危うくする罪 ………………………… *278*
  1　内乱に関する罪 ………………………………………… *278*
  2　外患に関する罪 ………………………………………… *280*
  3　国交に関する罪 ………………………………………… *280*

学習の手引 ……………………………………………………………… *283*
主な犯罪・早わかり …………………………………………………… *295*
事項索引 ………………………………………………………………… *301*
判例索引 ………………………………………………………………… *311*
図表索引 ………………………………………………………………… *324*

凡　例

1　法令は 2008 年（平成 20 年）2 月 1 日現在による。
2　判例は一部を省略して引用している。
- 大判明 43・3・10 刑録 16 輯 402 頁＝大審院判決明治 43 年 3 月 10 日刑事判決録 16 輯(しゅう) 402 頁
- 最決昭 45・12・3 刑集 24 巻 13 号 1707 頁＝最高裁判所決定昭和 45 年 12 月 3 日刑事判例集 24 巻 13 号 1707 頁
- 判時＝判例時報
- 判タ＝判例タイムズ
- その他，一般に用いられている省略方法によっている。

3　文献略語集

「小暮ほか編・各論」小暮得雄・阿部純二・板倉宏・大谷実編『刑法講義各論
　　　　　　　　――現代型犯罪の体系的位置づけ』（有斐閣．1988）
「団藤・各論」団藤重光『刑法綱要各論（第 3 版）』（創文社．1990）
「西田・各論」西田典之『刑法各論（第 4 版）』（弘文堂．2007）
「平川・各論」平川宗信『刑法各論』（有斐閣．1995）
「平野・概説」平野龍一『刑法概説』（東京大学出版会．1977）
「大谷・総論」大谷　實『刑法講義総論（新版第 2 版）』（成文堂．2007）
「大谷・各論」大谷　實『刑法講義各論（新版第 2 版）』（成文堂．2007）
「藤木・総論」藤木英雄『刑法講義総論』（弘文堂．1975）
「藤木・各論」藤木英雄『刑法講義各論』（弘文堂．1976）
「前田・各論」前田雅英『刑法各論講義（第 4 版）』（東京大学出版会．2007）
「林　・各論」林　幹人『刑法各論（第 2 版）』（東京大学出版会．2007）

4　犯罪統計は，ほとんど「平成19年版犯罪白書」によっている。そのため，対象は平成 18 年のものが大半である。

第Ⅰ編

刑法各論の基礎

第1章　刑法総論との関係

1　犯罪成立要件と刑法各論との関係

1　犯罪成立要件のスケッチ

(1) 刑法各論の受け持ち領域　　いかなる場合に犯罪が成立するかは、全体として刑法総論の課題であるが、その中の「構成要件」の問題は、第一義的に刑法各論が受け持つ領域である。両者の関係については後にまた触れるとして、まずは、犯罪成立要件についてスケッチしておこう。

スケッチにあたって、次の点を確認しておきたい。人間の社会にはさまざまな要素が存在し絡み合っているから、犯罪の成立要件を明らかにするにあたっても、できるだけ整理し、体系的に捉えることが望ましい。しかも、その際、刑法の基本原則である、**罪刑法定主義**や**責任主義**を活かすことが必要である。

(2) 人間の行為によること　　犯罪は、第1に、人間の行為でなければならない。仮に**法益**（たとえば、人の生命・財産）の侵害がなされたとしても、それが自然の災害によるならば、犯罪ではない。たとえば、火山の噴火や地震で人が死亡したり、建物が破壊されても、殺人罪（199条）や建造物損壊罪（260条）という犯罪として捉えられることはない。

行為とは、意思的要素とそれによってコントロールされる行動とを合わせた概念である。意思的要素を欠く**単なる行動**は行為と峻別され、刑法的評価の対象から外される。単なる行動とされる代表例としては、**絶対的強制下の行動**と**夢遊状態の行動**がある。絶対的強制下の行動とは、たとえば、銀行強盗からピストルを突きつけられて、やむなく強盗に現金を渡した支店長の行動を指す。支店長は、強盗罪（236条1項）の幇助犯（62条）のようにみえるが、行為といえないので、はじめから犯罪にならない。夢遊状態の行動

とは，眠ってから本人が気がつかないうちに起き出し，他人の家に侵入して財物を奪って帰ってくるような場合である。

例1—(1)

> 本人が自宅で妻と就寝していたが，室内に侵入してきた男に首を絞められる夢を見て，攻撃を加えるつもりで，男の首を絞めたところ，首を絞めた相手は妻で，頸部扼圧により窒息死した事例について，「自己の行動に対する自覚的な意識がなく，従って任意の意思に基づいて自己の行動を制御，支配し得る余地も存在しない意識状態のもとになされた被告人の本件所為は……およそ刑罰法規の対象たり得る行為そのものにも該らない」として，無罪が言い渡された（大阪地判昭37・7・24下刑集4巻7＝8号696頁）。

(3) 構成要件に該当すること 人間の行為によって何らかの法益に対する侵害や危険が発生した場合でも，それが刑法の予定している**犯罪類型**（犯罪の型）にあてはまらなければ，犯罪とはならない。犯罪類型にあてはまることを，**構成要件該当性**があるという。たとえば，金を返さない事例でも，はじめから返すつもりはないのに，利殖になるからと偽って金を預かり，遊興費に費やした場合は，「人を欺いて財物を交付させた」行為として，詐欺罪（246条1項）の構成要件に該当する。これに対し，はじめは返すつもりで借りたが，後に事業が失敗して返せなくなったときは，民法上の債務不履行にすぎず，なんらの構成要件にも該当しない。

犯罪の構成要件には何が含まれているか。殺人罪（199条）を例に検討してみよう。「人を殺した者」という文言の中に，①犯罪の主体—「者」，②犯罪の客体—「人」，③行為態様—「殺した」の3つが含まれている。そのほか，条文に直接表われてはいないが，④保護法益—生命，が含まれることはいうまでもない。

構成要件には，次のような機能がある。①ある行為が犯罪にあたる可能性があるかどうかを示す。構成要件によって犯罪の枠組みを明らかにするのは，罪刑法定主義の実現といえる。②犯罪構成要件として採り上げられている行為の態様は，一般に社会生活上許されない行為である。そこで，構成要

件は違法類型といえる。すなわち，構成要件該当性は**違法性推定機能**を有している。③通説的見解は，構成要件は有責類型でもあるとする。すなわち，構成要件に該当すると，**有責性推定機能**も働くことになる。

　構成要件に該当する行為については，さらに2つの要件が加味されて，犯罪としての要件が整う。それは，違法性と有責性である。

　(4) **違法性をそなえていること**　違法性とは，構成要件に該当する行為について，具体的事情を考慮しても，社会全体の見地からみて，法として許されないということである。たとえば，人を殺害することは一般に許されないことである。ただし，仮にその殺害行為が正当防衛のためになされたのであるとすれば，社会全体の見地からみて法は許すことになる。具体的事情によって違法性が「ない」とされる場合を，**違法性阻却事由**が認められる，と呼んでいる。なお，阻却とは，しりぞけるという意味である。

　違法性とは何かについて，正当防衛（36条）を手がかりに考えてみよう。**正当防衛**が認められるのは，①急迫・不正の侵害に対して，②自己または他人の権利を防衛するため，③やむを得ず行為をしたときに，④防衛の程度を超えていないこと，のすべての要件が充たされた場合である。この要件から，次のことが明らかになる。

　第1に，正当防衛は法益と法益の衝突する場面である。たとえば，夜道で強盗犯人によってナイフで殺されそうになった通行人が，たまたま手にした石で反撃して強盗犯人を殺害した場合はどうか。通行人は，傷害致死罪（205条）か殺人罪の構成要件に該当する。そして，結果として，通行人はかすり傷さえ負わなかったとしても，実際に損なわれた生命と侵害されそうになった生命とを比較して，不正に対する反撃は致し方ないこととして，許すのである。

　第2に，やむを得ず行為をしたときに，防衛の程度を超えていないこと，というのは，単に法益だけの比較にとどまらないことを意味する。上の例で，仮に通行人が身体に対する危害から守るためであったとしても，強盗犯人を殺害したことは正当防衛に含まれると解される。

　以上のことから，おおよそ，違法性は，法益と法益が衝突する場面で，行

為の目的や手段の態様などを合わせて判断すべきことになる。すなわち，違法性は，**結果の無価値的側面**＊と行為の無価値的側面の両面を合わせて考慮すべきであるということになる。

(5) **有責性をそなえていること**　　有責性とは，行為者個人に着目したときに非難が可能であるということである。たとえば，商店の品物を盗む行為は，窃盗罪（235 条）の構成要件に該当し，一般に非難を受ける。ただし，仮にその行為者が 10 歳の子どもであるとすれば，1 人の人間として，教育的措置，すなわち**保護処分**＊＊は別論として，刑罰という制裁の対象とするにふさわしくない。**責任年齢**に達していない（刑事未成年）ため，処罰されないのである（41 条）。具体的事情によって有責性が「ない」とされる場合を，**有責性阻却事由**が認められる，と呼んでいる。

有責性とは，行為者に対して非難を負わせることができるということ（**非難可能性**）である。この場合の非難は，単にルール違反に対して形式的にペナルティーを課すのではなく，規範的観点から許されないことを意味する。その点で，人の踏み行うべき行為として許されない，という道義的非難にほかならない。有責性に関して，「責任なければ犯罪なし」という**責任主義**が反映されることになる。

以上述べてきたことを図と表で示すと，次頁以降のようになる。3 通りの示し方をしている。

2　刑法各論がかかわる部分

(1) **成立要件のどこにかかわるか**　　刑法各論は，犯罪成立要件の中で構成要件にかかわるが，構成要件を規定している刑法第 2 編　罪の各条文は，構成要件に関する規定だけではない。なかには，違法性阻却事由に関する規

＊結果の無価値的側面　違法性の本質論について，結果の無価値的側面のみに着目する結果無価値論と，本文のような行為無価値論とが対立している。

＊＊保護処分　少年の非行に対して，少年法は少年審判という裁判に基づいて，保護処分を課すことにしている。保護処分には，①少年院送致，②児童自立支援施設・児童養護施設送致，③保護観察，がある。

図表1-1 犯罪成立要件のスケッチ

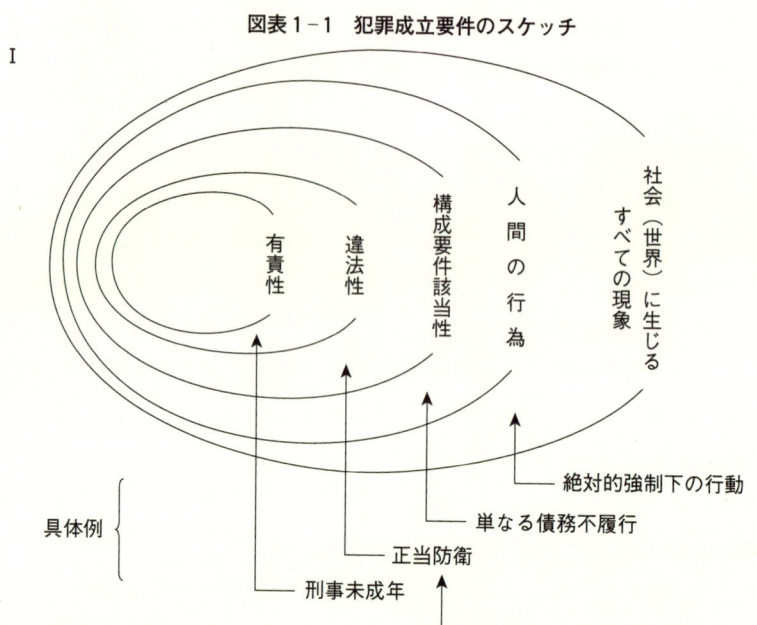

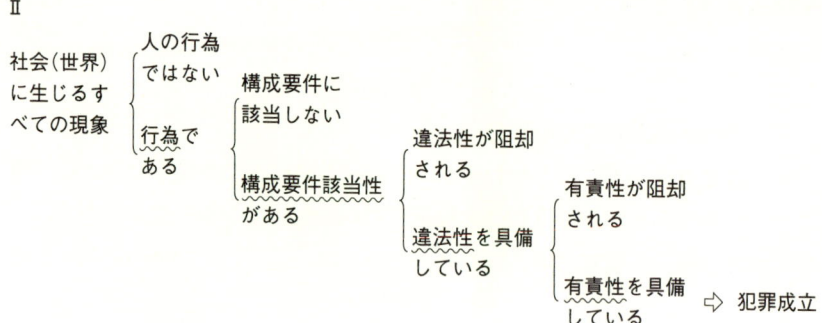

⇨ 犯罪成立

Ⅲ

例	行為	構成要件該当性	違法性	有責性	結論
支店長Aは銀行強盗からピストルをつきつけられ，やむなく強盗に現金を渡した。	行為といえない	→			無罪
Bは事業に失敗して借金が返せなくなった。	行為といえる	なんら構成要件に該当しない	→		無罪
通行人Cが強盗犯人に反撃して殺害した。	行為といえる	殺人罪の構成要件に該当する	正当防衛で違法性が阻却される	→	無罪
10歳の子どもDが商店の品物を盗んだ。	行為といえる	窃盗罪の構成要件に該当する	違法性阻却事由はない	刑事未成年として有責性が阻却される	無罪
Eは，うらみからコーヒーの中に致死量の毒薬を入れ，飲んだ人が死亡した。	行為といえる	殺人罪の構成要件に該当する	違法性阻却事由はない	有責性阻却事由はない	有罪（殺人罪）

（注）上は，A，B，C，D，Eそれぞれについて，各段階ごとの判断を示し，結論を導いたものである。

定や処罰阻却事由に関する規定もある。違法性阻却事由としては，名誉毀損的行為でも公共の利害に関する場合は犯罪とならないという230条の2がある。処罰阻却事由としては，**親族相盗例**＊（244条1項）がある。

(2) **刑法各論だけで構成要件が明らかになるか**　構成要件は刑法各論だけで明らかにできない問題を含んでいる。たとえば，**因果関係**という総論上の問題が解決できなければ，具体的な構成要件該当性を見極めることはできない。

＊親族相盗例　親族間で窃盗がなされた場合，窃盗罪にはなるとしても，刑が免除されることになっている。

例1―(2)

　Aは，Bを殺害するつもりでBの腹部をナイフで刺したが，出血多量で死ぬほどではなかった。Bは救急車で病院に連れていかれたが，救急車の運転手Cの運転ミスで救急車が転倒し，そのためBは死亡した。Aの刺すという行為とBの死亡との間に相当因果関係はないから，AはBの死亡について責任を負わない。したがって，Aは殺人既遂罪（199条）ではなく，殺人未遂罪（203条・199条）という構成要件にあたる。

　そのほか，刑法総論で議論される**不真正不作為犯**や**事実の錯誤**についてのあてはめが，どの構成要件に該当するかに反映するのである。刑法総論と刑法各論が合体して，はじめて犯罪の成否が明確になるといえよう。

2　犯罪の成立と刑罰の適用

1　場所的適用範囲

(1)　犯罪成立要件と場所的適用範囲　　犯罪の成否を決める要因としては，「犯罪成立要件」のほかに，刑法の**場所的適用範囲**の問題がある。たとえば，(イ)賭博行為がなされても，それがラスベガスでなされたならば，日本人が行為した場合でも賭博罪（185条）の構成要件該当性は認められない。他方，(ロ)ラスベガスで日本人がアメリカ人をピストルで射殺したとすると，ネバダ州の刑法に触れるばかりでなく，わが国の刑法の殺人罪（199条）の構成要件該当性を考える必要がある。

　以上の(イ)と(ロ)の結論の違いは，刑法の場所的適用範囲に関する規定によって決められる。つまり，構成要件該当性の判断をするにあたっては，罪種と行為のなされた場所とを合わせて考えなければ，的確な解答は出せないのである。なぜ，場所的適用範囲の問題があるかというと，刑法は基本的法典として，一部で時間と空間を超えた普遍性をそなえつつ，多くの部分において，民族性や国民性に深く根ざすところがあるからである。

(2)　場所的適用範囲についての原則　　刑法の場所的適用範囲の問題は，

刑法総論で扱われるテーマであるが，どの犯罪類型かによって日本の刑法が適用されるかどうか分かれる以上，刑法各論でも気を配る必要がある。ここでは，その意味で，簡略にその原則を確認しておこう。

(イ) 刑法の場所的適用範囲について，**属地主義**を基本原則とする旨を示したのが，刑法1条1項の国内犯の規定である。すなわち，日本国内で行われた犯罪については，犯人が日本人であろうが，その他の外国人（無国籍人も含む）であろうが，日本の刑法が適用される。

(ロ) 1条2項は，国内犯の拡張範囲を定めたものである。船舶については「浮かぶ領土」といわれている。「日本航空機」とは，航空法により日本籍を有するものを指すが，さしずめ「飛ぶ領土」と呼べよう。

(ハ) 3条は，日本国民が国外で犯罪を犯した場合，殺人・強盗・現住建造物等放火などの重大な犯罪について，わが刑法を適用して処罰する旨を定めている。この範囲で，**属人主義**が採用されている。

(ニ) 2条は，内乱・外患・通貨偽造など日本国の国益を害する重大な犯罪について，日本人・外国人を問わず，国外犯を処罰する旨を定めている。**保護主義**の考え方に基づく。

(ホ) 4条は，日本国の公務員の重要な職務犯罪について，その国外犯を処罰するものである。

例 1 — (3)

> 国外で日本国民と日本国の公務員の間で賄賂の授受がなされた場合，贈賄側については3条・2条に列挙されていないので処罰しえないが，公務員については4条の適用によって処罰が可能である。

(ヘ) 4条の2は，2条・3条・4条にあたらない国外犯でも，日本が条約によって処罰する義務を負ったものについては，処罰する旨を定めている。この規定は1987（昭62）年に新設された。いわゆる**世界主義**に基づく処罰の道を開くものである。本条の対象となる条約としては，人質を取る行為に関する国際条約，国家代表等保護条約，核物質の防護に関する条約，国際連合要員及び関連要員の安全に関する条約等がある。

(ト) 5条は，外国で確定判決を受けた者であっても，同一の行為について，さらに処罰されうることを規定したものである。ただし，犯人がすでに外国で言い渡された刑の全部または一部の執行を受けたときは，刑の執行を減軽し，または免除する。この執行の減免は，裁判所が判決で言い渡す（最判昭29・12・23刑集8巻13号2288頁）。

2 刑罰の適用

(1) 刑罰の適用の多面性　犯罪がなされれば，頭の中では，いわば観念的には刑罰権の発生を考えることができるが，現実に国家刑罰権の発動をみるためには，**刑事裁判**を経る必要がある。

刑罰の種類については，刑法9条に死刑以下7種の刑罰が予定されているが，具体的にどの刑罰を受けるかは，各犯罪類型ごとに予め**法定刑**＊として用意されているものの中から選択されるのである。

さて，刑事裁判において有罪が認定される場合，裁判官は一般に幅のある刑罰の中から具体的に刑罰を選択することになる。裁判が確定すれば，有罪と認められた者にいよいよ刑罰が適用されることになる。

ところで，刑罰の適用の場面においても，執行猶予のように，実際には刑罰に服さない処遇方法も用意されており，その点では，刑事司法過程からはずす猶予制度を全体として捉える必要がある。このように，刑罰の適用といっても，刑事手続の流れの中で，いくつかの支流に分かれ，また，流れ方にも多様性がみられる。

(2) 猶予制度　刑事司法を全体としてみるとき，犯罪に対して，さまざまな段階で司法過程からはずれる処分ないし処遇が行われている。

それぞれの段階ごとに，制度の存在理由に違いが見られるが，いずれも刑事司法過程からはずれる（はずす）ことが犯罪者の社会復帰に役立つという点で共通項をもっている。

＊法定刑　各条文に規定されている，一般に幅のある刑罰のこと。これを基に一定の加重減軽の措置がなされた場合を処断刑，さらに，これらを基に裁判官が具体的に言い渡す刑が宣告刑である。

図表1-2 さまざまな猶予制度

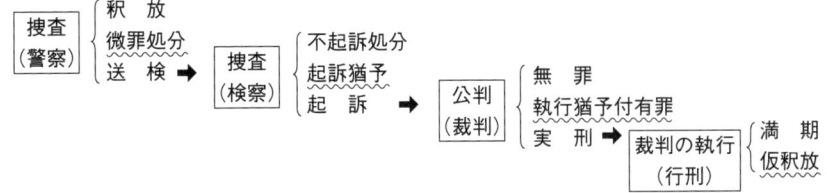

(イ) **微罪処分** 警察における捜査で有罪立証が可能と見込まれるときも，被害が軽微で再犯性が弱く，犯人が反省している場合には，事件を検察官に送らないという処理が認められている。

(ロ) **起訴猶予** 検察官が被疑者を取り調べた結果，そもそも犯罪事実がない場合や被疑者が犯罪と結びつかない場合は，不起訴処分になる。ただし，犯罪者の可能性が高いときでも，本人が十分に反省していて刑事裁判にかけるまでもないと思われるときは，検察官の権限で起訴猶予にする。

(ハ) **執行猶予** 裁判の結果は，大きく有罪と無罪に分かれ，有罪判決の中に，実刑と執行猶予付有罪（25条）がある。たとえば，懲役2年執行猶予3年という場合，その後，3年間，犯罪を犯さず真面目に過ごせば，一度も刑務所に入らずにすむが，3年の間に再び犯罪を犯して懲役を受けたりすると，前の懲役と後の懲役を合わせて受けることになる。

(ニ) **仮釈放** 仮釈放とは，いったん懲役・禁錮に処せられ，刑に服している者に反省の様子が認められる場合に，仮に刑務所から出所することを許す制度である（28条）。

3 罪数の処理について

(1) 罪 数 犯罪がいくつか成立している場合に，それをどう処理するかが，**罪数**の問題である。罪数については刑法総論の分野で詳しく検討されるので，ここでは必要最小限の範囲で触れておくことにしよう。

2個以上の犯罪が認められるときは，観念的競合，牽連犯(けんれんはん)，併合罪の区別が問題となる。それに対して，犯罪が1個と評価される場合の全体を**実質的一罪**という。

実質的一罪には，2個以上の行為が一括して実質的一罪とされる広義の包括的一罪と，1個の行為が2個以上の構成要件に該当するようにみえるが，実はそのうちの1つの構成要件だけが適用される法条競合とがある。

(2) 法条競合 たとえば，ナイフで着衣などを貫いて人を刺し殺した場合，何罪が成立するか。

殺人罪（199条）が成立するのは当然として，衣服という器物を損壊したとして器物損壊罪（261条）にも問われるのであろうか。

答えは否である。器物損壊罪は殺人罪に吸収されるという評価を受ける。その理由は，人を殺害する場合に凶器を用いるときは着衣を損壊することが通常と解され，しかも，殺人罪の法定刑は器物損壊罪の法定刑より十分に重いので，わざわざ別に成立させる必要はないからである。このような**吸収関係**は，法条競合の1つである。

法条競合とは，2個以上の罪名に触れるような外観を呈するが，実は，その中の1つの構成要件の適用が他の適用を排除する場合である。

その他の法条競合としては，以下のようなものがある。

特別関係……森林窃盗罪（森林法197条―3年以下の懲役または30万円以下の罰金）が成立するときは，窃盗罪（刑法235条―10年以下の懲役または50万円以下の罰金）は成立しない。特別法は一般法に優先するのが原則だからである。

択一関係……横領罪（252条）が成立すれば，背任罪（247条）は成立しない。両者とも，本人に対する信任違背行為であるが，横領罪は特定の物に対するものであり，背任罪は本人の一般財産（ある人に属する通常の財産全部）に対するものとして捉えられている。

補充関係……傷害罪（204条）にならない場合に，暴行罪（208条）が成立する。基本法は補充法を排除するから，傷害罪が成立すれば暴行罪は成立しない。

図表1-3 罪数の区分

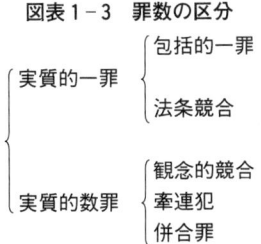

(3) 傷害の罪と比較して，重い刑により処断する　刑法第2編のいくつかの条文には，法定刑に関する記述として，「傷害の罪と比較して，重い刑により処断する」という文言が用いられている。これは，もとの罪と傷害罪・傷害致死罪の法定刑とを比較して，上限・下限とも重い方を選んで新たな法定刑を設定するという趣旨である。

具体例で検討してみよう。219条のうち，保護責任者遺棄致死傷罪を考えてみよう。

まず，保護責任者遺棄致傷罪である。この場合は，218条の法定刑と204条の傷害罪の法定刑を比較するのである。

$$\begin{pmatrix} 218条 & 5年〜3月懲役 \\ 204条 & 15年〜1月懲役，50万以下の罰金 \end{pmatrix}$$

すなわち，上限と下限について重い方を選んで，3月以上15年以下の懲役という法定刑になる。

つぎに，保護責任者遺棄致死罪である。この場合は，218条の法定刑と205条の傷害致死罪の法定刑を比較するのである。

$$\begin{pmatrix} 218条 & 5年〜3月懲役 \\ 205条 & 20年〜3年懲役 \end{pmatrix}$$

すなわち，上限と下限について重い方を選ぶと，結局，両方とも205条になり，3年以上20年以下の懲役という法定刑になる。

なお，そのほか，「傷害の罪と比較して，重い刑により処断する」という文言が用いられている条文を指摘しておくと，118条2項，124条2項，145条，196条，216条，221条などである。

第2章　犯罪の分類

1　刑法各論の体系

1　刑法各論の役割
(1)　刑法各論の意義　　刑法各論は，今日，刑法第2編　罪を中核としながら，ある程度，特別法犯についても対象領域に含めて捉えられている。

　特別法犯を刑法の視野に入れる主な理由は，次の通りである。①犯罪現象としてみるとき，1年間の**認知件数**＊は，刑法犯で約288万件であるが，特別法犯は約83万件を数え（平成19年版犯罪白書），無視しがたい。②個々の犯罪現象の面でも質的な変化がみられる。たとえば，本書第9章の国民の健康を害する罪の中に含まれる「薬物犯罪」に関しては，刑法第2編・第14章のあへん煙に関する罪が適用されることはまれであり，特別法犯である覚せい剤取締法違反や毒物及び劇物取締法違反が大半を占めているという実情がある。③また，他方では，企業犯罪としての公害（熊本水俣病事件など）や薬害（薬害エイズ事件など）が国民の健康に脅威を及ぼしており，基本的な法典である刑法典に，これらの犯罪を正面から捉えた犯罪類型を組み入れることも，刑法学の課題の1つといえそうである。

　(2)　刑法各論の課題　　刑法各論の課題として，藤木英雄博士が，「法規から出発して事実に及ぶ考察方法では不十分であり，むしろ，現実の社会生活における不法事実から出発して，それと法規とのかかわりを検討する考察方法を積極的に推進する必要がある」（藤木・各論5頁）と提唱されてから，ほぼ3分の1世紀になるが，できるだけそのような考察方法に基づいて考えたい。

　＊**認知件数**　実際の発生件数は把握できない。発生件数と認知件数の差が暗数である。犯罪によって，暗数の多い少ないがある。

ところで，刑法各論の分野では，具体的事例がどの構成要件に該当するかどうかを検討することに主要な任務がおかれているが，そのことが，次のような重要な役割を担っていることも忘れてはならない。それは，刑法によって法益を保護しようとすることである。国民の権利を守る役割を担っているのは，警察，民事裁判，その他の行政全般もそうであり，今日の社会のシステムすべてであるといってよい。ただし，その中でも刑法は，最終的には，刑罰という究極の手段を用いながら，国民を法益侵害から守ろうとしているのである。一般国民の中でも，ある法益が刑罰によって保護されようとしているかどうかに関心が高い問題である。

(3) **刑法各論の体系**　本書では，各種の犯罪を4部に分けて構成したが（第2編～第5編），守るべき法益という視点からすれば，**個人的法益に対する罪，社会的法益に対する罪，国家的法益に対する罪**に3分割するのがふさわしい。刑法第2編を法益によって3つに分けると，以下のようになる。

図表1-4　刑法第2編の構成

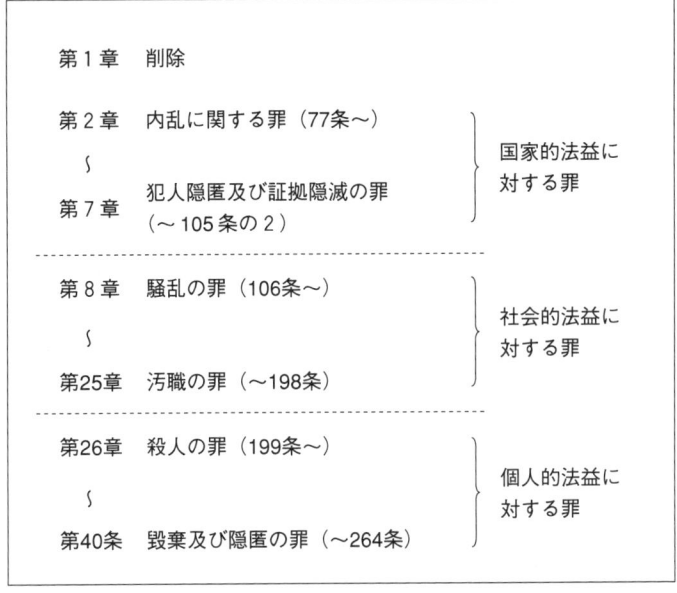

2　法益から犯罪類型を捉える

1　法益という視点から

(1) 法益の意義　**法益**とは，法律によって守られるべき権利あるいは利益のことである。刑法第2編ならびに特別刑法の各条文は，何らかの法益を守るためにあるといえる。

刑法第2編の条文を法益という視点から捉えるとき，次のような意味あいがある。

(イ)　法益の内容を検討することによって，条文の文言だけでははっきりしないことがらを，明らかにすることができる場合がある。たとえば，窃盗罪（235条）の保護法益を所有権その他の本権（地上権，質権，賃借権など）と捉えるか，それとも，事実上の所持，あるいは平穏な所持と捉えるかによって，窃盗罪の成否が分かれることがある。

(ロ)　被害という視点のみで刑法を眺めると，立法されている理由を説明できない場合がある。たとえば，わいせつ物頒布罪（175条）は，**被害者なき犯罪**として刑法のカタログから削除すべきとの議論がある。しかし，この条文の法益を「善良な性的道義観念」（最大判昭32・3・13刑集11巻3号997頁＝チャタレイ事件）とみれば，存在理由があるといえる。ただし，「善良な性的道義観念」の内容は，社会の性意識の変化に応じて変化するものであるから，固定的に捉えることは許されない。

(2) 個人的法益に対する罪を中心に　法益はいろいろな視点から区分することが可能であるが，現行憲法が基本的人権の尊重をうたっている趣旨からすれば，刑法についても，個人的法益に対する罪を中心に考えるのが自然である。

そして，個人的法益の延長線上に社会的法益に対する罪を位置づけることができる。たとえば，社会的法益に対する罪の典型例の1つである放火罪（108条以下）は公共危険罪といわれるが，そこでいう「公共の危険」とは，不特定・多数人の生命・身体に対する侵害の可能性であり，つまるところ，

個人的法益に帰着させることができるのである。そして，そう理解してこそ，現住建造物等放火罪（108条）が，実際に人が死亡していなくても殺人罪と同等の重い法定刑を用意していることが説明可能になるのである。さらに，国家的法益に対する罪も，個人的法益を守るために存在するはずの国家の作用を害するから許されない，と理解することが可能である。

このように，刑法上のすべての犯罪が依って来たるところは，個人的法益に結びつけることができるといえよう。

2 法益の見直し

(1) 3つの区分の便利さ　　3つの法益による区分は便利な場合がある。たとえば，死体損壊罪（190条）は199条の前にあるから，そこで守られるべき法益は個人的なものではなく，社会的法益であろうと見当をつけることができる，実際，190条の保護法益は，死体等に対する社会一般の尊重の念ということである。

(2) 法益見直しの必要性　　ところで，3つの区分は刑法制定当時の考え方に基づくものであるから，今日なお妥当であるかは，一考を要する。

たとえば，住居侵入罪は130条であるから，一応，社会的法益に対する罪に属するといえるが，今日では，当時の「家」という考え方は否定される。現在，住居は個人のプライバシーの拠りどころの1つとして捉えられるから，130条も個人的法益に対する罪として理解すべきである。したがって，家族の1人が承諾していれば，他者が承諾しそうにない場合でも，130条は成立しないということになる。

なお，法益の見直しという点では，性的自由の侵害といわれる強姦罪（177条）や強制わいせつ罪（176条）について，議論が高まりつつある。

＊家　旧民法上の概念であり，同一戸籍に記載されている親族の集団を指す。戸主の支配権が強く，さらに，親や夫の子や妻に対する支配権も存在していた。

3 犯罪の分類

1 即成犯, 状態犯, 継続犯

犯罪の分類のしかたの1つとして, 即成犯, 状態犯, 継続犯がある。

(1) 即成犯 即成犯は, 殺人罪 (199条) のように, 殺害行為がなされて既遂に達してしまえば, その後は別に違法な状態などは存在しないというものである。傷害罪 (204条) や放火罪 (108条以下) もこれにあたる。

(2) 状態犯 状態犯は, 犯罪が既遂に達した後でも, 違法な状態が継続しているものである。ある犯罪が成立することによって, 事後の違法状態が当然のこととして予定されている場合には, 一見, 違法行為のように思われても, 当初の予定の範囲内であるかぎり, あらためて処罰する必要のない**不可罰的事後行為**である。たとえば, 窃盗犯人が盗んだ壺を打ち壊したとしても, 窃盗罪 (235条) のほかに器物損壊罪 (261条) が成立するわけではない。

(3) 継続犯 継続犯は, 犯罪行為の態様そのものが, もともと継続性を予定していて, いわば, 時々刻々, 犯罪の成立をみるものである。監禁目的で人の身柄を拘束すれば, 多少の時間継続して自由を束縛することで監禁罪 (220条) が成立する。その後も監禁が続けば, その瞬間ごとに監禁罪はいわば新たに成立する。そこで, 犯罪の既遂時期は後ろにずれていくから, **公訴時効の起算点**は犯人逮捕など被害者が解放された時点になる。

公訴時効の起算点について着目すると, 即成犯や状態犯では, 既遂が認められた時点からということになる。

2 侵害犯と危険犯

(1) 法益保護機能 刑法は何らかの法益を保護するために規定されたものである。これを, **法益保護機能**と呼んでいる。したがって, 法益が現実に

＊法益保護機能　刑法の3つの機能のうちの1つである。そのほかに, 規制的機能 (社会倫理的機能) と保障的機能とがある。社会総合機能を加える見解もある。

損なわれた場合に処罰することが必要なことは言うまでもない。しかし，重大な法益を保護するためには，一歩踏み込んで，法益が危険にさらされたり，法益に対する脅威が生じた段階で規制する必要がある。

(2) **侵害犯と危険犯**　そこで，刑法は，保護法益が現実に侵害された場合に処罰される**侵害犯**と，法益に対する危険の発生を内容とする**危険犯**を設けているのである。侵害犯の例としては，殺人罪（199条）や窃盗罪（235条）がある。

(3) **抽象的危険犯と具体的危険犯**　危険犯は，抽象的危険犯と具体的危険犯とに分けられる。

抽象的危険犯は，処罰の根拠（立法理由）として危険の発生が前提とされているが，実際に危険が発生する必要はないとするものである。これに対して，**具体的危険犯**は，犯罪構成要件として危険の発生が実際に必要とされているものである。

放火罪についてみてみると，現住建造物等放火罪（108条）と他人所有の非現住建造物等放火罪（109条第1項）が抽象的危険犯で，自己所有の非現住建造物等放火罪（109条2項）と建造物等以外放火罪（110条）は具体的危険犯である。両者の区別は，具体的危険犯には条文に「公共の危険」という文言が使われているが，抽象的危険犯にはこういう文言が使われていないのでわかる。

3　親告罪・非親告罪

(1) **親告罪**　犯罪の中で，各条文に関して，「告訴がなければ公訴を提起することができない」と規定されているのが，親告罪である。「親告」とは，被害者その他一定の者が親ら（みずか）告訴すること，という意味である。告訴は，犯罪の被害者その他一定の範囲の者が，捜査機関に対して，犯罪がなされたことを申告し，犯人の処罰を求める意思表示である（刑訴230条以下）。

親告罪とされている理由は，大きく2つに分けられる。①犯罪被害が比較的軽微で，損害賠償などで紛争が解決すると思われる場合。②被害は重大であるが，捜査・裁判の過程で二次的な苦痛を伴うため，被害者の意思を尊重

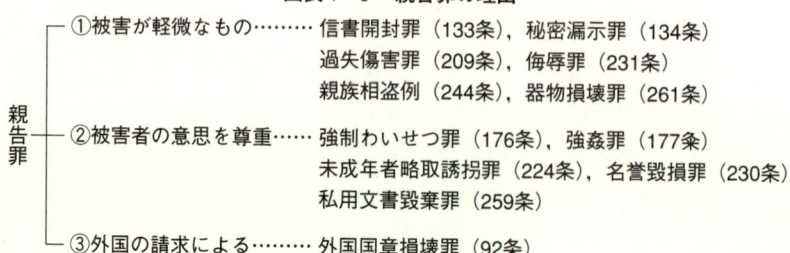

図表 1-5　親告罪の理由

する場合。

(2) 非親告罪　大半の犯罪は，「親告」を必要としない非親告罪である。その理由は，次の通りである。犯罪の多くは被害者が存在するものであるが，そもそも刑法は，**被害者の感情**をそのまま代弁するものではない。刑法は，犯罪が社会秩序を破るものであって，社会全体の観点から許されない行為として，法的な非難を加えるものである。したがって，大半の犯罪は，被害者が処罰してほしいという意思を表明しようがしまいが，刑事裁判にかかることになっているのである。

＊**被害者の感情**　刑法は，被害者の感情を代弁するものではないといっても，犯罪の被害者やその家族を援助・支援するのに役立つものでなければならない。もちろん，犯罪被害者・家族への援助・支援は刑事司法の領域にとどまらず福祉的施策とも結びつけて展開されなければならないが，刑法の解釈論・立法論の分野でも，犯罪被害者の保護という視点が確認される必要がある。「安全で安心して暮らせる社会の実現」を企図して，犯罪被害者等基本法が施行されている（平成 17 年 4 月施行）。

第II編

個人的法益に対する罪

第3章　生命・身体を害する罪

1　人の生死

1　人間の生死と刑法の適用

(1) 人と死体　　刑法は，生きている人間（条文では，「人」と表記）と死体とでは，その尊重のしかたに大きな違いがあり，また，人間と胎児とでも格段の違いがみられる。

　刑法は，生きている**人間**については，その生命を奪った場合に，殺人罪（199条）として法定刑に死刑まで用意している。また，強盗殺人（240条後段）の法定刑は，死刑と無期懲役のみである。それに対して，死体に関しては，損壊などの行為について，たかだか懲役3年に処するのみである（190条）。刑法典上の位置づけにしても，死体損壊罪は社会的法益に対する罪に位置づけられている。また，**胎児***は，将来，人間になるべき生命体として十分尊重されなければならないはずであるが，現状では，その保護のしかたはきわめて薄い。

(2) 客体の違いと法的評価の違い　　たとえば，人間の身体から心臓を摘出した場合，生きている人間（生体）からであると，それは殺人罪の構成要件に該当し，死体からであると死体損壊罪の構成要件に該当することになる。

---

*胎児　胎児とは，受精卵が子宮に着床した以後と解するのが一般である。したがって，それより前の段階で危害を加えても，刑法上の犯罪とはならない。たとえば試験管に入っている受精卵を損壊した場合，「物」でもないから，不可罰と解される。検討の余地のある問題である。

図表 2-1　主な生命・身体を害する罪の認知件数

（平成18年）

罪　　名	認知件数
殺　　人	1,309
傷　　害	33,987
暴　　行	31,002
凶器準備集合	20
交通事故による業務上過失致死傷	825,798

（平成19年版犯罪白書）

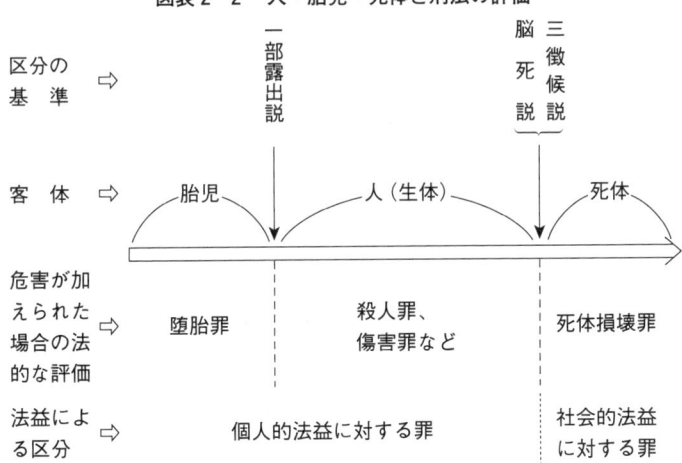

図表 2-2　人・胎児・死体と刑法の評価

2　三徴候説と脳死説

人間の死の判定については，三徴候説と脳死説の争いがあり，臓器移植法（1997年10月16日施行）の制定に伴い，脳死説が法の中に一部導入された。ただし，論議は依然として収まったわけではない。

(1)　**三徴候説**　三徴候説とは，①心臓の停止，②呼吸の停止，③瞳孔の散大，という3つの徴候がそろった時点で，1人の人間の死と判断する考え方である。この説が採られてきたのは，3つの徴候がそろった場合には，もはや息を吹き返すことはないという経験の積み重ねによる。また，このよう

な徴候は医師ばかりでなく一般の国民でもおおむね判断できることであるから，国民にとっても納得しやすい基準として，長い間支持されてきたのである。しかも，世界で普遍的である。

(2) **脳死説**　ところが，救急医療の現場でレスピレーター（人工呼吸器）が登場するに及んで，事情が一変したのである。というのは，レスピレーターによって人工的に呼吸が維持されている場合には，それに伴って一旦停止した心臓が鼓動を続けることもあるからである。瞳孔の散大（開いたままで，光に反応しない状態）は脳の機能の停止を知る手掛かりであったが，レスピレーターを装着していると，瞳孔が散大しているときでも心臓が動き続けることがある。

そこで，**脳死説**が主張されるようになったのである。これは，脳の機能が停止しているときには，もはや息を吹き返すことはないのだから，レスピレーターをつけていても，死の宣告をしてさしつかえないという考え方である。そして，その考え方を推進する要因として，脳死状態患者からの臓器摘出の正当性を根拠づけようとの意図があったことも否定しがたいところである。

ここでいう「脳死」は，脳の細胞が完全に死んでしまった状態（器質死）を意味しているわけではなく，脳の機能的停止にすぎない（機能死）。脳死説は，脳の機能的停止が明らかになった段階で，1人の人間の全体的な死と認めてよいとするのである。

3　臓器移植法の制定・施行

(1) **臓器移植法の制定**　脳の機能的停止で人間の全体的死と認めてよいのか，厚生省の定める判定基準は十分なのか，という疑問があるものの，1997年，事前に臓器提供の意思を明確にした人に限って脳死と認める**臓器移植法**が成立した。

臓器移植法によると，移植のための臓器を，死体（脳死した者の身体を含む）から摘出することが許され（6条1項），その場合の脳死については，「脳幹を含む全脳の機能が不可逆的に停止するに至った」ときとされ（6条2

項），その具体的な判定基準は厚生省令（臓器の移植に関する法律施行規則）に任せられている。

臓器の摘出が認められるためには，①提供者が予め書面により意思表示していること，②遺族の同意があること，の2つがそろわなければならないなど，慎重な手続が考えられている。

(2) 実施にともなう問題点　しかし，現実に臓器摘出・移植が行われてみると，脳死判定の手順を誤ったり，判定方法を誤るなど，医療現場に混乱がみられる。これは，導入初期のつまずきとして片付けられる問題ではないように思われる。

脳死を死と認めてよいかという根本的な部分について，国民のコンセンサスなしに踏み切ったことへの反省の上に立って，**医療情報***の公開を通して移植医療をチェックする体制を確立するとともに，患者が救急医療の機会を十分に保障されることがないがしろにされないよう，期待したい。

2　殺人の罪

1　殺人罪（199条）

(1) 趣旨　本罪は，人間の生命を意図的に奪う場合である。刑罰は，死刑または無期もしくは5年以上の懲役。基本的人権の主体である人間を抹殺しようとする点で，犯罪の中で最も許しがたい行為である。しかし，他の犯罪と比べて，被害者と被疑者との面識の有無の点で，親族その他の面識のある者の比率が相当に高いことで明らかなように，人間関係の破綻が大きな要因となっている犯罪でもある。したがって，法定刑の幅がかなり広く設定されていて，一番下は酌量減軽（66条）すれば執行猶予が可能の年数になっ

---

*医療情報　脳死臓器移植に関する医療行為の適正さをチェックするために公開されるべき情報としては，臨床的脳死に至るまでの経過，救急医療としてなされた方策，臓器移植法に基づく脳死判定に関するデータ，臓器摘出と臓器移植に関する具体的内容，患者（ドナー）の意思表示と家族の承諾などである。それに対して，患者（ドナー，レシピエント）ならびにそれらの家族を特定することにつながるデータは，プライバシーとして公開されるべきではない。

ている（25条1項参照）。殺人は，どんな時代でもどんな所でも起きるという意味で，普遍的な犯罪である。また，それだけに，どう対処すべきかという根本的問題を含んでいる。

　(2) 成立要件　本罪は，①人を，②殺したときに，成立する。犯罪主体としての行為者に，殺意が必要である。

　(3) 人の意義　胎児から人間になるのは何時か，という**人の始期**については，議論がある。早い順からいうと，(イ)母親に陣痛が起きたとき（陣痛説），(ロ)母体から胎児が一部でも出たとき（一部露出説），(ハ)母体から胎児の身体が全部出たとき（全部露出説），(ニ)全部露出した後で，産声をあげたとき（独立呼吸説），などが主張された。判例は，母体とは独立に危害を加えることができ，しかもできるだけ早い時期として，一部露出説を採用している（大判大8・12・13刑録25輯1367頁）。なお，胎児の堕胎を行ったところ，未熟児として出生すれば，それは人として保護される必要がある。そこで，産婦人科医師が妊婦の依頼を受け、妊娠26週に入った胎児の堕胎をしたところ，未熟児として出生し，医師としては，保育器等の未熟児医療設備の整った病院の医療を受けさせれば生育する可能性のあることを認識しながら，生存に必要な処置をなんら採らず，未熟児を死亡させた場合は，業務上堕胎罪（214条）と保護責任者遺棄致死罪（219条・218条）が成立する（最決昭63・1・19刑集42巻1号1頁）。

　▣ 例3―(1)

> 堕胎した後で，嬰児を殺意をもって殺したときは，堕胎罪（212条）と殺人罪が成立し，両罪の関係は併合罪となる（大判大11・11・28刑集1巻705頁）。

　(4) 行為　殺人罪が成立するためには，行為者に殺意があり，殺害にふさわしい行為がなされることが必要である。

　殺意の有無については，行為者の自白にたよらず，行為者と被害者の人間関係や，なされた手段などによって客観的に判断されなければならない。もちろん，**未必の故意**であっても殺意となる。

　行為は，作為ばかりでなく不作為でもよい。また，被害者自身の行為を利

用する場合も殺害手段といえる。たとえば，Bが通常の意思能力もなく，自殺の何たるかを理解せず，しかもAの命ずることは何でも服従するのを利用して，遺書を書かせたうえ，縊首(いしゅ)（首をくくって死ぬこと）の方法を教えて縊首せしめ，死亡させた場合，Aには殺人罪が成立する（最決昭27・2・21刑集6巻2号275頁）。Cは自分は心中するつもりがないのにあるように装い，Dが信じているのを奇貨として（都合よく利用して），山中であらかじめ買い求め携帯してきた青酸ソーダを与えて自殺させた場合，Cには，自殺関与罪（202条）ではなく，殺人罪が成立する（最判昭33・11・21刑集12巻15号3519頁）。

例3—(2)

> 永らく地中に埋没され，爆発力を失った手榴弾で，人を殺そうとしても，殺人罪としては不能犯であり，殺人未遂罪にもならない（東京高判昭29・6・16東高刑5巻6号236頁）。

例3—(3)

> 厳寒の深夜に，酩酊しかつ暴行を受けて衰弱している被害者を荒川の河口近くの堤防上に連行し，上衣・ズボンを脱がせた上，「この野郎，いつまでふざけているんだ，飛び込める根性あるのか」などと脅しながら護岸際まで追いつめ，逃げ場を失った被害者を川に転落するのやむなきに至らせ，溺死させた事例について，殺人の未必の故意を認めるとともに，強制によって被害者を転落死させる行為を殺害方法と判断している（最決昭59・3・27刑集38巻5号2064頁）。

(5) **殺人罪の特別規定** 殺人罪の特別規定としては，決闘によって人を殺害した場合は刑法の殺人罪を適用するとの規定（決闘罪ニ関スル件3条），人質強要行為をした者が人質を殺害した場合に死刑または無期懲役のみを法定刑とした規定（人質による強要行為等の処罰に関する法律4条）などがある。
ちなみに，平成7年の刑法の口語化以前には，刑法200条に「自己又ハ配

＊未必の故意　犯罪的な結果を認識した上で，自己の行為から結果が発生してもかまわないと思っているような場合である。確定的故意とともに故意犯の中に含まれる。

偶者ノ直系尊属ヲ殺シタル者ハ死刑又ハ無期懲役ニ処ス」との**尊属殺人罪**の規定が存在した。この規定の違憲性については長らく議論が闘わされたが，最高裁判所大法廷は，この規定が，法定刑として死刑・無期懲役に限られている点（2回の減軽をしても執行猶予の余地がない）において不合理な差別にあたり，憲法14条1項の法の下の平等に違反すると判断した（最大判昭48・4・4刑集27巻3号265頁＝実父殺害事件）。この違憲判決を踏まえて，刑法200条は，平成7年，尊属傷害致死罪（205条2項）などとともに削除されたのである。

(6) 強盗殺人との関係　強盗犯人が殺意をもって人を殺害した場合をどう捉えるかは，強盗致死傷罪（240条）の項目で論じている。

ところで，犯罪現象としてとらえると，強盗殺人は1つの典型的なものであり，凶悪性の高いものである。そこで，量刑の面でみても，死刑の選択される場合が少なくない。

また，犯罪白書が「殺人」について国際的比較をするについても，殺人と強盗殺人を足したものでしている。この点について，2005年の数字でみると，わが国では，認知件数が1,458件，人口10万人当たりの発生率が1.1である。ちなみに，アメリカでは，それぞれが，16,692件，5.6となる（平成19年版犯罪白書）。

2　殺人予備罪（201条）

(1) 趣　旨　本罪は，殺人のための準備行為を独立に処罰の対象としてとりあげたものである。処罰は，2年以下の懲役。ただし，情状により，その刑を免除することができる。

(2) 成立要件　本罪は，①殺人罪を犯す目的で，②その予備をしたときに，成立する。

(3) 共同正犯　Aは，殺人の目的を有するBから，これに使用する毒物の入手を依頼させ，その使途を認識しながら，青酸ソーダを入手してBに手渡したが，Bが殺人に着手しなかった場合，AとBは殺人予備罪の共同正犯となる（最決昭37・11・8刑集16巻11号1522頁）。

3 自殺関与罪・同意殺人罪（202条）

(1) 趣 旨　本罪は，自殺に加担したり，同意の上で殺害した場合には，殺人罪よりは軽く処罰するものである。刑罰は，6月以上7年以下の懲役または禁錮。

本罪が少なくとも人の生命を奪うことになるにもかかわらず，法定刑の上限が7年の懲役で，単なる傷害罪（204条）の15年の懲役より軽いのはなぜか。202条には4つの犯罪類型が用意されているので，それとも関係で考えてみよう。

第1に，自殺関与罪の方である。まず，自殺そのものは犯罪ではない。一部のカソリック教団において制裁を受けることは別として，いわゆる自殺未遂の場合に処罰されることはない。しかし，本人が自殺するのとは別に，本人をそそのかして自殺させたり（**自殺教唆**），自殺するのを他人が手助けしたりする（**自殺幇助**）のは，人の生命を軽んずるものと考えられる。ただ，自殺そのものが犯罪でないことから，他人の関与行為についても可罰性の程度が低いのである。

第2に，同意殺人罪の方である。同意殺人も，広い意味での殺人であることに変わりない。ただし，相手方からの依頼により（**嘱託殺人**），あるいは承諾を得て（**承諾殺人**），殺害する場合には，本人の**自己決定権**＊の尊重という要素が入っているので，違法性が弱くなるのである。

(2) 202条における意思決定　殺人罪ではなく，202条における自殺関与罪や同意殺人罪になるための要件は，自殺しようとする者や殺害される立場の者が自由な意思決定をしているということである。そのためにも，本人が置かれている状況について，偏りのない情報提供がなされなければならない。

自殺関与罪について，判例は，「自殺の教唆は自殺者をして自殺の決意を

＊**自己決定権**　自己決定権とは，「個人の人格的生存にかかわる重要な私的事項を公権力の介入・干渉なしに各自が自律的に決定できる自由」（芦部信喜著，高橋和之補訂『憲法（第4版）』121頁〔岩波書店・2007〕であるとされる。医療拒否や尊厳死など，生命の処分を決める自由などに関して議論されている。

生ぜしめる一切の行為をいい，その方法は問わないと解される」が，「それが自殺者の意思決定に重大な瑕疵を生ぜしめ，自殺者の自由な意思に基づくものと認められない場合には，もはや自殺教唆とはいえず，殺人に該当するものと解すべきである」と判示している。そして，具体例としては，Aが，当時66歳の独り暮らしのB女から750万円の金を借りながら，返済のめどが立たないことから，Bをして自殺するように仕向けることを企て，Bに対して警察に追われているような錯誤に陥らせ，現状から逃れるためには自殺以外の方法はないと誤信させて，自殺を決意させ，B自ら農薬を嚥下させて死亡させた場合に，「被害者の行為を利用した殺人行為に該当する」とした（福岡高宮崎支判平1・3・24高刑集42巻2号103頁）。

　同意殺人罪については，一見すると承諾のようにみえたとしても，死のなんたるかがわからない幼児（大判昭9・8・27刑集13巻1086頁）や，精神障害のために適正な判断ができない場合，承諾とはいえず，本条の適用はふさわしくない。したがって，相手を誤信させ，殺害を承諾させたときは，真意による承諾がない場合として，承諾なしの殺人と評価される。

　なお，嘱託殺人について錯誤の場合がある。C（男）は，真意に基づく嘱託をしたわけではなかったが，D（女）は誤信し，Cを殺害して自分も後を追って死のうと決意し，Cを果物ナイフで刺し，失血死させたというものである。判例は，「嘱託殺人の故意で殺人を犯したもの」として，刑法38条2項により，嘱託殺人罪の罪責を負うとしている（名古屋地判平7・6・6判時1541号144頁）。

(3) 嘱託殺人と安楽死　　**安楽死**は，刑法総論の分野において，超法規的違法性阻却事由の1つとして，その要件が吟味されているが，**被害者の同意**が必要とされることで明らかなように，構成要件としては嘱託殺人罪に該当することになる。名古屋高裁の事例は，脳溢血から全身不随になった患者（父親）が激痛を訴え，「殺してくれ」などと叫ぶのを見て，その息子が牛乳びんに有機燐殺虫剤を混入し，事情を知らない母親が患者に飲ませ，有機燐中毒により死亡させたというものである。構成要件としては嘱託殺人罪に問われ，違法性阻却の要件としては，「病者の意識がなお明瞭であって意思を

表明できる場合には，本人の真摯な嘱託または承諾のあること」など6つの要件が掲げられたのである（名古屋高判昭37・12・22高刑集15巻9号674頁）。ただし，結論的には，医師の手により得ないという特別の事情もなく，牛乳に毒薬を混入して飲ませるという倫理的に認容し難い方法であったとして，違法性が阻却されないとされた。

> **例3—(4)**
> 　医師による末期患者に対する塩化カリウムの注射が積極的安楽死と許容されるための要件は，①患者が耐えがたい肉体的苦痛に苦しんでいること，②患者は死が避けられず，その死期が迫っていること，③患者の肉体的苦痛を除去・緩和するための方法を尽くし他に代替的手段がないこと，④生命の短縮を承諾する患者の明示の意思があること，である。
> 　治療行為の中止は，患者の意思表示が存在すれば許容されるが，本件では認められないので，違法性は阻却されない（横浜地判平7・3・28判時1530号28頁＝東海大学安楽死事件）。

4　殺人未遂罪等（203条）

(1)　**趣　旨**　殺人罪・自殺関与罪・同意殺人罪に関して，その**未遂罪処罰**についての規定である。

(2)　**成立要件**　殺人未遂罪（199条・203条）についていえば，①人を殺害する目的で，②殺害にふさわしい行為がなされたが，③殺害という結果が発生しなかったときに，成立する。

　③の要件については，実際上，被害者が死亡しなかった場合ばかりでなく，被害者は死亡したが，殺害行為との間で因果関係がないという場合も含まれる。たとえば，AがBを殺害するつもりで拳銃を撃ち，Bは重傷を負

＊未遂罪処罰　未遂犯（障害未遂）と認められた場合は，裁判官の判断により，法定刑に対して減軽を加えても，加えなくてもよい（43条本文）。法律上の任意的減軽の1つの場合である。ただし，既遂より未遂と評価された方が，一般に刑は軽くなる。殺人未遂の場合，法定刑全体については減軽すると，無期懲役または2年6月以上の懲役となる。

ったので病院で治療を受けたところ，手術は成功したが，医師が血液型を十分に確かめずに輸血したため，血液型不適合でBが死亡したときは，Aの行為とBの死亡との間に相当因果関係は認められず，Aは殺人未遂罪となる。

例3―(5)

Cは，昭和5年11月14日，浜口雄幸首相を殺害しようとして，東京駅で拳銃を撃ったが，弾丸は空腸を貫通するなどしたものの，重傷にとどまった（浜口首相狙撃事件）。浜口氏は昭和6年8月26日，左上腹部放射状菌病で死亡したため，Cは殺人既遂罪で起訴された。判例は，放射状菌が銃創によって空腸穿孔を通して腸内から腹腔内に漏出するような「感染例は極めて稀有の事例なることを認め得べきをもって，結局被告人Cの判示所為と浜口雄幸の死亡との間には刑法上の因果関係を認め得ざるに帰す」として，殺人未遂罪を認めたのである（東京控判昭8・2・28法律新聞3545号5頁）。

未遂か**不能犯***かについて，判例は，行為の危険性の観点から判断している。事例は，DがFを殺害する意図で拳銃を発射して，Fに頭部貫通銃創を負わせたところ，Eは拳銃の発射音を聞いて，即座にDを応援加勢するため，日本刀を携えて現場に至り，上向きに倒れていたFに対し，殺意をもって，左右腹部・前胸部を日本刀で突き刺したというものである。なお，EがFを突き刺した時点でFが生きていたかどうかについては，生前の瀕死時近くであったとする鑑定と，医学的には死亡していたとする鑑定とが出されたいたのであった。判例は，被害者の生死については専門家の間で見解がわかれるほどの微妙な案件であり，行為者も一般人も加害行為から死亡という危険を感ずるのは当然であるから，「被告人Eの加害行為の寸前にFが

＊**不能犯** 未遂犯が処罰される理由は，実際には結果が発生しなかったが，発生する危険性があったからである。そこで，その行為が結果を惹起する危険性がないものについては，そもそも未遂として処罰する必要はないのである。これを，不能犯（不能未遂）と呼んでいる。不能犯の典型例は，丑の刻参り（丑の刻，すなわち午前2時ごろに，人知れず神社に参詣し，相手をかたどった藁人形を鳥居や神木に打ちつけて人をのろう行為）である。

死亡していたとしても，それは意外の障害により予期の結果を生ぜしめ得なかったに止り，行為の性質上結果発生の危険がないとは言えないから，同被告人は殺人の不能犯と解すべきでなく，その未遂罪を以て論ずるのが相当である」と判断した（広島高判昭 36・7・10 高刑集 14 巻 5 号 310 頁）。

3 傷害の罪

1 傷害罪（204条）

(1) **趣　旨**　本罪は，人の身体を傷害するという結果を発生させ，少なくとも暴行の故意があった場合である。刑罰は，15 年以下の懲役または 50 万円以下の罰金。

(2) **成立要件**　本罪は，①人の身体を，②傷害したときに成立する。

(3) **傷害罪と暴行罪の関係**　刑法は，傷害と暴行を区別し，法定刑の上限には大きな差異を設けているが，下限は罰金と科料であり，また，日常用語としても両者を画然と分けることは容易ではない。そこで，傷害罪と暴行罪の関係や区別の基準が論議されることになる。人に対して暴力をふるったり，毒物などを飲ませる行為が何罪にあたるかについては，結局，客観的結果によって評価される。その理由は，次の通りである。(イ) 208 条が「傷害するに至らなかった」ときは暴行罪にあたるとされているから，いわば，傷害

図表 2-3　傷害罪と暴行罪の関係と評価

行為者の意図 \ 客観的結果	暴行	傷害
暴行	暴行罪	傷害罪
傷害	暴行罪	傷害罪

⌐ ¬
└ ┘─何罪として評価されるか，を示す。

罪の未遂は暴行罪にあたる。㈡208 条の反対解釈から，暴行の結果的加重犯は傷害罪にあたる。

　つまり，傷害罪には，傷害の故意による場合と，暴行の結果的加重犯の場合の両者を含むことになる。そこで，傷害罪と暴行罪を区別するためには，客観的結果としての傷害と暴行の区別をする必要がある。

(4) 傷害と暴行の区別の基準　　傷害の意義をどう捉えるかについては，3つの考え方がある。①身体の完全性を失わせること。たとえば，頭髪を全部切断してしまうことである。②生理的機能の障害を生じさせること。たとえば，下痢を起こさせたり，精神的障害を与えることである。③身体の完全性にしても生理的機能にしても，日常生活において看過される程度を超えていること。たとえば，頭髪を短くしたり，1日で治るような下痢は傷害にあたらない。

　いずれの立場もそれぞれの根拠があるが，①説・②説のように割り切るのは，人の身体を保護法益とする傷害罪としては不十分である。身体とは，肉体面ばかりでなく，心理的・精神的側面も含まれるはずであるし，外面ばかりでなく内面も含むはずである。

　具体的問題の解決としては，頭髪を全部切断する行為を傷害とするか暴行とするかが，重要な課題である。古い判例の中には，剃刀で女性の頭髪を根元から切断した事例について，暴行罪を適用した場合がある（大判明45・6・20刑録18輯896頁）。しかし，近年では，下級審の判例の中に，個人の自由意思を無視して，女性の頭髪を根元から切断した事例について，傷害罪を認めた場合がある（東京地判昭38・3・23判タ147号92頁）。女性にとって頭髪が社会生活上重要な要素をなしていること，しかも，自己決定権に対する侵害という面に着目すると，傷害罪と解するのが妥当である。

　以上のことから明らかなように，③の見解に立つべきである。

(5) 傷害の手段　　傷害の手段としては，殴る・蹴るなどの暴行が一番多いであろうが，そのほか，凶器・毒物の使用などがある。また，落し穴を用意しておいて，転落させ，けがを負わせるという方法もある。

> 例 3 ―(6)
> 陰毛の引抜きは傷害罪にあたる（大阪高判昭29・5・30高刑集7巻5号752頁）。

　身体の接触による病気の感染も傷害にあたる。判例では，占師が淋病にかかっていることを自覚しながら，易を占ってもらいにきた女性に淋病を感染・発病させた事例について，傷害罪の成立を認めている（最判昭27・6・8刑集6巻6号765頁）。したがって，エイズ（AIDS＝後天性免疫不全症候群）を発病している者が，相手に感染・発病させてもかまわないと思って性交渉をし，エイズを発病させれば，傷害罪（あるいは，殺人未遂罪）の成立を認めてもよいと解される。

　傷害の手段としては，電話をかける行為も含まれる。それによってPTSD（心的外傷後ストレス精神障害）にかからせた場合も含まれる。

> 例 3 ―(7)
> 約6か月の間，ほぼ連日，深夜から早朝にかけて，無言電話をかけたり，応対をしない場合には呼出音を鳴らし続け，相手方に著しく精神的不安感を与え，不眠状態に陥らせ，加療約3週間の精神衰弱症にかからせた場合に，傷害罪が成立する（東京地判昭54・8・10判時943号122頁）。

> 例 3 ―(8)
> 自宅の中で隣家に面した窓の一部を開け，約1年半の間にわたり，ラジオの音声および目覚まし時計のアラーム音を大音量で鳴らし続け，隣家の被害者に全治不詳の慢性頭痛症，睡眠障害，耳鳴り症を負わせた場合，精神的ストレスによる傷害罪が成立する（最決平17・3・29刑集59巻2号54頁）。

(6) 胎児傷害　　胎児の時に有機水銀によって侵襲されて病変を生じ，水俣病患者として出生した場合，加害者は業務上過失傷害罪の「傷害」にあたるか，という問題がある（熊本水俣病事件）。論点は，胎児の時に病変を生じたこと自体を「人」に対する傷害ということはできないが，その結果，「障害」を負って生まれた場合，「人」に対する「傷害」にあたるのではないか，

その結果，死亡という結果が生じれば，「傷害致死」と認めるべきではないか，ということである。

胎児傷害について，最高裁判所は，胎児は母体の一部であるから，胎児に病変を発生させることは人に病変を発生させることにほかならず，「胎児が出生し人となった後，右病変に起因して死亡するに至った場合は，結局，人に病変を発生させて人に死の結果をもたらしたことに帰する」として，業務上過失致死罪にあたるとしている（最決昭63・2・29刑集42巻2号314頁）。

しかし，最初は母体に対する傷害として，出生すればそれが出生した人に移るというような説明はわかりにくい。私は，人になるべき胎児に侵襲行為がなされても，胎児に対して「傷害」が考えられないからその段階では不可罰であるが，その障害をもった胎児が出生すれば「人」であり，「人」に対しては「傷害」が可罰的であるから，出生した時点で傷害罪の成立を認めることができると解したい。行為と結果発生の間にずれがあってもよい。

2 傷害致死罪（205条）

(1) **趣　旨**　本罪は，暴行または傷害の意図で加害行為をした結果，人が死亡した場合である。刑罰は3年以上の有期懲役。

(2) **成立要件**　本罪は，①身体を傷害し，②よって人を死亡させたときに，成立する。

傷害行為とその傷害を負った者の死亡との間に因果関係は必要である。

例3―(9)

> 加害者からの暴行に耐えかねた被害者が逃走しようとして池に落ち，岩石に頭部を打ちつけたため，くも膜下出血により死亡した場合，傷害致死罪となる（最決昭59・7・6刑集38巻8号2793頁）。

行為者は暴行の意図であったが，傷害を発生し，その傷害から死という結果を惹き起こした場合や，暴行から一挙に死を招いた場合も，本罪に含まれる。暴行の故意があれば，死の結果について予見は必要でない（最判昭26・9・20刑集5巻10号1937頁）。

> **例3—(10)**
>
> 　夫の発言に触発されて内妻が出刃包丁を持って他人に文句を言いに行きそうになったため，夫が妻を思い止まらせるため，四畳半の室内で日本刀の抜き身を振りまわしたところ，刀が妻の腹に突きささり死亡した事例について，狭い室内で日本刀を振りまわすこと自体が暴行にあたるとした上で，傷害致死罪の成立が認められている（最決昭39・1・28刑集18巻1号31頁）。

　傷害致死の幇助は，不作為でも起こしうる。総論上の問題として，**不作為による幇助犯の成立要件**を考慮する必要がある。

> **例3—(11)**
>
> 　母親Aは，内縁の夫BがAの子C（3歳）にせっかんをしているのに放置したため，BによるCの傷害致死を容易にさせた。第1審は，Aに「他人による犯罪の実行を阻止すべき作為義務」があるものの，AがBの暴行を実力をもって阻止することは著しく困難であるとして，Aの不作為は作為による傷害致死幇助罪と同視できないとして，無罪とした（釧路地判平11・2・12判時1675号148頁）。これに対し，控訴審は，Aは，Cの「母親であるという立場よりもBとの内縁関係を優先させ，BのCに対する暴行に目をつぶり，あえてそのことを認容していたものと認めらるから，Aは，右不作為によってBの暴行を容易にした」として，傷害致死幇助罪の成立を認めたのである（札幌高判平12・3・16判時1711号170頁，確定）。

3　現場助勢罪（206条）

(1) 趣　旨　本罪は，傷害行為がなされている現場で，気勢をあおる行為がなされた場合である。刑罰は，1年以下の懲役または10万円以下の罰金もしくは科料。喧嘩などの現場で無責任にはやし立てる野次馬行為がなされることを禁圧しようとするものである。単なる助勢行為を処罰するものである。

(2) 成立要件　本罪は，①傷害・傷害致死の犯罪が行われるにあたり，②現場において勢いを助けたとき，③自らは人を傷害しなくても，犯罪とし

て成立する。

> **例3——(12)**
> 喧嘩争闘者の一方に声援を送ったりする場合は，本罪ではなく，傷害罪の幇助犯となる（大判昭2・3・28刑集6巻118頁）。

いずれにしても，実際には多く存在する行為であろうが，現実に犯罪として採り上げられることは稀であるようだ。

4 同時傷害の特例（207条）

(1) 趣 旨 同時傷害の場合に，共同正犯の効果を受けるという規定である。

(2) 成立要件 同時傷害の特例が認められるためには，①2人以上が暴行を加えて，傷害の結果を生じたこと，②次のいずれかの場合であること——(a) 2つ以上のけががあるが，誰がどのけがを負わせたか不明，(b) 1つのけがが生じたが，誰が負わせたか不明，③共同正犯でないこと，のすべてが充たされる必要がある。

(3) 立法理由 同時傷害の特例は，証明された範囲で個別的に責任を負うという**個人責任主義**の原則の現われとしての同時犯の原則を崩して，共同正犯でないのに共同正犯と同様の法的効果を認めているのである。その理由は，次の通りである。

続けて喧嘩がなされ，1つひとつのけがを行為者と結びつけることが裁判上困難な場合が多く，その際，同時犯の原則をあてはめると被害者保護に欠けることになる。そこで，自分がその傷害を負わせたのではない，という挙証責任を被告人に負わせたのである。しかし，刑事裁判の鉄則である「疑わしきは被告人の利益に」の例外となるのであるから，その適用範囲については限定的に捉えることを忘れてはならない。

(4) 適用範囲 207条の適用を受けるためには，それぞれの暴行が時間的・場所的に接着しているか，あるいは，同一の機会である必要がある。そうでないと，207条の適用が不当に拡張されてしまうからである（団藤・各

論417頁)。また，そうでなければ「同時犯」という用語にも反することになる。

例3 ─ (13)

> Aの前でB・Cが喧嘩し，CがBによって殴打された後，AがCを連れて帰る途中，再びB・Cが喧嘩をし，AがCを制止してもきかないので，AがCを投げつけた。その結果，Cがけがを負ったが，A・Bどちらの暴行によるかが不明だった。この場合，暴行は時間的・場所的に接着したものであるから，207条の適用がされている（大判昭11・6・25刑集15巻826頁）。

これに対して，Fは食堂内でDから暴行を受け，40分後に別の理由でEによって店外に引き出されて暴行を受け，数日後に死亡した場合，207条の適用が否定され，DとEは暴行の限度で処罰された（札幌高判昭45・7・14高刑集23巻3号479頁）。ちなみに，この判例は，同時傷害の特例が適用される範囲について，207条の立法趣旨を踏まえて基準を示しているので，引用しておこう。すなわち，207条は，「外形的にはいわゆる共犯現象に類似しながら，実質的には共犯でなく，あるいは共犯の立証が困難な場合に，行為者を知ることができず又はその軽重を知ることができないというだけの理由で，生じた結果についての責任を行為者に負わせ得ないとすることの不合理等に着目し，刑事政策上の要請から刑法の個人責任の原則の譲歩を求め」た，というのである。

(5) 傷害致死罪に適用されるか　207条は傷害致死罪（205条）にも適用されるか。学説は分かれている。

(イ)説──207条が共同正犯になるとしている以上，全員が実際に発生した傷害の結果について責任を負うべきであるから，傷害致死罪の適用を受けるべきである。(ロ)説──同時傷害の特例が個人責任主義の修正であって，結果的加重犯が処罰の拡張であるから，207条のいう「傷害」の範囲にとどめるべきである。

この(ロ)説は，殺人の同時犯の場合だと，同時犯の原則によって，みな殺人未遂なのに，傷害が原因となっている場合はみな傷害致死罪となるのはつじ

図表 2-4　同時傷害の特例とその周辺

		評価	具体的罪責
〔例〕甲と乙の行為があって丙が死亡したが、丙の死亡が甲の行為によるか、乙の行為によるか不明である。			
殺意なし	共謀なし	甲と乙は同時傷害の特例の適用を受ける（判例）	甲―傷害致死罪 乙―傷害致死罪
	共謀あり	甲と乙は傷害致死罪の共同正犯（判例）	甲―傷害致死罪 乙―傷害致死罪
殺意あり	共謀なし	甲と乙は同時犯	甲―殺人未遂罪 乙―殺人未遂罪
	共謀あり	甲と乙は殺人罪の共同正犯	甲―殺人既遂罪 乙―殺人既遂罪

つまが合わない、と批判している。判例は、傷害致死罪に 207 条の適用を認めているが（最判昭 26・9・20 刑集 5 巻 10 号 1937 頁）、**類推解釈の禁止**＊の原則に反する可能性がある。

(6) **承継的共同正犯との関係**　被害者 X が A・B・C の 3 人の誰からか、あるいは、その中の何人かから傷害を負ったことはまちがいがないが、どの段階の誰から傷害を負ったかわからない場合、行為者の罪責はどうなるかという問題がある。

事案は、第 1 行為において、C が単独で X に頭突きをくらわせた。第 2 行為において、A・B が C に加担して X の頭部に足蹴などをしたのである。X は鼻骨骨折を負ったのであるが、どの段階の誰によって被害を受けたかわからないというものである。

まず、C は第 1 行為、第 2 行為の両方に関わっているから、傷害罪になることは明らかである。

＊類推解釈の禁止　言葉として本来別なものに、何らかの共通性を捉えて法を適用しようとする類推解釈は、国民一般の予測の範囲を超えたものであり、罪刑法定主義の面から許されない。

問題は、A・Bであるが、次の2つの法理のどちらかによれば、A・Bは傷害罪の共同正犯となる。

① A・B・Cは、仮に全員がばらばらに行為をしていたとすれば、時間的・場所的に接着しているかぎりにおいて同時傷害の特例の適用を受けるのであるから、ましてや、全体の一部について共同正犯がある以上（第2行為についてA・Bは共同正犯）、A・B・C全員について同時傷害の特例が適用される。

② A・Bは第2行為において共同正犯であり、第2行為について、第1行為のCの関係で承継的共同正犯が認められるならば、A・BはCの行為の全体にわたって共同正犯となる。

判例は、承継的共同正犯が認められるためには、後行者が先行者の行なったことを認識・認容するだけでなく、「自己の犯罪遂行の手段として積極的に利用する意思」がなければならないが、本件ではそのような証拠はないとして承継的共同正犯を否定し、ただし、同時傷害の特例を認めたのである（大阪地判平9・8・20判タ995号286頁）。

このような判例に関しては、承継的共同正犯を厳格に捉えて共同正犯を否定することが、かえって同時傷害の特例の適用を認めることによって共同正犯となるのは背理であると批判もあろう。

また、同時傷害の特例の適用範囲が広くなり、同時犯の原則が侵害される感じさえする。同時傷害の特例は検察官の立証責任を軽減する趣旨でもあることを考えると、疑問なしとしない。

5 暴行罪（208条）

(1) 趣　旨　本罪は、暴行を加えたが、傷害にならなかった場合である。刑罰は、2年以下の懲役もしくは30万円以下の罰金または拘留もしくは科料。

(2) 成立要件　本罪は、①暴行を加えた者が、②人を傷害するに至らなかったときに、成立する。

(3) 暴行の意義　本罪における「暴行」の意義については、判例が古く

から，「人の身体に対する不法な一切の攻撃方法を含む」と定義している（大判昭 8・4・15 刑集 12 巻 427 頁）。さらに，この判例では，有形力の行使が傷害に達すべき性質のものである必要はないとして，具体的には，他人の衣服をつかんでひっぱったり，まわりを取り囲んで電車に乗るのを妨げれば暴行罪にあたるとしている。

例 3 ─ (14)

　身辺近くでブラスバンド用の大太鼓を連打して，意識朦朧（もうろう）とさせ，脳貧血を起こさせる程度に達したときは暴行と解される（最判昭29・8・20刑集 8 巻 8 号1277頁）。驚かせる目的で，人の数歩手前を狙って投石する行為は暴行である（東京高判昭25・6・10高刑集 3 巻 2 号222頁）。

例 3 ─ (15)

　4 畳半の室内で日本刀の抜き身を振り回す行為は暴行になる（最決昭39・1・28刑集18巻 1 号31頁）。したがって，その刀が内妻の腹に突き刺さり死亡させれば，傷害致死罪となる。

(4) **暴行の多義性**　暴行という用語は，本罪におけるほか，公務執行妨害罪（95条），騒乱罪（106条），強姦罪（177条），特別公務員暴行陵虐罪（195条），強盗罪（236条）など，さまざまな条文で用いられる。その意義・内容については，それぞれの条文の保護法益の違いや行為のなされる場面などによって別異に捉えられる。この点については，従来，(イ)暴行を最広義・広義・狭義・最狭義の 4 種類に分類したり，(ロ)人に対する場合と物に対する場合を区分した上で，次に程度・態様などによって分類する方法，など，いくつかの整理方法がなされている。

　しかし，要は，それぞれの条文にふさわしい暴行概念を把握することが大事なのであるから，形式的な分類方法に拘泥する必要はない。むしろ，確立した判例であっても，今日的な目から見直さなければならない例（たとえば強姦罪の暴行の意義）がある。

6　凶器準備集合罪（208条の3）

(1) 趣　旨　本罪は，もともと暴力団の出入り（喧嘩）を事前に抑制するため，昭和33（1958）年の刑法一部改正において，お礼参り（やくざ者などが釈放されたのち，自分の悪事を告発した人などに，いやがらせ・暴行などをすること）を許さないとする証人威迫罪（105条の2）とともに，規定されたものである。

刑罰は，1項が2年以下の懲役または30万円以下の罰金，2項が3年以下の懲役。2項が1項より重いのは，集合罪を実現させるについて主導的役割を果たした者に集合罪にあたる者より重い責任を負わせる趣旨である。

例 3 ─ (16)

> 暴力団甲組の20名は，対立する暴力団乙組の者が甲組の若頭をピストルで殺害したところから，殴り込みをかけるために集合した。集合した者は，全員がピストル，日本刀，あいくちなどを所持していた。この段階で凶器準備集合罪が成立する。

しかし，条文自体は暴力団に限定していないことから，一般の暴力犯罪の準備段階における集合・結集に適用される可能性を有していたのである。そして案の定，実際の適用においては学生運動などに対して用いられたという歴史がある。そこで，本罪の保護法益や罪質をどう捉えるか，議論がある。

(2) 成立要件　凶器準備集合罪（1項）は，①2人以上の者が，②他人の生命・身体・財産に対して共同して害を加える目的で，③集合した場合において，④凶器を準備して集合した者，凶器の準備があることを知って集合した者について，成立する。凶器準備結集罪（2項）は，①1項の場合において，②凶器を準備して人を集合させた者，凶器の準備があることを知って人を集合させた者について，成立する。

(3) 保護法益　本罪の保護法益をどう捉えるかについては争いがある。本罪を個人的法益に対する罪と捉える立場は，①本罪が，殺人・傷害・建造物損壊などの予備罪的性格を有していること，②個人的法益に対する罪の一部である「傷害の罪」の中に規定されていること，③治安対策的見地から拡

大解釈されることを警戒する必要があること，などを根拠とする。これに対して，社会的法益に対する罪として捉え，小型騒乱罪という性格づけを強調する立場もある。

ところで，立法の経緯として暴力犯罪対策として規定されたことでも明らかなように，暴力団が組事務所に凶器を準備して組員を集めるような場合でも，周辺住民を不安に駆り立てることが通常である。つまり，公共の平穏を害する罪に近い性質を有していることは異論がない。ただし，本罪をもっぱら社会的法益に対する罪とすると，憲法21条が保障する集会の自由を阻害することにもなりかねない。その意味では，本罪の保護法益は第1次的には個人の生命・身体・財産の安全とし，第2次的な保護法益を公共の平穏と捉えるのが妥当である。この点は，判例も認めるところである（最決昭45・12・3刑集24巻13号1707頁）。

(4) 罪　質　本罪の保護法益について公共危険罪的性格があるから，本罪は抽象的危険犯として捉えられている。ただし，この罪の適用が過度の事前抑制にならぬように注意する必要がある。とくに，合理的な抗議行動に伴って，ときに正当性の限界を逸脱するような場合は，「できるだけその成立時点を実行行為に密着した段階に認める」べきである（藤木・各論83頁）。

また，公共危険犯であるところから，本罪は，「『集合』の状態が継続するかぎり，同罪は継続して成立しているものと解するのが相当である」と，解されている（前掲最決昭45・12・3）。

(5) 共同加害の目的　凶器準備集合罪が成立するためには，2人以上の者が集合して，その集合した者が，他人の生命・身体・財産を害する「共同加害の目的」を有していることが必要である。このような要件を明確に認識することは，本罪の成立にしぼりをかけることに役立つはずである。

共同加害の目的の意味については，まず，行為者みずからが害を加える意思をもっている必要があるのか，それとも行為者みずから害を加える意思をもっている必要はなく，他の者と共同して行う意思の程度でもよいのか，見解が分かれる。この点については，判例は，「集合者の全員又はその大多数の者の集団意思としての共同加害目的を必要とするものではない」と判示

し，デモ隊の先頭部分の者がプラカードで機動隊員に殴りかかったのを相互に目撃しうる状況においては，「特段の事情がない限り，漸次波及的に警察官に対する共同加害意思を有するに至ったものと認定するのが相当である」として，凶器準備集合罪の成立を認めている（最判昭52・5・6刑集31巻3号544頁）。

次に，積極的に攻撃をしかける意図である場合のほか，万一攻撃を受けたときに，これに応戦する意図でもよいのか，という問題がある。判例は，後者の，いわゆる迎撃形態の凶器準備集合罪についても，共同加害の問題を認めうるとしている。その内容については，「必ずしも相手方からの襲撃の蓋然性ないし切迫性が客観的状況として存在することは必要でなく，凶器準備集合の状況が社会生活の平穏を害しうる態様のものであれば足りる」と判示している（最判昭58・6・23刑集37巻5号555頁）。

(6) 凶　器　　凶器の意義については，もともと，人の殺傷，物の破壊を本来の用途として作られた「性質上の凶器」（たとえば，銃・刀）のほか，本来は他の合法的な用途に使用されるために作られた道具を，人の殺傷や物の破壊のために用いる「用法上の凶器」（たとえば，角材・鉄パイプ・旗竿）も含まれる。暴力団の組員が対立する暴力団からの殴り込みを予想して，ダンプカー1台に組員2名を乗せ，エンジンをかけたまま路上に待機させた場合に，用法上の凶器にあたるのか，議論された例がある。判例は，「具体的事情のもとにおいては，右ダンプカーが人を殺傷する用具として利用される外観を呈していたものとはいえず，社会通念に照らし，ただちに他人をして危機感をいだかせるに足りるものとはいえない」として，凶器にあたらないと判断した（最判昭47・3・14刑集26巻2号187頁）。用法上の凶器については，限定的に捉える必要がある。

例 3 ─ (17)

　プラカードは，それで殴りかかった段階で，闘争に使用される意図が外部的にもはっきりわかるようになり，社会通念に照らし視覚的に危険性が感じられるから，その時点で凶器となる（東京地判昭46・3・19刑月3巻3号444頁）。

7 危険運転致死傷罪（208条の2）

(1) 趣旨　本罪は，故意に危険な自動車の運転行為を行ない，その結果，人を死亡させまたは負傷させた場合である。刑罰は，死亡の場合，1年以上20年以下の懲役，負傷の場合，1月以上15年以下の懲役。

(2) 成立要件　事故の前提となっている故意行為を整理すると次の通りである。

「正常な運転が困難な状態」とは，道路および交通の状況等に応じた運転操作を行なうことが困難な心身の状態のことである。たとえば，アルコールの影響により，ブレーキの操作が意図したとおりに行なうことが困難になることが必要とされる。単なる酒酔い運転では足らない。

「進行を制御することが困難な高速度」とは，一般的・類型的に見て，速度が速すぎるため自車の進路に沿った走行が困難な速度をいうと解される（千葉地判平16・5・7判タ1159号118頁）。

1項前段	アルコールまたは薬物の影響により正常な運転が困難な状態で自動車を走行させる。
1項後段	その進行を制御することが困難な高速度で，またはその進行を制御する技能を有しないで自動車を走行させる。
2項前段	人または車の通行を妨害する目的で，走行中の自動車の直前に進入し，その他通行中の人または車に著しく接近し，かつ，重大な交通の危険を生じさせる速度で自動車を運転する。
2項後段	赤色信号またはこれに相当する信号をことさらに無視し，かつ，重大な交通の危険を生じさせる速度で自動車を運転する。

(3) 他罪との関係　本罪が成立する場合には，過失犯である自動車運転過失致死傷害罪は成立しない。また，本罪が成立する場合には，道路交通法上の酒酔い運転罪は成立しない。

8 児童虐待，ドメスティック・バイオレンス

(1) 問題点　児童虐待ならびにドメスティック・バイオレンスは，本来，慈しみ合うべき関係の中でなされている犯罪的現象である。ともに問題

が表面化しにくく、社会全体でどう取り組むか、差し迫っている大切な課題である。

まず、それぞれの意義から明らかにしておこう。

児童虐待とは、2000年5月に成立した「児童虐待防止法」によると、保護者が18歳未満の子どもに対し、①身体的暴力、②わいせつな行為、③減食・長時間の放置、④著しい心理的外傷を与える言動、を行うこととされている。

ドメスティック・バイオレンスとは、言葉の元の意味としては「家庭内暴力」であるが、内実は、夫から妻への暴力を中心に、恋人、婚約者、内縁関係、事実婚、元恋人、元婚約者、元夫との関係を含む暴力である。その内訳は、①身体的暴力、②言葉の暴力、③性的暴力、④社会的暴力（実家などとの付き合いの禁止など）、⑤物の破壊、⑥経済的暴力（生活費を入れないなど）、に分類されている（草柳和之『ドメスティック・バイオレンス――男性加害者の暴力克服の試み――』9頁［岩波書店・1999］）。

児童虐待とドメスティック・バイオレンスには共通する問題点がある。(イ)両者とも、中に「犯罪」として採り上げなければならない問題を含んでいるが、加害者側にその意識が弱く、被害者側でも弱い場合がある。(ロ)問題事例の発見と公的介入が今後の課題である。(ハ)両者とも、被害者の心の傷（トラウマ）に対するケアが大切であるが、加害者についてもカウンセリングの必要性が説かれている。

(2) 児童虐待防止法の成立　児童虐待防止法は、事案の早期発見につとめるとともに、児童相談所の権限・機能を強化することをねらいとしている。

第1に、教師・医師・弁護士などは児童虐待の早期発見につとめなければならないとされ、児童相談所などへの通告をためらわないように、職務上知り得た情報について、守秘義務違反などの刑事責任を問わないとする免責規定が設けられている。第2に、児童相談所の職員らは、虐待の恐れがある場合、虐待を受けている子どもの自宅に立ち入り調査をすることができ、警察官の援助を求めることができる。第3に、児童相談所長は、施設に入所させ

た子どもの親の面会や通信を制限できる。第4に，虐待した親は，児童福祉司によるカウンセリングを受けなければならない。第5に，児童虐待をした保護者に対しては，都道府県知事が児童の住所や通学路をはいかいしないよう命ずることができ，これに違反する場合には，1年以下の懲役または100万円以下の罰金に処することができる（12条の4，17条）。

　以上のように児童虐待防止法は事件を未然に防ぐためのさまざまな工夫をしている点で，犯罪予防の一環として評価できる。

　(3) ドメスティック・バイオレンスの課題　ドメスティック・バイオレンスの悲劇は，「被害を受けている当人も周囲の人も，それが暴力であることすら認められず，知らないうちに繰り返されていく構造」（草柳・前掲2頁）にあるといわれている。その意味では，この問題の本質は，なされたことの刑法的評価にあるわけではなく，男性加害者がどのようにしたら自分自身の抱えている問題を克服できるのか，また，それに対して社会がどのようにかかわっていくことができるのか，にあるといえる。2001年4月に成立したDV法（配偶者からの暴力の防止及び被害者の保護に関する法律）は，裁判所が保護命令を出すことができ（10条），その違反に対して，1年以下の懲役または100万円以下の罰金に処することができるとしている（29条）。

4　過失致死傷の罪

1　過失傷害罪（209条）

(1) 趣　旨　本罪は，通常の過失により人を傷害した場合である。刑罰は，30万円以下の罰金または科料。親告罪である（2項）。

(2) 成立要件　本罪は，①過失により，②人を傷害したときに，成立する。

(3) 過　失　過失とは，通常，自分の行為から結果が発生することを予見しながら，結果回避措置を怠った場合である。行為者の主観的側面でみると，**注意義務**に反することであり，行為の外形でみると，一般に犯罪結果に結びつかない態度である。なお，予見可能性の内容については，具体的に発

生した内容を予見することは必要とされない（危惧感説）。

たとえば，よそ見をしながら歩いていて他人に衝突し，相手に全治1週間の打撲傷を負わせた場合を考えてみよう。街路を通行するにあたってよそ見しつつ歩くということが，「通行にあたっては他者にぶつからないように歩行すべきである」という注意義務に違反した落度ある態度であり，**結果回避措置**を怠ったものといえる。さらに，被害者の傷害という結果が発生しているから，過失犯といえる。具体的には，上の例では過失傷害罪が成立する。

2　過失致死罪（210条）

(1) **趣　旨**　本罪は，通常の過失により人を死亡させた場合である。刑罰は50万円以下の罰金。

(2) **成立要件**　本罪は，①過失により，②人を死亡させたときに，成立する。

本罪は，死亡の結果が予見できるにもかかわらず，結果回避措置をとらなかったため死亡という結果が発生してしまった場合である。現代社会は危険に充ちており，行為そのものが危険性を帯びている場合には，211条1項後段の問題になる。それにしても，人の生命という法益を考えると，法定刑が

図表2-5　過失による生命・身体に対する罪の体系

行為の態様	条文	法定刑
過失暴行	なし	不可罰
過失傷害	209条	30万円以下の罰金，科料
過失致死	210条	50万円以下の罰金
業務上過失致傷	211条1項前段	5年以下の懲役・禁錮，100万円以下の罰金
業務上過失致死	211条1項前段	
重過失致傷	211条1項後段	
重過失致死	211条1項後段	
自動車運転過失致傷	211条2項	7年以下の懲役・禁錮，100万円以下の罰金，傷害が軽いときは，情状により，その刑を免除することができる
自動車運転過失致死	211条2項	

軽すぎることは否めない。

> **例 3 —— (18)**
>
> 　会社員Ａは，寝坊して会社に遅刻しそうになり，駅の階段を急いで降りていたところ，上ってくるＢにぶつかり，Ｂはさかさまに転倒して頭を強打し，頭蓋骨を骨折して死亡した。Ａには過失致死罪が成立する。

3　業務上過失致死罪・重過失致死罪（211条1項）

(1) 趣旨　本罪は，業務上必要な注意を怠り，または重大な過失により，人を死亡させまたは傷害した場合である。刑罰は，5年以下の懲役もしくは禁錮または100万円以下の罰金。

(2) 成立要件　業務上過失致死罪は，①業務上必要な注意を怠り，②よって人を死亡させまたは傷害したときに，成立する。

(3) 業務　刑法211条1項の「**業務**」は，仕事という意味で使われているのではない。判例では，業務とは，「人が社会生活上の地位に基づき反復継続して行う行為であって，……かつその行為は他人の生命身体等に危害を加えるおそれあるものであることを必要とする」と捉えている（最判昭33・4・18刑集12巻6号1090頁）。また，「業務」には，「人の生命・身体の危険を防止することを業務内容とする業務も含まれる」から，易燃物であるウレタンフォームの管理を怠り，死者を伴う火災を発生させた場合には，業務上過失致死罪が成立する（最決昭60・10・21刑集39巻6号362頁）。この判例により，業務の範囲は拡大したのである。

　業務上過失致死の場合は，通常の過失（軽過失）より重く処罰される。その理由は，反復継続して危険な行為を行っている以上，結果回避措置も十分にできるはずなのに怠っている，という点に，重い責任を問うのである。たとえば，銃による狩猟は，他人の生命・身体等に危害を及ぼす危険性があることは十分にわかっているのであるから，反復継続して行えば，娯楽目的であっても211条1項の業務にあたるのである（前掲最判昭33・4・18）。

　業務上過失致死罪の適用されることが1番多いのは**交通事故**であったが，

平成19年の改正により，別立てになった。

　そのほか，業務の例としては，看護婦（師）が医師の指示に従って静脈注射をする場合（最判昭28・12・22刑集7巻13号2608頁）や，高校教諭が山岳部の活動として行われた山岳合宿訓練に同行したような場合（山形地判昭49・4・29刑月6巻4号439頁）がある。保育士が保育園児を公園に連れていく際，目を離したすきに園児が道路に飛び出し，自動車に衝突して死亡したような場合，保育士の仕事が，人の生命・身体の危険を防止することを業務内容とすると捉えることができるので，業務上過失致死の可能性があるといえる。

例3——(19)

> 製薬会社の代表取締役は，少なくとも加熱製剤の販売開始後は，直ちに非加熱製剤の販売中止・回収の措置を採るべき業務上の注意義務がある。そこで，その義務を怠り，結果として，病院で非加熱製剤を投与された肝疾患の患者がHIVに感染してエイズを発症し，死亡させた場合，代表取締役には業務上過失致死罪が成立する（大阪地判平12・2・24判時1728号163頁）。

(4) 重過失　重過失と通常の過失（軽過失）の違いは，結果の軽重による区別ではなく，注意義務違反の程度である。

例3——(20)

> 歩道でゴルフ・クラブのスイングをして，歩行者の腹部に当て歩行者を死亡させれば，重過失致死罪が成立する。

4　自動車運転過失致死傷罪（211条2項）

(1) 立法の経緯　自動車による交通事故については，長い間，業務上過失致死傷罪として扱われてきたが，被害者側の処罰要求の高まりなどの影響を受け，平成19年，法定刑の上限を7年の懲役とする改正がなされた。

　交通事故については，別に危険運転致死傷罪（208条の2）が設けられた。ただし，交通事故全体について法の規定は十分に整備されているとはいえな

い。たとえば，ひき逃げという1つの犯罪類型があるが，現状では法の解釈にまかせられていて，解釈と運用のあいだにすきまが存在する。ちなみに，交通事故の防止は，刑罰を重くしさえすればよいという問題ではなく，自動車事故が重大犯罪なのだという意識の徹底，道路の整備，自動車の改良，取締状況の改善等，多方面の検討が必要である。

(2) **趣　旨**　本罪は，自動車運転上必要な注意を怠り，人を死亡させまたは傷害した場合である。刑罰は，7年以下の懲役もしくは禁錮または100万円以下の罰金。

(3) **成立要件**　自動車運転過失致死傷罪は，①自動車運転上必要な注意を怠り，②よって人を死亡させまたは傷害したときに成立する。

(4) **自動車**　原動機を用い，かつ，レールまたは架線によらないで運転する車のこと。原動機付自転車，自動二輪車も含まれる。

(5) **運転上必要な注意**　自動車の運転者が，自動車を動かす上で必要な注意義務である。211条1項とは別に規定されたことにより，業務性は必要とされなくなり，反復継続性も不要となった。基本的には，道路交通法によるルールに則っていることであるが，具体的状況により事故を起こさないよう注意することが求められる。

(6) **刑の免除**　裁量的免除規定である。一律に扱うのではなく，幅をもたせることになる。

5　堕胎の罪

1　堕胎罪規定の意味

堕胎罪（刑法第2編第29章）は，第1次的には胎児の生命の保護を考え，第2次的には母体の保護を目的として規定されたのである。

(1) **堕胎の意義**　堕胎とは，「自然の分娩期にさきだち人為をもって胎児を母体より分離」させることである（大判明44・12・8刑録17輯2183頁）。したがって，生体として排出した後，殺害すれば，堕胎罪と殺人罪が成立し，両罪は併合罪関係になる。

(2) 母体保護法と人工妊娠中絶　ところで，堕胎に関して，刑法は5か条を定めていることから明らかなように，厳格に対処することを予定していたと思われる。ところが，第二次世界大戦後，昭和23（1948）年に優生保護法が規定され，経済的理由による**人工妊娠中絶**が公認されて以来，堕胎罪が適用されることはほとんどなくなったのである。ちなみに，優生保護法は平成8（1996）年に大幅に改変されて，名称も「**母体保護法**」となったが，人工妊娠中絶についての規定は14条1項1号に規定されている。しかも，人工妊娠中絶の普及は，堕胎に対する罪悪感をうすれさせる傾向を有しており（本当の心のうちは別であろう），今日では，堕胎罪の規定の存在の意味がなくなったといってよい。ごく稀に適用をみるのが不同意堕胎罪（215条）であるので，それのみを次に掲げる。

2　不同意堕胎罪（215条）

(1) 趣　旨　本罪は，他の犯罪類型とちがって，妊婦の同意なしに堕胎をする点で，悪質な犯罪である。刑罰は，6月以上7年以下の懲役。

不同意堕胎の結果，女子を死傷させた場合は，傷害の罪と比較して，重い刑により処断することになっている（216条）。

(2) 成立要件　本罪は，①女子の嘱託を受けず，かつ，その承諾を得ないで，②堕胎させたときに，成立する。

6　遺棄の罪

1　遺棄罪（217条）

(1) 趣　旨　本罪は，扶助を要する人を保護されない状態に置く場合である。刑罰は1年以下の懲役。

(2) 成立要件　本罪は，①老年・幼年・身体障害・疾病（しっぺい）のために扶助を必要とする者を，②遺棄したときに，成立する。

(3) 客　体　老年・幼年・身体障害・疾病のために扶助を必要とする者である。具体的には，泥酔者・重傷者・遭難者などがある。

(4) 遺　棄　　遺棄とは，人を現在ある状態から保護を欠く状態に移すことである。現実に生命・身体に対する危険を発生させたことは必要とされない（大判大4・5・21刑録21輯670頁）。単に現在の位置に放置して保護を与えないこと（置き去り）は含まれない。

2　保護責任者遺棄罪（218条）

(1) 趣　旨　　本罪は，保護責任のある者の遺棄などについて加重処罰を規定したものである。刑罰は3月以上5年以下の懲役。

(2) 成立要件　　本罪は，①老年者・幼年者・身体障害者・病者を保護する責任のある者が，②これらの者を遺棄し，③または，その生存に必要な保護をしなかったときに，成立する。

(3) 保護責任の根拠　　法令，契約，事務管理，先行行為，慣習，条理などが根拠となる。

> **例 3 ―(21)**
>
> 　自動車運転者が，歩行者を誘って助手席に同乗させて走行中，同乗者が下車を求め，応じられなかったため，路上に飛び降り重傷を負ったとき，救護を要する事態を確認した運転者は，先行行為に基づき保護責任が認められる（東京高判昭45・5・11高刑集23巻2号386頁）。

交通事故を起こした場合，運転者は，道路交通法に基づき救護義務を負う（同法72条）。ちなみに，先行行為としても義務を負うことになる。

> **例 3 ―(22)**
>
> 　警察官は，警察官職務執行法3条に基づき，泥酔者を見つけたならば，とりあえず警察署に保護し，その上で家族などに通知し，責任ある家族などが見つからないときは，すみやかに公衆保健のための機関に引き継がなければならないのである。したがって，泥酔者をいったん保護しながら，服が汚れているなどの理由で署内に入れず，トラックの荷台に放置したとすれば，本罪を構成すると解される。結果として死亡すれば保護責任者遺棄致死罪となる。

なお，一緒に飲みに行った仲間の1人が泥酔し，立ち上がれない状態なの

に，道路に放置して立ち去った場合は，飲み仲間として潰れたら互いに手助けしようという慣習・条理が一般的に存在するので，本罪が成立する。

(4) 保護法益　本罪の保護法益は，要扶助者の生命・身体の安全である。逆の面からみると，本罪は危険犯ということになるが，抽象的危険犯か具体的危険犯かについては議論がある。

たとえば，乳児を総合病院内のベッドに寝かせて母親が立ち去った場合のように，ほぼ確実に救助が予想されるときにも本罪が成立するかどうか，見解が分かれることになる。抽象的危険犯と解する立場では，人を現在ある状態から保護を欠く可能性のある状態に移せば本罪が成立することになる。これに対し，**具体的危険犯**＊と解する立場は，それでは，本罪の成立範囲が拡大しすぎると批判している。判例は，抽象的危険犯と解している（大判大4・5・21刑録21輯670頁）。

図表2-6　遺棄罪の内容

	条文の文言	意　味	性　質
遺棄罪 （217条）	遺　棄	移　置	作為犯
保護責任者遺棄罪 （218条）	遺　棄	移　置 放　置 （置き去り）	作為犯 不真正不作為犯
	生存に必要な保護をしない		真正不作為犯

＊**具体的危険犯**　この立場では，捨て子をしても，他人が拾いあげるのを確かめた上で立ち去ったときは，遺棄にはならないことになる。

ちなみに，国民の法意識の違いがあるから安易な比較は差し控えるべきであるが，ドイツのハンブルグに慈善団体が設置した「赤ん坊収容箱」（読売新聞2000年7月25日朝刊）は具体的危険犯の考え方に符合することになる。捨て子を処罰することは，かえって母親による赤ん坊の殺害を助長しかねないという考慮から採られた窮余の一策として興味深い。

わが国でも，2007年に，熊本県のある病院がいわゆる「赤ちゃんポスト」を設置した。赤ちゃんが置かれると，テレビカメラで見ていた職員がすぐ赤ちゃんの保護にかけつける仕組みになっている。すでに利用者が何人かいる。抽象的危険犯の立場からは，父母に関して保護責任者遺棄罪の成立を考えざるをえない。ただし，具体的事案によっては，有責性の段階で期待可能性の問題を考える余地もあろう。

　(5) 行　為　本罪の行為としては，①217条と共通な意味の遺棄（場所的移転を伴うので「移置」と表現されることがある）と，②真正不作為犯としての「生存に必要な保護をしない」という，2つの形態が存在することには異論がない。

　問題は，前者の遺棄の中に，217条では否定されている。③場所の移転を伴わない放置も含まれるか，である。本罪を，要扶助者に対する保護責任のある者の行為として捉えると，場所の移転を伴わない放置も遺棄に含むと解するべきである。これは，「遺棄」について不真正不作為犯を認めるべきである，ということになる。

　この点については，判例は「刑法218条にいう遺棄には単なる置去りをも包含す」ると判示して，自動車事故で歩行不能の重傷を負わせながら救護措置を講せず，医者を呼んできてやるとうそをついて，雪降る薄暗い車道に放置した場合，保護責任者遺棄罪の成立を認めている（最判昭34・7・24刑集13巻8号1163頁）。つまり，この事例では，交通事故を起こして重傷を負わせた点で，自動車運転者は「病者を保護する責任のある者」として，保護責任が認められているのである。

3　遺棄致死傷罪（219条）

　(1) 趣　旨　本罪は，遺棄罪と保護責任者遺棄罪の結果，死亡・傷害した場合に重く処罰するものである。刑罰は，傷害致死罪・傷害罪と比較して，上限・下限とも重い方で新たな法定刑を作り，その範囲とする。

　(2) 成立要件　本罪は，①遺棄罪・保護責任者遺棄罪を犯し，②よって人を死傷させたときに，成立する。

第4章　人身の自由を侵す罪

1　逮捕および監禁の罪

1　逮捕監禁罪（220条）

(1) 趣　旨　本罪は，不法に人を逮捕・監禁した場合である。刑罰は，3月以上7年以下の懲役。

本罪は，人の身体の自由・活動の自由を保護法益とする。

(2) 成立要件　本罪は，①不法に，②人を逮捕または監禁したときに，成立する。

(3) 不法に　本罪には，一般の条文と異なり，「**不法に**」という言葉が用いられているが，これは，逮捕や監禁という行為が，比較的多く社会生活の中でもあるだけに，それらと区別する趣旨である。たとえば，警察官による逮捕行為は，毎日どこかで行われているし，全国の刑務所では，毎日，何万人という受刑者に対し監禁行為がなされているわけである。このように，逮捕・監禁行為は法令行為として違法性が否定される場合が少なくないことから，とくに注意的に規定したものと解される。これは，住居や建造物については人の出入りが多いことから，「正当な理由がない」ものだけを可罰対象としているのと（130条前段），同様である。そのほか，同趣旨のものとして，信書開封罪（133条）と秘密漏示罪（134条）が「正当な理由がないのに」という要件を掲げている。

ところで，警察官による令状逮捕は不法な逮捕ではないとして，もともと220条の構成要件に該当しないと考えるべきか。学説の中には，不法に行われた行為のみが本罪の構成要件に該当するとの見解（前田・各論89頁）もある。しかし，令状逮捕の場合でも，結局は違法と判断されることもあることを考慮すると（その場合は，194条の問題となる），とりあえずは構成要件に該

当すると考えるのがよいと思われる。

(4) 客体 行為の客体は，人である。本罪の保護法益は，身体・活動の自由であるから，意思活動・身体活動の可能性があればよいはずである。そこで，幼児や精神障害者も含まれるし，熟睡中の者も含まれる。

> **例 4 —(1)**
> 強盗目的で他人の家屋に押し入ったが，母親は脱出し，生後1年7か月の幼児が取り残され，警察官が同家を取り囲んだのを知った犯人が，幼児を部屋の片隅に留めおいた事例について，被害者が「自然的，事実的意味において任意に行動しうる者である以上」，監禁罪の保護に値すべき客体となりうると判断され，監禁罪が認められた（京都地判昭45・10・12刑月2巻10号1104頁）。

なお，被害者は，行為者の子であってもさしつかえない。一般に，親権者は未成年の子に対して親権（民818条）を有するが，監禁行為が違法性を阻却するかどうかは，その目的・手段・程度を考慮に入れる必要がある。

> **例 4 —(2)**
> 19歳の長女を母親が宗教施設に監禁した行為は，違法と判断される（東京地判平8・1・17判時1563号152頁）。

(5) 行為 逮捕とは，人の身体を直接拘束して人身の自由を奪うことで，多少の時間的継続が必要である。逮捕罪・監禁罪は継続犯である。拘束が単なる一瞬間のときは，暴行罪（208条）になり，逮捕罪にはならない。

> **例 4 —(3)**
> 両足を縛ってひきずりまわしたのが5分であった場合に，逮捕罪に当たる（大判昭7・2・29刑集11巻141頁）。

> **例 4 —(4)**
> 逮捕とは，直接に人の身体の自由を拘束することをいうから，ロープで人の胸部・足部を木柱に縛り付けることは逮捕に当たる（大阪高判昭26・10・26高刑集4巻9号1173頁）。

監禁とは，一定の場所に身体を拘束して人身の自由を奪うことである。むろん，事情を知らない第三者を利用して人を監禁させる行為も，間接正犯として監禁罪が認められる。

> **例4—(5)**
>
> 虚偽の犯罪を警察官に告知して他人を留置場に留置させたときは，監禁罪の間接正犯が成立する（大判昭14・11・4刑集18巻497頁）。

逮捕・監禁の方法には，次のような場合がある。

(イ) 通常の方法としては，緊縛や施錠などの物理的方法が用いられる。被害者を自動車に乗せて疾走させ，降車できなくさせる場合，監禁罪となる（大判昭10・12・3刑集14巻1255頁）。強姦の目的で女性をバイクの荷台に乗せて約1,000m疾走すれば監禁罪となる（最決昭38・4・18刑集17巻3号248頁）。

(ロ) 脅迫や偽計による場合もある。本人の母のところへ連れてゆくといってタクシーに乗りこませ（運転手には言い含めてある），実は行為者の自宅へ拉致しようとした場合，タクシーに無理に乗せていることが偽計による監禁罪にあたる（最決昭33・3・19刑集12巻4号636頁）。

(ハ) 被害者の羞恥心を利用する場合もある。たとえば，入浴中の女性の衣類を奪って出られなくするなどである。

監禁罪における自由の拘束の程度については，脱出が著しく困難であればよいのであって，脱出が絶対に不可能である必要はない。

> **例4—(6)**
>
> 漁船内で強姦し，犯行の発覚を防止するため，深夜，約7時間にわたって漁船を沖合に碇泊させ，閉じこめた場合，閉じこめた行為について監禁罪が認められる（最判昭24・12・20刑集3巻12号2036頁）。

監禁中の暴行・脅迫はどのように評価されるか。商品の売買に関して品物を渡したが，代金を支払ってくれないところから，社長Aが専務Bらに命じて，夜間，債務者Cを会社の一室に閉じこめ，Aは，Cの胸を突いたり，

日本刀の抜身を見せたりした事例がある。A・Bの行為が監禁罪にあたるのは当然であるが、Aの暴行・脅迫はCに対する憤慨・憤激のあまりなされたものであるから、監禁の手段といえず、別に暴行罪・脅迫罪を構成すると解される（最判昭28・11・27刑集7巻11号2344頁）。

> **例4―(7)**
>
> 　人を逮捕し、引き続き監禁したときは、包括的に観察して220条の単純一罪が成立する（最大判昭28・6・17刑集7巻6号1289頁）。

2　逮捕監禁致死傷罪（221条）

逮捕監禁罪の結果的加重犯である。

刑罰は、致傷のときは3月以上15年以下の懲役、致死のときは3年以上20年以下の懲役。

本罪の成立には、人の死傷が逮捕または監禁そのもの、少なくともその手段としての行為そのものから生じたことが必要である。

> **例4―(8)**
>
> 　人を監禁し、その機会にこれに暴行を加えて傷害を負わせたときは、本罪ではなく、監禁罪と傷害罪が成立し、両者の関係は併合罪となる（名古屋高判昭31・5・31高刑裁特3巻14号685頁）。

本罪の成否に関して、逮捕監禁罪の成立が前提であるから、適法な逮捕・監禁から死傷の結果が生じたときは過失傷害罪（209条）にとどまるとの見解がある。しかし、220条の「不法に」を、特別に意味あるとする立場に立たないかぎり、この結論にはならない。また、たとえば傷害致死罪に関して正当防衛を検討するにあたり、暴行のみを分断して捉える考えはないのであるから、221条をそのように捉えるのは奇異である。

2 略取および誘拐の罪

1 略取・誘拐罪の変容

(1) 略取と誘拐の違い　略取及び誘拐の罪（刑法第2編第33章）は、人をそれまでの生活環境から離脱させ、自己または第三者の事実的な支配内に移す行為を内容とする。略取と誘拐を、合わせ、さらに略して、「拐取」ということもある。

略取と誘拐の意義の違いは、もともと言葉の意味の違いからくるものである。略取は、暴行や脅迫を手段とする場合を指し、誘拐は、人を欺いたり誘惑するという手段を用いる場合である。したがって、日常用語としては「幼児誘拐」という用語が一般に用いられるが、4・5歳の幼児をさらっていくような場合は、刑法上の用語では略取にあたる。

(2) 罪質の変化　ところで、略取・誘拐罪は、従来、人身売買の罪としての性格を有していたが、近年は、罪質の著しい変化が注目されている。

第1は、身の代金目的の誘拐犯罪の頻発とそれに対する身の代金誘拐罪関係の条文（225条の2・228条の2・228条の3）の新設である。

第2は、人質犯罪の頻発およびその尖鋭化である。近年、ハイジャックや金融機関襲撃によって、身の代金を要求するばかりでなく、受刑者の解放や一国の政策の変更などを含めて、不法な要求をする犯罪形態が目立ってきている。これらの犯罪の頻発は、近年の不安定な社会状況と価値観の分裂を背景として、人命尊重を逆手にとった卑劣な反社会的行為である。これは、仮にその一部として身の代金目的があるとしても、もはや略取・誘拐罪の枠を超えている。

「人質による強要行為等の処罰に関する法律」（1978年）は、そのような社会情勢を反映したものである。たとえば、この法律では、ハイジャックをして、航空機内の人質を強要行為をしたときは、無期または10年以上の懲役に処すると規定されている（同3条）。

第3は、人身売買罪を別の条文に設けたことである。

2 未成年者拐取罪（224条）

(1) 趣　旨　本罪は，未成年者を略取・誘拐した場合である。刑罰は，3月以上7年以下の懲役。

(2) 保護法益　本罪の保護法益は，①未成年者の自由と，②親権者その他の者の監護権の両方と解される。そこで，未成年者自身が同意して加害者についていったとしても，「被監督者の利益保護の見地における監督者の意思に反して」未成年者を連れていった場合は，本罪が成立する（福岡高判昭31・4・14高刑裁特3巻8号409頁）。判例では，既遂時期に関して，14歳の少女を自己の自転車に同乗させ，約1.4キロ連れ去ったときは，そこで被害者の母親に発見されて奪還されても，誘拐既遂罪が成立するとしている（東京高判昭30・3・26高刑裁特2巻7号219頁）。

> **例4—(9)**
>
> 養子に出している小学生の子を，実父が登校途中に呼び止め，頭から毛布で包んで連れ去ったとすれば，未成年者を暴力を用いて自己の支配内に移したことになるので，未成年者の自由と監督者の監護権を侵害したことになり，本罪が成立する（大判明43・9・30刑録16輯1569頁）。

(3) 可罰的違法性　行為者が親権者の場合，そもそも構成要件該当性が問題となる。

> **例4—(10)**
>
> 父親Aは，別居中で離婚係争中であった母親（Aの妻）Bが養育している長男C（2歳）を連れ去ることを企て，保育園に迎えにきた祖母DがCを自動車に乗せる準備をしているすきをついて，背後からCを持ち上げ，自分の自動車まで全力疾走し，Cを抱えたまま運転席に乗り込み，Dがドアを開けようとしたり，窓ガラスを手でたたいて制止したりするのも意に介さず，自車を発進させて走り去った。

上の例では未成年者略取罪が成立するかどうかが問われるが，親権者であることは，構成要件該当性の判断や違法性判断にどう関わるかが問題である。

判例は,「Aが親権者の1人」であることは,その行為の違法性が例外的に阻却されるかどうかの判断において考慮されるべき事項であると判断した（最決平17・12・6刑集59巻10号1901頁）。ちなみに,滝井裁判官の反対意見では,親権者の1人が子を実力により支配する行為については,刑事司法が踏みこむには慎重であるべきとして,違法阻却を認める見解が示された。

しかし,本事例については,構成要件に該当する行為といえるかどうかが問題である。離婚係争中の両親の間で子を実力で奪い合う行為は,幼気な子どもを無視したドメスティック・バイオレンスでもあり,両者を処罰するべきとさえいえる。しかし,逆に,両者に対し刑事制裁で結着をつけることは,家庭裁判所の機能をもないがしろにするともいえる。AとBの法益が衝突している状況の下,刑法介入で問題解決をすることが差し控えられるべきものとして,可罰的違法性を欠くため構成要件該当性がないと解される。

3 営利拐取罪（225条）

(1) 趣旨 本罪は,営利目的等で人を拐取した場合である。刑罰は,1年以上10年以下の懲役。

(2) 成立要件 本罪は,①営利・わいせつ・結婚または生命もしくは身体に対する加害の目的で,②人を略取・誘拐したときに,成立する。

被害者を被拐取者と呼ぶが,成年者であると未成年者であるとを問わない。未成年者に対する略取・誘拐も本条の目的があるときは,本条のみが成立する。

略取は,暴行または脅迫を手段とするが,ここにいう脅迫とは,畏怖心を生じさせる目的で他人に害悪を告知する一切の場合をいい,反抗を抑圧するに足るほど強度のものであることを要しない。判例では,「俺は警察なんか何とも思っていない」,「言うことをきかないと商売ができなようにしてやる」と申し向けることが脅迫にあたるとされている（広島高岡山支判昭30・6・16高刑裁特2巻12号610頁）。

(3) 目的犯 本罪は目的犯である。営利の目的とは,財産上の利益を得る目的をいうが,被拐取者を働かせて利益を得る場合のほか,人身売買的行

為の結果として第三者から報酬を得る場合も含まれる。例えば被害者の女性には、「キャバレーで働いてみないか、嫌ならすぐ帰っていい」とだまして、本当はストリッパーとして売り飛ばし、謝礼金を受領した場合、営利の目的があったとして、本罪の成立が認められている（最決昭37・11・21刑集16巻11号1570頁）。

わいせつの目的とは、姦淫の被害者とさせる場合やストリッパーをやらせる場合などをいう。結婚の目的には、法律上の婚姻のほか、事実上の結婚も含まれる。

複数の目的に基づいて誘拐行為が続いてなされた場合は、ともに同一法益を侵害し、同一法条に触れる行為であるから、包括的に観察して一罪として処断するべきである。判例では、わいせつ目的で少女を誘拐し、実力支配内に置いた後、さらに営利目的で別所に誘拐したときは、一罪になるとしている（大判大13・12・12刑集3巻871頁）。

4 身代金目的拐取罪など（225条の2・228条の2・228条の3）

(1) 立法の経緯 略取および誘拐の罪に関しては、「吉展ちゃん事件」（昭和38年）という身の代金目的誘拐事件をきっかけとして、昭和39年、とくに刑事政策的配慮を加えた一連の規定が設けられた。主な内容は、次の通りである。

①身の代金目的の略取・誘拐罪について、無期懲役という厳罰が用意されている（225条の2）。刑罰は3年以上の懲役もある。

②身の代金目的の略取・誘拐などを犯した者が、公訴が提起される前に、略取・誘拐された者を安全な場所に解放したときは、必ずその刑を軽減することにしている（228条の2）。

③身の代金目的の略取・誘拐の予備も処罰されるが、予備の段階のうちに自首したときは、2年以下の懲役であるが、必ずその刑を軽減するか、免除することにしている（228条の3）。

身の代金目的の略取・誘拐事件についてはきわめて検挙率が高く、犯行としては失敗に終わるのがほとんどあるが、残念ながら跡を絶たない。そこ

図表2-7　主な犯罪の検挙率

(平成18年)

罪　名	検挙率（％）
総　数	51.0
殺　人	96.8
窃　盗	27.1
強　姦	74.9
略取・誘拐・人身売買	90.5
住居侵入	29.7
放　火	76.0

(平成19年版犯罪白書)

で，刑法としては，計画段階での後戻りに恩典を与える一方（③），いったん犯行に至ったときにも略取・誘拐された者の保護に配慮しているのである（②）。

(2) 身の代金目的拐取罪の意義　身の代金目的誘拐罪（225条の2第1項）は，近親者その他略取され，または誘拐された者の憂慮に乗じて，その財物を交付させる目的で，人を略取または誘拐する場合に成立する。

この規定は，①被拐取者の安否を憂慮する者について限定を加えるとともに，②「財物」にかぎり，財産上の利益を含めない点で，身の代金拐取罪の実質に沿ったものといえる。

(3) 安否を憂慮する者　身の代金を要求された者が「**安否を憂慮する者**」にあたらなければ，仮にそのような行為があっても本条の適用を受けず，225条の営利目的拐取罪が成立するにすぎない。

225条の2の「安否を憂慮する者」の範囲をどう捉えるかについては，学説に争いがある。しかし，条文は「近親者その他」という限定を加えているから，一定の人間関係により，身の代金を要求された者が被拐取者のことを憂慮することが一般と認められる場合は，すべて含まれると解するのが妥当である。たとえば，年来の友人や恋人なども含まれる。

裁判上問題となった例として，相互銀行の代表取締役社長が人質となった

場合，同銀行の専務は社長の安否を憂慮する者にあたるか，という事案がある。判例は，「単なる同情から被拐取者の安否を気づかうにすぎないとみられる第三者は含まれないが，被拐取者の近親でなくても，被拐取者の安否を親身になって憂慮するのが社会通念上当然とみられる特別な関係にある者はこれに含まれる」として，専務は，その他の安否を憂慮する者にあたると判断したのである（最決昭62・3・24刑集41巻2号173頁）。

例 4 ―(11)

　銀行の代表取締役頭取は，銀行の一般行員である被略取者との間に個人的交際関係がなくとも，わが国の会社組織においては，行員の安全を親身になって憂慮するのが社会通念上当然とみられる特別な関係にあるものと認められるので，「安否を憂慮する者」にあたる（東京地判平4・6・19判タ806号227頁）。

例 4 ―(12)

　会社の代表取締役が略取された場合，その片腕として働いていた常務取締役に対して身の代金を要求したとき，2人の関係が経済的利害に基づく関係にすぎず，すでに不仲であるときは，本罪は成立しない（大阪地判昭51・10・25刑月8巻9＝10号435頁）。

　なお，身の代金拐取罪は，その目的で拐取行為がなされればそれで既遂となるのであり，身の代金を取得したかどうかは，既遂・未遂に関係しない。

　(4) **安全な場所**　228条の2は，身の代金拐取罪における被拐取者が無事に戻ることを願った規定である。したがって，犯人が被拐取者を解放するだけでは足りないが，そうかといって，近親者等に届けることまで求めるのは現実的ではなく，「安全な場所」がその妥協点になる。判例は，被拐取者が安全に救出されると認められる場所をいい，犯人の行為が解放にあたるかどうかについては，解放された場所の位置・状況，被拐取者を自宅に復帰させるために講じた措置（たとえば，電話連絡をする）などを考慮して判断しなければならない，としている（最決昭54・6・26刑集33巻4号364頁）。

　(5) **身の代金要求罪（225条の2第2項）**　人を略取・誘拐した者が，安

否を憂慮する者の憂慮に乗じて身の代金を要求したときは，1項と同様に処罰される。本罪は，当初は身の代金要求の目的はなかったが，拐取の後に身の代金を要求した場合である。

例 4 ―(13)

> 身の代金目的で人を略取誘拐した者が，さらに，略取または誘拐された者を監禁し，その間に身の代金を要求したときは，身の代金目的略取誘拐罪と身の代金要求罪とは牽連犯の関係になり，また，右各罪と監禁罪とは併合罪の関係になる（最決昭58・9・27刑集37巻7号1078頁）。

5　所在国外移送目的拐取罪（226条）

(1)　趣　旨　本罪は，所在国外に移送する目的で拐取した場合である。刑罰は，2年以上の有期懲役。

平成17年改正前は，日本国外移送目的による拐取行為のみを処罰対象としていたが，処罰範囲が広がった。たとえば，海外旅行中の日本人を第三国へ移送する目的による拐取行為も含まれる。

(2)　成立要件　本罪は，①所在国外に移送する目的で，②人を略取・誘拐したときに，成立する。

(3)　所在国外　被拐取者が現に所在する国の統治権が及んでいる国（領土・領海・領空）の外のことである。

例 4 ―(14)

> 外国人が，別居中の日本人の妻の下で監護養育されている子（2歳4か月）を，母国に連れ去る目的で，入院中の病院から有形力を用いて連れ出し，保護されている環境から引き離して自分の事実的支配下に置く行為は，本罪にあたる（最決平15・3・18刑集57巻3号371頁）。

6　人身売買罪（226条の2）

(1)　趣　旨　本罪は，人身の買受行為および売渡行為をすべて処罰の対

象としたものである。刑罰は，客体や目的に応じて区別されている。

　(2) **人を買い受ける**　　人を買い受けるとは，対価を支払って，売主からその事実的支配下に置かれた人身の引渡しを受け，自己の事実的支配下に置くことである。

7　被略取者所在国外移送罪（226条の3）

　本罪は，略取され，誘拐され，売買された者を所在国外に移送する行為を処罰するものである。刑罰は2年以上の有期懲役。

8　被拐取者収受罪（227条）

　本罪は，未成年者拐取罪・営利拐取罪・所在国外移送目的拐取罪・人身売買罪・被略取者所在国外移送罪の罪を犯した者を幇助する目的で，被拐取者・被売者を収受・蔵匿・隠避させる行為（1項）と，身の代金目的拐取罪の罪を犯した者を幇助する目的で，被拐取者を収受・蔵匿・隠避させる行為（2項），営利・わいせつ目的で被拐取者・被売者を収受する行為（3項），などを処罰するものである。

9　親告罪（229条）

　本条は，身の代金関係の犯罪と営利目的でなされた拐取罪を除いて，親告罪とする規定である。
　告訴権者について特別の規定が置かれていて，被害者が犯人と法律上の婚姻をしたときは，一般に告訴ができないとされている。

第5章　精神的自由・生活の平穏を害する罪

1　脅迫の罪

1　脅迫罪（222条）

(1) 趣旨　本罪は，人をおどす行為が被害者を精神的不安に陥れ，ひいては，活動の自由を妨げることに着目したものである。脅迫罪の保護法益に関して，(イ)意思決定の自由か，(ロ)私生活の平穏ないし法律的安全の意義か，で争いがあるとする捉え方もあるが，両者に根本的相違があるわけではなく，むしろ両者を含むと解すべきである。刑罰は，2年以下の懲役または30万円以下の罰金。

(2) 成立要件　本罪は，①生命・身体・自由・名誉・財産に対し害を加える旨を告知して，②人を脅迫したときに，成立する（1項）。

(3) 加害の対象　加害の告知は，相手方あるいは親族の生命・身体・自由・名誉・財産に限定されている（2項）。性的自由は自由に含まれ，プライバシーは自由・名誉に含まれる。いわゆる村八分は，ある人に対して共同で絶交し，その掟を破った人も共同絶交されるという社会的制裁の1つであるが，その制裁を受ける人にとっては大きな脅威となる。

> 例5―(1)
>
> 村八分は，自由および名誉に対する加害通告にあたるとして，脅迫罪の成立が認められている（大阪高判昭32・9・13高刑集10巻7号602頁）。

法人に対する脅迫罪が成立するかという問題がある。判例は，「法人の代表者・代理人等に対し，右法人の法益に危害を加える旨告知しても，法人に対する脅迫罪は成立せず」としている（大阪高判昭61・12・16高刑集39巻4号592頁）。これに対し，本罪の保護法益を意思決定の自由に対する危険犯

とする立場から,「法人も機関を媒介として意思決定をなしうる」以上,法人に対する脅迫を肯定する余地があるとの批判がある(西田・各論65頁)。判例は,他方で,名誉毀損罪・侮辱罪については,法人が被害者に含まれるとしているのであり(最決昭58・11・1刑集37巻9号1341頁),両者に整合性をもたせるべきであろう。

(4) 脅 迫 　**脅迫**とは,人に恐怖心を抱かせるに足りる加害の通告(害悪の告知)である。社会生活は,ある意味で,人と人とのぶつかりあいであるから,多少のいやがらせ・威迫・警告なども,刑法上は許さざるをえない。したがって,脅迫というためには,一般人が恐怖感を抱く可能性があるかどうかによって判断すべきである。

判例では,町村合併問題で村内が分裂・抗争を続けている時期に,一方の派の中心人物が,他派の中心人物宛に,火事も出していないのに,先日付で「出火御見舞申し上げます,火の元に御用心」という葉書を2枚郵送した事案について,当時の状況から,見舞状の形をとっていても,「火をつけられるのではないかと畏怖するのが通常である」として,脅迫罪の成立を認めている(最判昭35・3・18刑集14巻4号416頁)。

害悪の告知は,行為者自身または影響を与えうる第三者によるものである必要がある。

例5―(2)

「お前を,恨んでいる者は俺だけではない,ダイナマイトで貴男を殺すと言っている者もある」と告げる行為は,脅迫罪を構成する(最判昭27・7・25刑集6巻7号941頁)。

例5―(3)

死刑を言い渡した裁判官に対し,「人殺し,売国奴,貴様に厳烈な審判が下されるであろう」と記載した葉書を投函,配達させた行為は,何人の手によって害悪が加えられるか全く不明確であり,脅迫罪は成立しない(名古屋高判昭45・10・28刑月2巻10号1030頁)。

なお、「天罰が下るぞ」などのように、告知された害悪が告知者の意思で左右しえないものは、脅迫にはならない。

(5) 権利の行使との関係　告訴する旨の告知をして相手方に心理的な圧迫を加える場合、脅迫罪にあたるか。告訴権は被害者に認められた正当な権利であるから、実際には事後に告訴がなされてなくても、直ちに不当な権利の行使とはいえない。ただし、はじめから告訴をする意図がないのに、相手方を畏怖させる目的で告訴する旨を告げる場合は脅迫罪を構成する（大判大3・12・1刑録20輯2303頁）。

2　強要罪（223条）

(1) 趣　旨　本罪は、暴行・脅迫により人の意思決定の自由を制限して、義務のないことをさせたり、権利の行使を妨害した場合に成立する。刑罰は、3年以下の懲役。

(2) 成立要件　本罪は、①生命・身体・自由・名誉・財産に対し、害を加える旨を告知して脅迫し、または暴行を用いて、②人に義務のないことを行わせ、または権利の行使を妨害したときに、成立する（1項）。親族に対し害を加える旨を告知する場合は、手段は脅迫に限られている（2項）。

本罪の暴行は、相手方の自由な意思決定を拘束して、その行動の自由を制約するに足りる程度のものであることを要する。それは、本罪の保護法益が意思決定に基づく行動の自由にあるためである。

例 5 ―（4）

> 背広のえりをつかんで引っ張り、怒鳴りながら身体を前後に数回揺さぶる程度では、本罪の暴行とはいえない（大阪地判昭36・10・17下刑集3巻9＝10号945頁）。

(3) 義務のないことを行わせる　被害者が恐怖心から義務のないことを行う必要がある。脅迫・暴行によって被害者が反抗を抑圧され、意思決定の自由を奪われて行動したときは、「行わせ」た、とはいえなくなる（注釈刑法(5)259頁［所一彦］）。たとえば、銀行強盗の犯人が、ピストルで支店長を

脅して，現金を用意したバッグに詰めさせたような場合，犯人は絶対的強制下の支店長を利用した強盗罪（236条1項）の間接正犯であり，支店長の関係で強要罪とはいえない。刑罰のバランス上，疑問が残るが，支店長との関係では脅迫罪にとどまろう。

(4) 権利の行使を妨害する 公法上・私法上の正当な権利の行使を妨害することである。判例では，新聞記者が告訴を中止させた例がある（大判昭7・7・20刑集11巻1104頁）。

本罪にいう「権利」とは，必ずしも法律上「何々権」と呼称されるものに限らず，個人の自由として法的保護を受ける領域にあれば足りる。

> **例 5―(5)**
>
> 動物の品質・技能を競う競技大会に動物操縦者として参加出馬する権利は，本罪の「権利」にあたる（岡山地判昭43・4・30下刑集10巻4号416頁）。

(5) 人質強要罪 本罪の特別法として，「人質による強要行為等の処罰に関する法律」が規定されており，たとえば，ハイジャック犯人が，当該航空機内にある者を人質にして，第三者に対し，義務のない行為をさせた場合に，重く処罰する規定をおいている（同法3条）。

2 住居を侵す罪

1 住居侵入罪（130条前段）

(1) 趣 旨 住居侵入罪は，人の私生活の場所としての住居，ならびに，人が事実上管理・支配する業務に用いる建造物などへの侵入を禁ずる趣旨の規定である。刑罰は，3年以下の懲役または10万円以下の罰金。

(2) 成立要件 本罪は，①正当な理由がないのに，②人の住居，もしくは，人の看守する邸宅・建造物・艦船に，③侵入したとき，成立する。

(3) 保護法益 本罪の保護法益については，条文上は社会的法益に位置づけられているが，今日では，個人的法益に対する罪と捉えることに異論はない。ただし，その内容については議論がある。

学説の展開を沿革的に整理してみると，①住居権説——家長が住居の立入りについて許諾権をもつ，②平穏侵害説——事実上の平穏な利用を保護する，③新住居権説——建物に誰の立入りを許すかの決定権は管理権者にある，などが主張されてきた。

住居侵入罪の保護法益についての解釈論が解決しなければならない課題を含んでいる主な裁判例は，次のようなものである。

(イ) Aは，Bの夫Cが不在中に，Bの承諾を得て，姦通の目的でCの住居に立ち入った。

(ロ) 全逓役員のDらは，午後9時30分，施錠されていなかった郵便局の通用門から，宿直員の黙認の下に局舎内に立ち入り，ロッカーなどにビラ1000枚を糊で貼付し，局長に発見・制止され，午後10時40分頃，退去した。

判例の結論をあてはめると，(イ)は無罪（神戸地尼崎簡判昭43・2・29下刑集10巻2号211頁），(ロ)は有罪（最判昭58・4・8刑集37巻3号215頁＝大槌郵便局事件），である。学説に期待されているのは，これらの結論を統一的に説明できるか，である。(イ)事件に関しても，もはや，上述の①住居権説は，「家」制度に結びつくものとして支持しえない。また，逆に，夫婦の一方が不在で，現にいる他の一方の許諾がある以上，平穏な利用は妨げられていないから，②平穏侵害説が妥当するように思われる。ところが，(ロ)事件に関しては，立入りの態様は平穏であるから，平穏侵害説では有罪は説明できないとされる。すなわち，管理権者の意思に反して立ち入ったという基準を立てている③新住居権説による必要があるというのである。

これらの議論は何のためになされているか，を考察する必要があるが，私は，次のような視点を確認しておくべきだと思う。第1に，130条が保護の客体として掲げている個人の住居と人が管理する建造物などを区別する必要がある。第2に，住居侵入罪は住居侵入罪としてのみ機能すればよいのであって，他の権利・利益の保護のためにむやみに利用されるべきではない。

以上のような点を踏まえて，私は，次のように考える。まず，個人の住居と人の管理する建造物などは，客体の性質から，分けて考えるべきである。

次に，個人の住居については，個人の私的領域に他者を無断で立ち入らせないというプライバシーこそ保護法益であり，人が管理する建造物などについては，建造物などの管理権者に誰の立入りを許すかの決定権があるから，そのような管理権者の許諾権を保護法益と捉えるべきである。私は，保護法益を2つに分け，個人の住居については平穏侵害説で捉え，人が管理する建造物などについては管理侵害説で捉えることにしたい（ちなみに，後者は「住居」に対するものではないので，新住居権説の言葉はふさわしくない）。

(4) **正当な理由がない**　条文に，わざわざ「正当な理由がない」と書かれているのは，居住者の許諾のない場合でも，法秩序全体からみれば正当と判断されるときがあるからである。たとえば，捜査官が捜索差押令状（刑訴218条）を所持している場合は，居住者の意に反して押し入っても，本罪を構成するものではない，と一般に解されている。ただし，捜査官の権限行使が違法な場合もあることを考えると，構成要件には該当するが，法令行為として違法でないとする捉え方が妥当といえよう。

(5) **客体**　人の住居，人の看守する邸宅・建造物・艦船である。住居とは，人の起臥寝食（日常の生活）に使用される場所である。その使用は一時的でもよく，アパートの一室のように建物の一区画でも住居といえる。囲繞地（とりかこんでいる土地）も含まれるから，庭もそれにあたる。判例では，建造物に含まれる囲繞地であるためには，当該建物に接してその周辺に存在し，かつ，管理者が門塀等の囲障を設置することにより，建物の付属地として建物利用のために供されるものであることが明示されればよいとされている。そこで，囲障が通常の門塀に準じ，外部との交通を阻止し得る程度の構造を有する金網柵である場合には囲繞地にある（最判昭51・3・4刑集30巻2号79頁＝東大地震研事件）。屋根の上も含まれる（東京高判昭54・5・21高刑集32巻2号134頁）。「人の看守する」とは，「人が事実上管理・支配する」ことである（最判昭59・12・18刑集38巻12号3026頁）。

邸宅とは，住居用に作られた建造物とその囲繞地をいい，現に住居に使用されていない場合をいう。日常用語では，宏壮な建物（屋敷）という意味で使うが，その趣旨は全くない。建造物とは，工場・倉庫・官公庁庁舎・駅な

どのような住居用以外の建物とその囲繞地をいう。鉄道の駅の出入口の階段付近については，業務終了後シャッターで閉鎖されるし，掲示板に駅長の許可のない物品の販売・配布，宣伝，演説などを禁止するなど，駅長が管理権を行使しているから「人の看守する建造物」にあたる（前掲最判昭59・12・18）。艦船とは，軍艦や一般の船舶の総称である。

(6) **侵　入**　侵入とは，居住者や管理権者の意に反して立ち入ることである。たとえば，家出息子が，家出を後悔して謝罪するつもりで帰宅したのであれば，深夜，戸締りを破って立ち入っても，「侵入」とはいえないが，強盗の目的で，かつ共犯者を連れて深夜，家屋内に立ち入ったときは，本罪を構成する（最判昭23・11・25刑集2巻12号1649頁）。また，管理権者が予め立入り拒否の意思を積極的に明示していなくとも，建造物の性質，使用目的，管理状況，管理権者の態度，立入り目的等からみて，当該立入り行為を管理権者が容認していないと合理的に判断されるときは，本罪が成立する。

ところで，外観上は不法な目的であることが明白でない立入りは，侵入といえるか。たとえば，万引きの目的でデパートに立ち入るような場合である。通常は公衆に開放されている場所については，外観上開放された趣旨に反することの明白な立入りの場合にのみ，侵入と解すべきである（藤木・各論234頁）。ただし，強盗の意図を隠して「今晩は」と挨拶し，家人が「お入り」と答えたのに応じて住居に入ったような場合は，同意とはいえず，侵入と解される（最大判昭24・7・22刑集3巻8号1363頁）。

例 5―(6)

> Aは，国民体育大会の開会式を妨害する目的で，一般観客を装って陸上競技場に立ち入り，発煙筒を投げるなどして開会式を妨害した。
> 「管理権者の意思に反する立入り行為は，たとえそれが平穏，公然に行われた場合においても，建造物利用の平穏を害する」として，建造物侵入罪が認められた（仙台高判平6・3・31判時1513号175頁）。

(7) **他罪との関係**　住居侵入罪は他の犯罪の手段として犯されることが多い。たとえば，強姦目的のために，女性が1人で住んでいるマンションに

忍び込むような場合である。他の犯罪と住居侵入罪との間に，客観的にみて手段と結果の関連性が認められる場合は，罪数関係として牽連犯関係といえる。判例では，住居侵入罪と窃盗・強盗・放火・殺人の各罪について牽連犯とされている。また，住居侵入罪と「のぞき」の罪（軽犯罪法1条23号）についても牽連犯が認められている（最判昭57・3・16刑集36巻3号260頁）。

(8) 可罰的違法性　　住居侵入罪の規定を形式的に用いると，表現の自由や行動の自由に関わる。その点で，市民が政治的な意見を伝えようとして集合住宅の個々の新聞受けにビラを投函することを住居侵入罪とする判例（東京高判平17・12・9判時1949号169頁）には，疑問がある。第1審は，商業的宣伝ビラの投函と比べて，優越的地位が認められるべきものであるとして，違法性がなく無罪としたのである（東京地八王子支判平16・12・16判時1892号150頁）。私は，本件のようなビラ投函行為は，住居侵入罪の予定している可罰類型に当たらず，構成要件該当性が認められないと解する。

2 不退去罪（130条後段）

(1) 趣　旨　　本罪は，住居などに立ち入ったときは一応適法であったが，要求を受けたのに退去しない場合である。たとえば，押売りが家から出るように言われながら，出なかったようなときである。「退去しなかった」という不作為が明文で示されている**真正不作為犯**である。刑罰は，3年以下の懲役または10万円以下の罰金。

不退去罪は，住居侵入罪と同様，継続犯である。

(2) 成立要件　　本罪は，①要求を受けたにもかかわらず，②人の住居，もしくは，人の看守する邸宅・建造物・艦船から，③退去しなかったとき，成立する。

(3) 退去要求　　退去要求を受けた者が退去に要する合理的な時間の経過後，本罪は既遂となる。条文上は本罪にも未遂罪があるようにみえるが（132条），退去要求があってはじめての本罪の成立がある以上，認める余地はない。

(4) 住居侵入と不退去との関係　　建造物侵入罪が成立している場合に

は，その侵入者が退去を求められ応じなかったときでも，別に不退去罪は成立しない（最決昭31・8・22刑集10巻8号1237頁）。これは，同一人について建造物侵入が成立しているときは，建造物侵入（住居侵入）と不退去が包括一罪の関係になるためである。

3　秘密を侵す罪

1　個人秘密の保護

(1)　プライバシーの保護と刑法　個人の秘密がのぞき見されたり，あばかれて世間の人に知られることは，大きな精神的苦痛である。また，社会生活がしにくくなる可能性も高い。このような**プライバシー**の保護は，憲法13条の幸福追求権から導き出される人権の1つであるが（芦部信喜著，高橋和之補訂『憲法（第4版）』118頁〔岩波書店・2007〕），刑法は，そのうち，信書の秘密（信書開封罪）と，業務上知った他人の秘密（秘密漏示罪）に関して採り上げている。

しかし，情報時代の今日，個人の秘密はさまざまな形で危険にさらされている。とくに，インターネットの普及に伴い，他人の情報を暴露する卑劣な行為も報告されている。その意味において，プライバシーは，かつての「ひとりにしておいてもらう権利」から，今日では，「自己に関する情報の流れをコントロールする個人の権利」（堀部政男『プライバシーと高度情報化社会』60頁〔岩波書店・1988〕）として捉えるべき時代に突入しているといえる。そこで，今後は刑法においても，抜本的な立法作業が必要とされる分野である。その際，コンピュータ情報の不正入手に対処するために，「財産的情報の刑法的保護」が重要な課題になろう（西田・各論99頁）。近時，コンピュータに対する不正アクセス行為を捉えて処罰するための「不正アクセス行為の禁止等に関する法律」が制定され（1999年8月），ようやく取り組みの一歩が歩みはじめられた。

(2)　秘密保護の体系　なお，秘密を大きく捉えて，企業の秘密や国家の秘密を含めて，現状で用意されているものをまとめると，次頁の表のように

図表 2-8　秘密の保護

	〈行為態様〉	〈処罰規定〉
個人の秘密	住居への侵入	住居侵入罪（130条）
	信書の開封	信書開封罪（133条）
	秘密の漏示	秘密漏示罪（134条）
	名誉の毀損	名誉毀損罪（230条）
	住居などののぞき見	軽犯罪法1条23号
	郵便物の開封	郵便法77条
	電話の盗聴	有線電気通信法9条・14条
企業の秘密	企業の技術などの漏示	企業秘密漏示罪*
		（改正刑法草案318条）
国家の秘密	職務上知った秘密の漏示	国家公務員法100条・109条
		地方公務員法34条・60条

＊現状では，立法されていない。

なる。

　ちなみに，捜査機関による盗聴については，捜査機関が行う強制処分として，一定の制約の下に許されるとする立場が多数であるが，プライバシー侵害の可能性が高いから，基本的に立法によって解決されるべきである（田宮裕『刑事訴訟法（新版）』123頁〔有斐閣・1996〕）。その意味では，1999年8月に公布され，2000年8月15日から施行された「犯罪捜査のための通信傍受に関する法律」についての検討が今後の課題となる。

2　信書開封罪（133条）

(1) 趣　旨　本罪は，正当な理由がないのに信書を開ける行為を禁ずることを通して，プライバシー保護の一端を担うものである。刑罰は，1年以下の懲役または20万円以下の罰金。

(2) 成立要件　本罪は，①正当な理由がないのに，②封をしてある信書を，③開けたときに，成立する。

(3) 正当な理由がないのに　権利者の承諾または推定的承諾のある場合，あるいは緊急避難にあたるような場合（たとえば，近親者が行方不明になったとき，捜索の手がかりを得るため，その近親者あての信書を開ける）は，正当な理由があるといえよう。また，受刑者処遇法（刑事収容施設及び被収容者

等の処遇に関する法律）127条では，刑務所当局に「信書の検査」が認められているから，家族から来た手紙が開封されてしまうことに正当な理由があることになる。

(4) 封をしてある信書　「信書」とは，特定人から特定人にあてて意思を伝達する書面である。文書にかぎらず，図表，絵を含む。郵便物である必要はなく，置き手紙でもよい。特定人には，法人やその他の団体も含まれる。「封をしてある」とは，信書の内容が外部から見られないように糊付けなどがなされていることをいう。したがって，葉書は封をしてあるとはいえないので信書にはあたらない。

(5) 開ける　封を破って信書の内容を知りうる状態にすることである。内容を知りうる状態にすること自体が秘密の侵害と解され，行為者が内容を読み，知ることは必要とされない。その意味で，本罪は抽象的危険犯である。

(6) 親告罪　告訴権者は発信者か受信者かという問題がある。というのは，受信者に到達する前に信書を閲覧する事案があるためである。

　判例で採り上げられた事案では，Aが養子B宛に女性から来た手紙は自分に渡すよう，お手伝いのCに命じておいたところ，Cはまず縫針で開封して閲覧し，元通りにしてAに渡し，Aが再び開封して文面からBの女性関係を知ったという例がある。これは，1つには，親権者が子宛の手紙を開封することが訓育の目的であれ許されるか，という問題を含んでいる。判例は，発信者は常に告訴権があり，信書が受信人に到着後に告訴権を有すると判断した（大判昭11・3・24刑集15巻307頁）。しかし，本罪が発信者と受信者の間のコミュニケーションを保護するためのものであるとの立場からは，両者は常に告訴権者になると解される（平川・各論255頁）。

3　秘密漏示罪（134条）

(1) 趣旨　本罪は，職業上，人の健康や法律上の秘密を知る立場の者が秘密を漏らしたのでは，安心して診察を受けたり，相談することができなくなるので，秘密を漏示した場合に処罰することによって，個人のプライバ

シーを守ろうとするものである。刑罰は，6月以下の懲役または10万円以下の罰金。

(2) 成立要件 本罪は，①医師・薬剤師・医薬品販売業者・助産師・弁護士・弁護人・公証人，または，これらの職にあった者が，②正当な理由がないのに，③その業務上取り扱ったことについて知り得た人の秘密を，④漏らしたときに，成立する（1項）。①宗教・祈禱（とう）・祭祀（し）の職にある者，または，これらの職にあった者が，②正当な理由がないのに，③その業務上取り扱ったことについて知り得た人の秘密を，④漏らしたときに，成立する（2項）。

(3) 犯罪主体 本罪の犯罪主体は，列挙されている者に限られている，**真正身分犯**である。身分がない者については，実質上，身分のある者と同様に依頼者の秘密を知ることがあったとしても，**罪刑法定主義**の趣旨から，犯罪主体とはなりえない。したがって，たとえば，**看護師***や法律事務所の事務員について，本罪は適用されない。

(4) 客体 秘密とは，一般に知られていない事実のことである。本人の意思との関係で，(イ)本人が公にされることを欲しないもの，(ロ)本人が他に知られないことにつき客観的にみて相当の利益を持つもの，(ハ)秘密にする意思と秘密にする利益の双方を必要とするもの，などに見解が分かれている。本罪がプライバシー保護のための規定であることから，(イ)のように，本人の意思を基準に捉えるべきである。

「人」については，自然人ばかりでなく，法人その他の団体も含まれる。秘密は業務上知りえたものだから，業務と無関係に知ったことは含まれな

---

*看護師　看護師の社会的地位を認める見地からも，本条の犯罪主体として掲げる必要がある。改正刑法草案317条1項は，「医療業務，法律業務，会計業務その他依頼者との信頼関係に基づいて人の秘密を知ることとなる業務に従事する者もしくはその補助者又はこれらの地位にあった者」というように，犯罪主体を大幅に広げている。これなら，医療業務の補助者として看護師も含まれる。ただし，今日では，看護師については，保健師助産師看護師法（保助看法）42条の2において守秘義務の規定が設けられ，違反した場合には，6月以下の懲役または10万円以下の罰金に処せられる（44条の3第1項）。

い。

(5) 漏らす　秘密を知らない者に知らせることである。名誉棄損罪（230条）と異なり公然性は要件とされていないから，1人に他言を禁じて告げても，漏示になる。

(6) 正当が理由がないのに　正当な理由があれば，他人に告げても本罪にあたらない。**正当な理由**としては，告知することが法令により義務づけられている場合がある。たとえば，感染症の予防及び感染症の患者に対する医療に関する法律12条1項では，医師が感染症の患者を診断したときは，保健所長に届け出なければならないとされている。なお，感染症には，エボラ出血熱，鳥インフルエンザ，インフルエンザ，後天性免疫不全症候群などが含まれる。

ところで，刑訴法149条は，刑法上守秘義務を負う者に証言拒絶権を認めている。問題は，証言を拒絶できるのに拒絶せずに証言した場合，本罪が成立するかどうかである。本罪の成立を否定する立場が根拠とするのは，①証言拒絶権は権利であり，義務でないこと，②供述は刑事司法作用に協力するための正当行為である，とするものである。これに対して，本罪の成立を認める立場は，①証言してよいぐらいなら，なぜ特に証言の義務を免じたかの理由が説明されない，②訴訟法が証言拒絶権を認めているのは，司法の利益に対する秘密保護の利益の優越を前提によるものだ，とする。

以上の論議の趨勢から明らかなように，この問題は，結局，プライバシーの保護と司法の利益が衝突している場面なのである。すなわち，秘密の漏示に正当な理由があれば違法性が阻却されるという理論構成がふさわしいのである。つまり，具体的事情を勘案して違法か違法でないかを判断するのが，事案の解決に適するのである。供述が「常に許されるわけではなく，やはり利益の大小，補充性等を考慮して決すべきものと解する」（注釈刑法(3)264頁［所一彦］）とされているのは，その趣旨を示したものと解される。

秘密の所持者の利益になる場合に，仮に当人の意に反しても，秘密を暴露することが正当の理由ありといえるか。具体的には，被告人が身代り犯人であることを知った弁護士が，仮に法廷で本当のことを言った場合に正当な理

由ありといえるかが，問題となった。自動車事故を起こして業務上過失致死罪（従前）で起訴された被告人の弁護を担当した弁護士が，別に真犯人がいて，真犯人も本当のことを供述するつもりになっているのを知りながら，真犯人を庇護する目的で秘密を述べなかった事案がある。したがって，実際は，弁護人は被告人が真犯人の身代りであることを知りつつ黙秘したのであった。それに関して，判例は，「弁護人がその職責を果すにあたり，たとい弁護士として取り扱いたることにつき知り得たる人の秘密を漏泄する結果を生ずることありとせんも，違法を阻却し，秘密漏泄罪成立せざるはもちろん」と判示した（大判昭5・2・7刑集9巻51頁）。そして，かえって，弁護人が真犯人をかくまった点は，犯人隠避罪（103条）にあたるとされた。

4 名誉に対する罪

1 保護法益

(1) 名誉を保護する意味　名誉に対する罪（刑法第2編第34章）は，個人的法益の中の人格的価値としての名誉を刑法的に保護しようとするものである。

人の人格的価値に対する評価は，社会生活にとって不可欠であり，憲法上は，個人の尊重（憲13条）に基盤を置く。しかし，それに対する侵害をもたらす表現行為は，一方で，憲法上，表現の自由（憲21条）として尊重されるものの一環である。したがって，名誉の保護は表現の自由と対立するが，その調整は憲法レベルの問題といえる。**表現の自由**は，①表現行為を通して個人の自己実現をはかる機能のゆえに尊重され，②受け手の側の**知る権利**に寄与することによって，政治的選択の材料を提供することにつながり，ひいては民主主義的意思の形成に資することから，財産的保護などにくらべると一段と重く尊重されるのである。

(2) 230条の2の意義　本章全体の性格・役割を理解するにあたって，230条の2が重要な意義を有している。具体例でいうと，政治家・高級官僚・社会的有力者に対するマス・メディアによる批判が，国民一般にとっ

て，政治や社会のあり方を考えるための不可欠の情報源である。したがって，個人の人格権といえども，公共性のある事柄についての表現行為には一歩をゆずることが期待されるのである。

しかも，このような公人あるいは社会的影響力のある私人に対する名誉毀損的表現は，いわば論争の材料として提供されるものであるから，対立する意見の併存を許容する必要がある。そして，対立する表現行為の存在を認める以上，結果的には，一方の誤りが判明することが当然ということになり，後述（p.91）のように，それに対応して230条の2の拡大適用が判例の役割となった。

2 名誉毀損罪と侮辱罪の区別

(1) 学 説 名誉毀損罪と侮辱罪の区別をどのように捉えるかについては，見解が分かれる。およそ次のような見解がある。(イ)事実の摘示（指摘）の有無によって区別する。(ロ)社会的名誉を保護法益とするのが名誉毀損罪で，名誉感情を保護法益とするのが侮辱罪である。(ハ)社会的名誉を保護法益とするのが名誉毀損罪で，人間の尊厳を保護法益とするのが侮辱罪である。

さて，(イ)のように，行為態様のみで両罪の法定刑の大きな違い（上限は3年懲役と拘留）を説明するのは無理であり，保護法益を考慮に入れる必要がある。(ロ)のように，画然と区別できるかは疑問である。侮辱にもある程度の社会的評価の侵害を伴う面もあるので，侮辱を単に名誉感情の侵害のみとはいえない。(ハ)の見解は，名誉毀損罪を公然と情報を流通させて人の社会的情報状態を悪化させる行為と解する立場と結びつくものであるが，人間の尊厳は多義的な用語であって，両罪の区別の基準としてふさわしいとは思われない。

(2) 結 論 そこで，名誉毀損罪も侮辱罪もともに社会的名誉と名誉感情を保護法益とするが，名誉毀損罪は社会的名誉に重点が置かれ，侮辱罪は名誉感情に重点が置かれると解するのが相当である。その根拠は，次のようになる。ⓐ社会的評価が侵害されると当然に名誉感情も侵害される。ⓑ侮辱罪が「公然性」を要件としているのは，単なる名誉感情だけではないからで

図表2-9　名誉に対する罪の構造

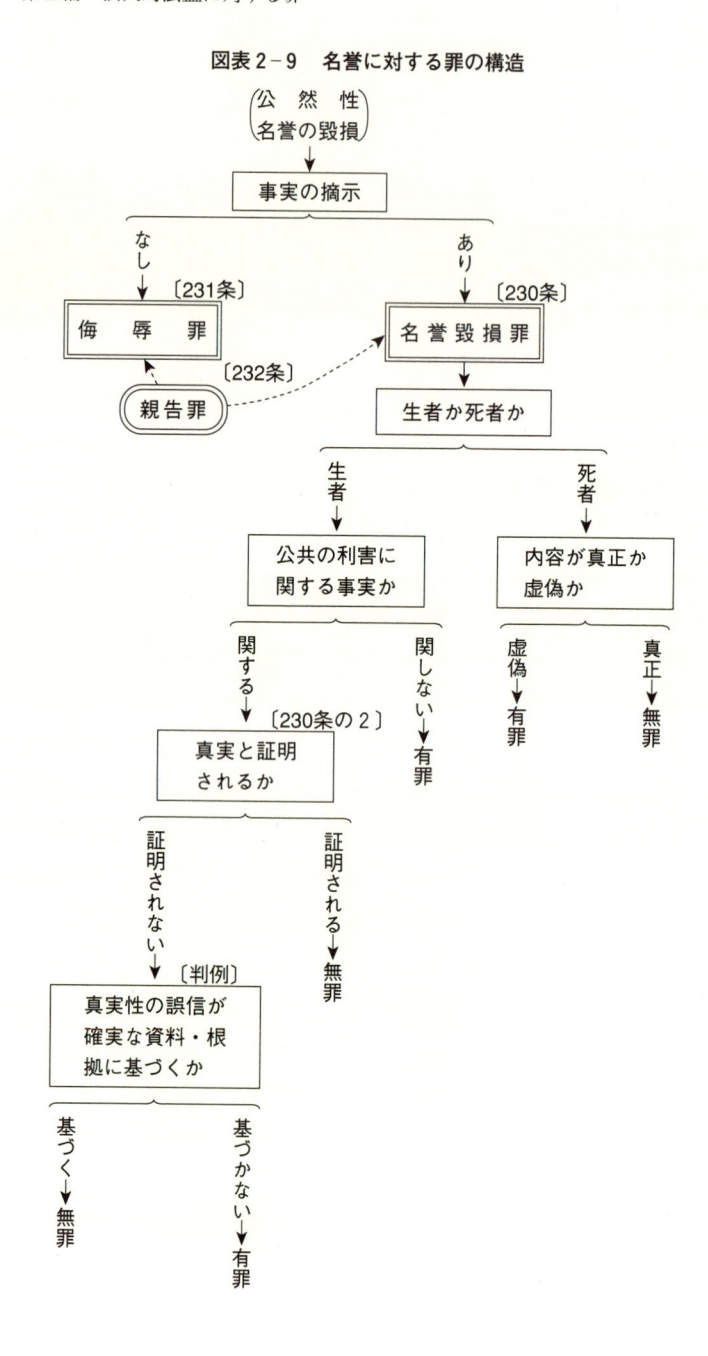

```
          (公 然 性)
          (名誉の毀損)
               ↓
          ┌─────────┐
          │ 事実の摘示 │
          └─────────┘
         なし↓      ↓あり
      〔231条〕   〔230条〕
      ┌─────┐   ┌─────┐
      │侮辱罪│   │名誉毀損罪│
      └─────┘   └─────┘
       〔232条〕      ↓
        (親告罪)← ┌────────┐
                 │生者か死者か│
                 └────────┘
              生者↓      ↓死者
         ┌──────┐  ┌──────┐
         │公共の利害に│  │内容が真正か│
         │関する事実か│  │虚偽か    │
         └──────┘  └──────┘
        関する↓ ↓関しない  虚偽↓ ↓真正
              ↓有罪        有罪  無罪
     〔230条の2〕
     ┌──────┐
     │真実と証明 │
     │されるか  │
     └──────┘
    証明されない↓ ↓証明される
                    無罪
     〔判例〕
     ┌──────┐
     │真実性の誤信が│
     │確実な資料・根│
     │拠に基づくか │
     └──────┘
    基づく↓  ↓基づかない
    無罪      有罪
```

ある。公衆の面前で軽蔑されれば，被害者の社会的評価がおとしめられる危険性は十分にある。ⓒ加害者の行為についてみると，事実の摘示の有無という違いがある。

3 名誉毀損罪（230条）

(1) 趣 旨 本罪は，名誉毀損行為が人に精神的苦痛を与え，社会生活に支障をきたすことに鑑み，刑事制裁の対象としたものである。刑罰は，3年以下の懲役・禁錮または50万円以下の罰金。

(2) 成立要件 本罪は，①公然と，②事実を摘示し，③人の名誉を毀損した場合に，④その事実の有無にかかわらず，成立する（1項）。①死者の名誉を毀損したときは，②虚偽の事実を摘示したときに，成立する（2項）。

(3) 名 誉 名誉とは，人の人格的価値に対する評価である。これには，人格に対する社会からの評価（社会的名誉）という面と，本人の名誉感情が含まれる。人が社会生活をしていく場合，一個の人格として尊重され，自尊心が守られる必要がある。

名誉の意義に関して，本条は，真価に値しない虚名も保護の対象とするのかという問題がある。虚名を保護する必要はないとの主張もある。しかし，現実に通用している私人の社会生活上の地位・評価を一応保護することが個人の幸福追求権を保障することにつながるとする立場（藤木・各論238頁）が妥当である。**人格権**は，人間が互いに・あ・る・も・の（実際の人間）としてだけではなく，・あ・る・べ・き・も・の（可能性のある人間）として尊重し合うところに意義があるとすれば，虚名も保護の対象となると解すべきである。しかし，公共の利害に関する事実については，国民の知る権利のために虚名をあばくことが許されるのである（230条の2）。

(4) 名誉の主体 名誉を保護される「人」は，個人のほか，法人その他の団体を含む。ただし，特定していることを要する。単に東京市民（都民）または九州人というように，漠然とした表示では本罪は成立しない（大判大15・3・24刑集5巻117頁）。モデル小説の場合は，特定人の見当がつけば足りる。犯罪者であっても，犯した罪と関係のない人格の評価にいては名誉を

有する。

　死者に関しては，虚偽の事実を摘示した場合にのみ可罰的とされている。真実の場合は歴史的評価として甘んじて受けるべきであって，刑法的保護は必要ないとされる。保護されるのは何かについて，死者自身の名誉とする見解や，遺族の名誉とする見解もあるが，死者に対する遺族の感情と解するべきである。

　(5) 公然性　公然とは，不特定または多数人が知ることができる状態をいう。多数人が特定していても，本罪は成立する。

例 5 —(7)

> 　出席者が25人を下らない労働組合の執行委員会における事実摘示については，公然性があるといえる（最判昭36・10・13刑集15巻9号1586頁）。

　判例は伝播可能性があれば公然性が認められるとするが，具体的事案との関係で捉えていることが窺える。Aが，Bを放火犯人と思い込み，自宅でBの弟と村会議員に，B宅で，Bの妻・娘・村人3人に，Bが放火したと語った場合に，公然性を認めている（最判昭34・5・7刑集13巻5号641頁）。この事例の場合，実際には村内全体に広まってしまったのであった。他方，検事取調室内で，脅迫罪で告訴された者が，告訴人，取調担当検事および検察事務官の目の前で告訴人の名誉を傷つける発言をした件については，特定の限られた数人の場合で，その集合または集合員の性質上，言動が他に伝播するおそれがないとして，公然とはいえないとした（最決昭34・2・19刑集13巻2号186頁）。

例 5 —(8)

> 　高校教師の名誉を毀損する内容の投書を，県教育委員会委員長，同校校長，同校PTA会長あて各1通郵送した場合，その文書の内容が名宛人またはその関係者など一部局限された者に知られたにとどまり，他へ伝播するおそれがなかったときは，公然性が否定される（東京高判昭58・4・27高刑集36巻1号27頁）。

(6) **事実の摘示**　人の社会的評価を害するに足りる事実の摘示が必要である。事実が真実か虚偽かを問わない。本当のことでも人の社会的評価を低下させることに変わりはないからである。本人を名指ししていなくても，本人と酷似した名前・経歴・性向の描写によって，表現全体からみて特定人を推知できればよい（大阪高判昭43・11・25判時552号86頁＝「外遊はもうかりまっせ」事件）。また，「人の噂であるから真偽は別として」という表現を用いても，風評（うわさ）の存在を指摘するのではなく，風評の内容たる事実の摘示にあたる（最決昭43・1・18刑集22巻1号7頁）。

(7) **名誉の毀損**　判例は，人の社会的評価を害するおそれのある状態を発生させることであるとする（抽象的危険犯説）。これに対し，侵害犯説は，①「毀損した」という文言，②本罪を，人の社会的情報状態を悪化させる行為と解する立場では，情報状態の侵害と解されることを根拠とする（平川・各論227頁）。しかし，名誉毀損の実害発生の有無・程度は，数量的に特定することが不可能であるから，現実に社会的評価が害されたことを要件とするのは無理であろう。

(8) **違法性阻却**　名誉棄損罪の構成要件に該当する場合でも，弁護士の正当な弁護活動と認められるときは，**正当業務活動**（35条）として違法性が阻却され，犯罪とならない。

　ところで，弁護士の法廷での弁論が弁護活動として一般に違法性が阻却されることは問題ないが，法廷外の活動については，弁護目的との関連性が弱くなる傾向にあるところから，正当業務行為として認められる範囲は限定されがちである。

例5―(9)

A・Bは、いわゆる丸正事件(丸正運輸店の女主人が殺害された事件)の弁護人であったが、被告人Cらの冤罪を晴らすために、世人に訴えて世論を喚起し、冤罪の証拠の収集に協力を求めるため、『告発』と題する単行本で真犯人内部説を発表した。判例は、A・Bの行為は、「訴訟外の救援活動に属するものであり、弁護目的との関連性も著しく間接的であり、正当な弁護活動の範囲を超える」として、違法性阻却を認めなかった(最決昭51・3・23刑集30巻2号229頁=丸正名誉毀損事件)。

4 公共の利害に関する場合の特例(230条の2)

(1) 趣 旨 真実をいう権利は、正当な理由があるかぎり、名誉毀損的表現でも表現の自由として保障されなければならない。本条は、表現の自由(憲21条)と名誉の保護(憲13条)が衝突する場合の、調和と均衡のための規定である。

(2) 免責規定の要件 1項――名誉棄損的行為が、①公共の利害に関する事実で(事実の公共性)、②公益をはかる目的の場合(公益目的)、③真実であることの証明があったとき(真実性の証明)は、免責される。2項――公共の利害に関する事実の例示として、起訴前の犯罪報道を掲げた。3項――公務員または公選による公務員の候補者に関する事実のときは、当然に、1

図表2-10 刑法230条の2のしくみ

要件	〔1項〕一般の場合	〔2項〕起訴前の犯罪事実	〔3項〕公務員または公選による公務員の候補者に関する事実
事実の公共性	◆	みなされる	ある
公益目的	◆	◆	ある
真実性の証明	◆	◆	◆

◆……立証が必要さとれる、との意味

項の①事実の公共性，②公益目的，の2要件があるものとし，真実であることの証明さえなされれば免責される。

(3) 真実性証明の負担　事実の真実性の証明は，被告人側が負担するものであり，この部分について「疑わしきは罰せず」の原則が修正され，挙証責任は被告人が負う（東京高判昭28・2・21高刑集6巻4号367頁）。この場合，被告人側は，「証拠の優越」程度の立証をすれば足りるか，「合理的な疑いを容れない程度の確証」を示す必要があるのかが問題となる。なお，証拠の優越とは，「日常生活の行動の基礎とすることをためらわない程度に真実」であることをいう（田宮裕『刑事訴訟法（新版）295頁）。ⓐ表現の自由の保障，ⓑ私人の立証能力，から考えると，証拠の優越程度の立証があれば，真実性の証明があったと解すべきである。ただし，判例の中には，真実性の証明は，厳格な証明によって合理的疑いをいれない程度になされなければならないとするものもある（東京地判昭49・11・5判時785号116頁）。

(4) 免責の法的性格　真実性の証明があった場合に免責されることの法的性格をどう捉えるかについては，⑷構成要件該当性阻却事由説，⑸違法性阻却事由説，⑹客観的処罰阻却事由説が対立している。

⑷は，表現の自由の保障を強調する立場から支持されるかもしれないが，具体的状況のなかで個人の名誉と公共のための表現行為との調和をはかるのにふさわしくない。⑹は，真実の発表も違法であって犯罪は成立するが，とくに処罰をしないという構成になるため，表現の自由の保障としての観点とかみあわない。

⑸の違法性阻却事由説が，次の理由から妥当である。①個人の名誉と公共のための表現行為の調和をはかるためには，表現の自由の「一面的な強調はかえってこれを守り立てて行く上に有害」である（団藤・各論523頁）。②「表現の自由の中核的機能とは，公的問題に関する討論・意思決定に必要・有益な情報の自由な流通を確保する」ことにあるから，情報の自由な流通を確保するのに必要なかぎりで正当化されるべきである（平川宗信『名誉毀損罪と表現の自由』65頁〔有斐閣・1983〕）。

(5) 事実の公共性　「公共の利害に関する事実」とは，公衆の批判にさ

らすことが公共の利益増進に役立つと認められる事実のことである。したがって，人の純然たる私生活上の事実は除かれるが，次のような点について注意すべきである。第1に，公選による公務員については，その適格性の判断にあたって，私的行為も重要な資料となる場合がある。第2に，「私人の私生活上の行状であっても，そのたずさわる社会的活動の性質及びこれを通じて社会に及ぼす影響力の程度などのいかんによっては，その社会的活動に対する批判ないし評価の一資料として，刑法230条ノ2第1項にいう『公共ノ利害ニ関スル事実』にあたる場合がある」とされている（最判昭56・4・16刑集35巻3号84頁＝月刊ペン事件）。これは，知る権利を尊重する見地から，多数の信徒を擁するわが国有数の宗教団体の長のスキャンダルについて，その社会的影響力の重大性を考慮し，公共の利害に関する事実にあたるとしたものである。

なお，公務員を批判するに際し，公務と何ら関係のない事実を摘示したときは，事実の証明があっても名誉毀損罪が成立する。ただし，公選による公務員（議員，地方公共団体の長）については，その適格性の判断にあたって，私的行為も重要な資料となることもある。

> **例 5 ─ (10)**
>
> 町会議員の変節ぶりを批判するについて，その肉体的障害と結びつけて批判することは，公務員の適格性と関連のない事実の摘示であり，名誉毀損罪が成立する（最判昭28・12・15刑集7巻12号2436頁）。

(6) **公益目的**　摘示された事実の公共性が認められる場合でも，たとえば私的な恨みを晴らす目的で他人の名誉を侵害することは許されない。

> **例 5 ─ (11)**
>
> CがDを窃盗犯人と信じて，その窃盗の事実を公表した場合において，その公表が主としてDから被害弁償を受ける手段としてなされたときは，公益性は認められない（広島高判昭30・2・5高刑裁特2巻4号60頁）。

(7) 真実性の証明ができなかったとき　被告人が，名誉毀損的行為について，裁判において真実性の証明ができなかった場合，230条の2の適用はなく，有罪になる。

しかし，国民の知る権利に寄与する目的で論争の材料を提供したのに，証明に失敗したために処罰されるとすれば，処罰をおそれて自由な言論の発表を躊躇させることになり，表現の自由は豪胆な者のみの特権になり，真に活力ある社会は望むべくもなくなる。論争し，批判し合うことは，異なる意見の併存を許すことであるから，仮に事後に真実性が否定されても，真実と信じたことに正当な理由があった場合は許すべきである。論争そのものを封殺するような刑罰の適用を控えるのが，民主主義社会の有り様といえよう。問題は，どのような場合に正当な理由があったといえるか，ということである。

230条の2の適用を受けない場合でも免責されるときがあることは，今日，確立した判例になっている。すなわち，「行為者がその事実を真実であると誤信し，その誤信したことについて，確実な資料，根拠に照らし相当の理由があるときは，犯罪の故意がなく，名誉毀損の罪の成立しないものと解するのが相当である」（最大判昭44・6・25刑集23巻7号975頁＝夕刊和歌山時事事件）とされている。事案は，新聞を発行している者が，完全に信頼できる部下の記者の取材・報告に基づいて，真実なりと確信して報道した場合であった。この点を，刑法35条によって理論づけたのが藤木英雄博士である。いわゆる**35条説**といわれる内容は，次のようである。「真実に立脚した言論を保護し，助成するためには，他人の名誉を傷つける言論を，単に事後的に真実である旨証明されたときにだけ罪にならぬものとして保障するだけでなく，たとえ事後において真実であることが証明されなかったときでも，行為のときに真実であることの蓋然性の高度な事実の発表，すなわち確実な資料根拠に基づいて真実と信じていた言論については，刑事制裁を受けることがないよう，正当な権利の行使としての法的保障を及ぼすことが要請される」（藤木・各論245頁）。

なお，何をもって「確実な資料，根拠」と解するかは，慎重な判断を要す

る。たとえば，**松川事件***の1審判決（福島地判昭26・12・6――5人に死刑言渡し）を下した裁判長を誹謗(ひぼう)したとして名誉毀損罪で起訴されたEは，松川事件の被告人の無罪を確信した上での表現であったが，裁判では，「係属中の刑事事件の一方の当事者の主張ないし要求または抗議に偏するなど断片的で客観性のないもの」を元にして確信したにすぎないとされ，結局，有罪となった（最決昭46・10・22刑集25巻7号838頁＝**松川名誉毀損事件****）。しかし，歴史は，松川事件被告人全員の無罪を明らかにしたのであって（最判昭38・9・12刑集17巻7号661頁），ある意味で，Eこそ正しかったことになる。

5 侮辱罪（231条）

(1) 趣　旨　本罪は，事実を摘示しないで，軽蔑の表示をすることである。刑罰は，拘留または科料。

(2) 成立要件　本罪は，①事実の摘示をしないで，②公然と，③人を侮辱したときに，成立する。

(3) 保護法益　侮辱罪の保護法益を名誉感情のみと解する立場では，法人には名誉感情がないので，法人に対する侮辱罪の成立が否定される。しかし，本罪は，社会的名誉と名誉感情の双方が保護法益と解されるから，法人に対する侮辱罪は成立する。判例は，火災保険会社の入居しているビルの玄関柱に，「悪徳弁護士と結託して被害者を弾圧している」旨のビラを糊で貼付した事案につき，侮辱罪の成立を認めている（最決昭58・11・1刑集37巻9号1341頁）。

　＊松川事件　昭和24年8月17日午前3時10分頃，福島県の松川駅から北1.8キロの地点で，上野行の旅客列車が脱線転落し，3名が死亡し，5名が負傷する事故が発生した。国鉄労組および東芝松川工場労組のメンバー各10人が起訴され，第1審は5人に死刑，5人に無期懲役，10人に懲役15年から3年6月を言い渡した。その後，最高裁により，起訴された者全員が無罪とされた（前掲最判昭38・9・12）。

　＊＊松川名誉毀損事件　蛇足を恐れずに私見を述べておくと，かような勇気のある発言が冤罪を晴らすに大いに寄与している面もあるのであって，表現の逸脱性にひきずられて処罰することは疑問である。たしかに，裁判は1つひとつの事件について決着をつければ済むことかもしれないが，歴史的認識や洞察力を欠くものであってはならないはずである。

(4) 被害者の現場存在　本罪は，被害者が侮辱行為のなされたとき，現場にいたかどうかに関係なく成立する（大判大4・6・8新聞1024号31頁）。

6　親告罪（232条）

(1) 趣　旨　名誉毀損罪も侮辱罪も親告罪である。本章の罪が刑事裁判にかかる場合は，「出版に関する犯罪……の対審は，常にこれを公開しなければならない」（憲82条2項）ため，必ず公開法廷ということになり，しかも，名誉毀損罪については摘示された事実の真否も明らかにされる（真否いかんが量刑にも影響する）ことから，被害者は二重に精神的苦痛を受けるおそれがある。したがって，被害者がそれを覚悟で訴追を求める場合にのみ，罪に問うことができることにしたのである。

(2) 告訴をすることができる者　死者の名誉が毀損された場合には，その親族または子孫が告訴権者になる（刑訴233条1項）。

5　信用および業務に対する罪

1　業務妨害罪の保護法益

(1) 問題点　刑法第2編第35章の罪の位置づけについては議論がある。このうち，信用毀損罪が，人の経済的生活活動の中でも，支払能力に対する評価を保護する規定であることには異論がない。問題となるのは，偽計業務妨害罪（233条）と威力業務妨害罪（234条）を合わせた意味での業務妨害罪が，もっぱら人の経済的生活活動を保護するのか（藤木・各論249頁），それとも，広く業務活動の自由を保護するのか（平野・概説186頁），にある。

(2) 保護法益　偽計業務妨害罪が信用毀損罪とともに規定されていることや，条文が窃盗罪の直前に位置していることからすれば，経済的生活活動に限る見解にも論理的意味あいがある。しかし，「業務」という言葉自体にそのように限定するいわれは見出せないし，判例が早くから，広く社会的活動として捉えてきたことに目を向ける必要がある。たとえば，判例は，会社創立事業に関して，「業務」とは，「精神的なると経済的なるとを問わず，広

く職業その他継続して従事することを要すべき事務または事業を総称する」と判示している（大判大 10・11・24 刑録 27 輯 643 頁）。したがって，業務妨害罪の保護法益は，社会的活動の自由と捉えるべきである。

(3) **業務と自然保護との関係**　業務妨害罪における業務と動物愛護ないし自然保護とが衝突した事例がある。

動物愛護運動を推進しているアメリカ人が，長崎県壱岐郡海豚対策協議会の設置した仕切網のロープを解き放ち，イルカ約 300 頭をして逃走させたのである。そのアメリカ人は威力業務妨害罪で起訴された。判例は，対策協議会は人格なき社団としての実体を有していることが認められるので，保護されるべき業務の主体に該当するとした上で，イルカが漁業上有害動物と認められる以上，被害漁民としてこれを駆除するため捕獲し処理することは正当な理由があるとして，アメリカ人の行為は威力業務妨害罪にあたる，と判示している（長崎地佐世保支判昭 55・5・30 判時 999 号 131 頁）。

さて，動物愛護ないし**自然保護**は，われわれ人類もその中に棲息している生態系にとって欠かせない考え方であり，現代社会が避けて通れない重要課題である。ただし，日常生活上の権利や利益を守ることを当面の課題としている刑法では見過ごされてきたものである。したがって，漁業被害を背景に組み立てられている「業務」には，さしあたり太刀打ちのしようがない。判例の結論はやむをえないともいえる。

しかし，20 世紀の終わりの頃に，ようやく盛り上がりを見せるようになった自然保護の思想は，経済的繁栄にのみ目を奪われていた人類の大半にとって大きな警鐘であった。公害反対運動や原発反対運動に対してむやみに刑罰を用いることの愚かさは，いまさら指摘するまでもないであろう。その意味において，刑法が捉えている法益概念は，人類全体の視点，あるいは自然界というより基本的な見地からすれば，狭い視野からのものであるといわねばならない。今後は，法律学全体の視点から自然保護を位置づける必要がある。

さて，自然保護について，私は十分に述べることができない。そこで，『沈黙の春』において，地球環境に対するわれわれの発想を大きく変えるき

っかけを提供したレイチェル・カーソンに助けて頂くことにする。

　「自然にふれるという終わりのないよろこびは，……大地と海と空，そして，そこに住む驚きに満ちた生命の輝きのもとに身をおくすべての人が手に入れられるものなのです。」

(レイチェル・カーソン，上遠恵子訳『センス・オブ・ワンダー』新潮社，54 頁)

2　業務と公務

(1)　問題点　業務妨害罪におる「業務」について，「公務」がそれに含まれるか，という問題がある。それというのは，仮に，業務の中に公務が含まれないとすると，公務なるがゆえに威力による妨害を受けてもなんら犯罪が成立しないという場合が生ずるからである。

　たとえば，県議会の委員会の開催を妨げようとして，約 200 名が委員会室に乱入し，委員に対し大声で罵声を浴びせたり，委員席に置いてあったプラスチック製の名札で机を叩くなどして，委員達が退室することを余儀なくさせたような場合である。同じ会議の妨害でも，会社の取締役会を同様の方法で妨害した場合に，威力業務妨害罪が成立することは疑問がない。これに対し，県議会の委員会は，公務であるところから業務ではないとされれば，威力業務妨害罪は成立しないことになる。もっとも，公務の中には，威力程度なら刑事制裁の対象にする必要がないものもある。たとえば，警察官のように，職務の性質上その執行を妨げる者を排除する実力を有する公務員については，暴行・脅迫に至らない威力なら，その公務員による実力排除をもってすれば足り，刑罰を科するまでの必要はないと考えられるのである。

(2)　公務の一部を業務として保護する　そこで，職務に対する妨害を排除するしくみ・方法を有していない公務（上述の県議会の委員会がその例）については，業務として保護するのが，法の権衡の見地からみて妥当である。

　以上のような業務と公務の関係についての学説を，細かいところを省いてまとめてみると，以下の表のようになる。

　なお，県議会の委員会への乱入事件に関しては，判例は次のように述べ

96　第II編　個人的法益に対する罪

て，威力業務妨害罪の成立を認めている。すなわち，「本件において妨害の対象となった職務は，新潟県議会総務文教委員会の条例案採決の事務であり，なんら被告人らに対して強制力を行使する権力的公務ではないのであるから，右職務が威力業務妨害罪にいう『業務』に当たるとした原判断は，正当である」としている（最決昭62・3・12刑集41巻2号140頁）。

(3) 威力業務妨害罪の業務の要保護性　　威力業務妨害罪における業務の要保護性が問題となった事例がある。

東京都は，路上生活者約200名が段ボール小屋で居住する新宿駅西口地下通路に「動く歩道」を設置するため，都職員が退去を求める説得を行った後，段ボール撤去を行うことにした。路上生活者とその支援者は，バリケードを作り，約100名が座り込み，都職員・作業員に鶏卵や花火等を投げつけ，消火器を噴射して，警官隊によって排除されるまで約1時間半にわたって作業を妨害した。妨害活動を主導した2名が威力業務妨害罪で起訴された

図表2-11　業務と公務の関係をどう捉えるか

業務と公務の関係	公務は業務に含まれないとする見解		公務のすべてが業務に含まれるとする見解		権力的公務は業務に含まれないとする見解		
	業務 ／ 公務		業務 ／ 公務		業務 ／ 非権力的公務 ／ 権力的公務		
手段					区別の基準　判例……強制力なし／強制力あり　団藤説…現業／非現業		
威力	威力業務妨害罪	犯罪不成立	威力業務妨害罪	威力業務妨害罪	威力業務妨害罪	威力業務妨害罪	犯罪不成立
暴行・脅迫	威力業務妨害罪	公務執行妨害罪	威力業務妨害罪	威力業務妨害罪・公務執行妨害罪	威力業務妨害罪	威力業務妨害罪・公務執行妨害罪	公務執行妨害罪

のである。

　第1審は、①路上生活者の意思に反して段ボール等を撤去する行為は権力的公務であるから威力業務妨害罪の対象とならず、②段ボール等の撤去には道路法等に規定された手続が必要であるのに単に清掃作業としたのは重大な瑕疵であって、刑法上の要保護性が否定される。したがって、無罪であるとした（東京地判平9・3・6判時1599号41頁）。

　これに対し、控訴審は、いずれの論点についても反対の見解を示し、有罪としたのである（東京高判平10・11・27判時1682号3頁）。すなわち、①本件工事は、それ自体としてみれば、民間の業務と異なるところはなく、都職員は妨害があっても実力で排除する意思はなく、段ボール小屋の撤去作業が強制力を行使する権力的公務にあたるとはいえない。そして、威力業務妨害罪で保護される業務からは強制力を行使する権力的公務は除外される。②仮に違法の評価を受ける業務であっても、その違法の程度により反社会性を帯びるまでに至っていないかぎり、威力業務妨害罪による保護の対象とするべきである。段ボール小屋の撤去に手続上の瑕疵があると仮定しても、その程度はそれほど大きいものとはいえず、本件工事が威力業務妨害罪において保護されるべき事実上平穏な業務に該当することは明らかである。さらに、最高裁は、東京都の措置は、業務妨害罪による要保護性を失わせるような法的瑕疵があったとはいえないとして、控訴審判決を支持している（最決平14・9・30刑集56巻7号395頁）。

3　信用毀損罪（233条前段）

(1)　**趣　旨**　本罪は、人の社会的信用、とくに支払能力を失墜させる行為を処罰対象とする。刑罰は、3年以下の懲役または50万円以下の罰金。

(2)　**成立要件**　本罪は、①虚偽の風説を流布し、または偽計を用いて、②人の信用を毀損した場合に、成立する。

(3)　**虚偽の風説の流布**　虚偽の風説の流布について、判例は、虚偽の事実を不特定多数の人に伝播させる意味であって、必ずしも犯人が直接に不特定多数の人に対して虚偽の事実を告知することは必要とされないとしている

（大判大 5・12・18 刑録 22 輯 1909 頁）。

> **例 5 —(12)**
> 相当な根拠のないまま，著書において誇張的表現を用いて食品添加物「AF-2」の有害性を主張することは，「虚偽の風説」にあたる（東京地判昭49・4・25刑月 6 巻 4 号475頁）。

(4) 信用の毀損　信用に対する信頼が低下するおそれのある状態を発生させることである。実害の発生は必要ではない（大判大 2・1・27 刑録 19 輯 85 頁）。

4　業務妨害罪（233条後段・234条）

(1) 趣　旨　本罪は，人が継続して行う事務に対して妨害する行為を処罰対象とするものである。刑罰は 3 年以下の懲役または 50 万円以下の罰金。

(2) 成立要件　本罪は，①虚偽の風説を流布し，または偽計を用いて（233条後段），あるいは威力を用いて（234条），②人の業務を妨害した場合に，成立する。

(3) 偽　計　偽計の意義に関しては，いわゆる**イタズラ電話**の 1 つである無言電話が，偽計業務妨害罪（233条後段）を構成するか，争われたことがある。事案は，犯人がそば屋に約 3 か月の間に約 970 回にわたり，昼夜を問わず，繰り返し電話をかけたというものである。判例は，無言電話が，「相手方の錯誤ないし不知の状態を利用するもの」である点，また，「その目的，態様，回数等に照らし，社会生活上受容できる限度を超え不当に相手方を困惑させる手段術策に当たる」点を考慮して，偽計を用いた場合にあたると判示した（東京高判昭 48・8・7 高刑集 26 巻 3 号 322 頁）。

また，「マジックホン」の設置に関しては，「日本電信電話公社の架設する電話回線において，発信側電話機に対する課金装置を作動させるため受信側から発信側に送出させる応答信号……の送出を阻害する機能を有するマジックホンと称する電気機器を加入電話回線に取り付け使用して，応答信号の送出を妨害するとともに発信側電話機に対する課金装置の作動を不能にした行

為が……偽計業務妨害罪にあたるとして原判断は，正当である」としている（最決昭59・4・27刑集38巻6号2584頁）。

> **例 5 ─ ⒀**
>
> 「A新聞の購読者を奪ってその業務を妨害しようと企て，自分の経営する新聞を「○○A新聞」と改題し，題字・題字欄の体裁等を「A新聞」に酷似させ，一見して「A新聞」と誤りやすいようにして発行したとき，偽計業務妨害罪が成立する（大判大4・2・9刑録21輯81頁）。

⑷ 威 力　判例によると「『威力』とは犯人の威勢，人数及び四囲の状勢よりみて，被害者の自由意思を制圧するに足る犯人側の勢力と解するを相当とするものであり，且つ右勢力は客観的にみて被害者の自由意思を制圧するに足るものであればよい」とされる（最判昭28・1・30刑集7巻1号128頁）。たとえば，デパートの食堂の配膳部にしま蛇20匹をまきちらし，食堂を大混乱に陥らせた件について，威力業務妨害罪の成立が認められている（大判昭7・10・10刑集11巻1519頁）。他方，一般に人の意思を圧迫するに足りる有形・無形の勢力の程度に達しないのに，被害者が暴行罪の前科のある者に怒鳴られたことから，困惑し，暴行を受けるのではないかと思いすごして作業を中止したときは，威力業務妨害罪にあたらない（広島高判昭48・5・27高刑集6巻9号1105頁）。

なお，威力業務妨害罪と区別すべき**軽犯罪法**1条31号にいう「他人の業務に対して悪戯などでこれを妨害した者」との違いに関して，弁護士業務にとって重要な書類が在中するカバンを奪取し隠匿する行為は，「被害者の意思を制圧するに足りる勢力を用いたものということができる」として，威力業務妨害罪の成立が認められている（最決昭59・3・23刑集38巻5号2030頁）。

⑸ 偽計と威力の区別　偽計と威力との区別は，必ずしも明確ではない。判例では，漁場の海底に障害物を沈めて漁網を破損させた行為を偽計業務妨害罪にあたるとし（大判大3・12・3刑録20輯2322頁），他方，競馬場にくぎを1たる分まく行為は威力業務妨害罪にあたるとしている（大判昭12・

2・27新聞4100号4頁)。この区別の根拠は，外形的な違いと解される（団藤・各論541頁)。両者の区別の困難さから，限界的な行為や両手段を併用した場合には，233条と234条の両条にあたる単純1罪とすべきとの見解がある（団藤・各論538頁)。

5 電子計算機損壊等業務妨害罪（234条の2）

(1) 趣 旨 本罪は，コンピュータ（電子計算機）に対する加害行為による業務妨害行為について，一般の業務妨害罪を加重する規定として設けたものである。情報化社会に対応するため，1987年の刑法の一部改正で新たに設けられたものである。刑罰は，5年以下の懲役または100万円以下の罰金。

(2) 成立要件 本罪は①ⓐ人の業務に使用する電子計算機もしくはその用に供する電磁的記録を損壊し，もしくは，ⓑ人の業務に使用する電子計算機に虚偽の情報もしくは不正な指令を与え，または，ⓒその他の方法により，②電子計算機に使用目的に沿うべき動作をさせず，または，使用目的に反する動作をさせて，③人の業務を妨害した場合に，成立する。

(3) 電子計算機 判例は，「それ自体が自動的に情報処理を行う装置として一定の独立性をもって業務に用いられているもの，すなわち，それ自体が情報を集積してこれを処理し，あるいは，外部からの情報を採り入れながらこれに対応してある程度複雑，高度もしくは広範な業務を制御するような機能を備えたものであることを要するもの」として，パチンコ遊技台に組み込まれた電子計算機部分は，本罪の電子計算機に当たらないとした（福岡高判平12・9・21判時1731号131頁)。

(4) 加害行為 次のような実例がある。Aは，B放送株式会社がインターネット利用者に提供するため開設したホームページ内の天気予報画像を消去してわいせつな画像に置き換えることにした。Aは，インターネットを利用して，B会社に設置されたサーバコンピュータ内の記憶装置であるハードディスク内に記憶・蔵置されていた天気予報画像のデータファイルを消去した上で，女性の性器を露骨に撮影したわいせつな画像のデータファイル

を，消去した天気予報画像のデータファイル名を付してサーバコンピュータに送信してハードディスク内に記憶・蔵置させ，ホームページにアクセスしてきたCら不特定多数の者にこれを再生閲覧させた。

　天気予報画像のデータファイルを消去した点は，電磁的記録を損壊したことにあたるし，わいせつな画像を記憶・蔵置させた点は，電子計算機に虚偽の情報を与えたことにあたる。判例は，このような行為が，「人の業務に使用する電子計算機の用に供する電磁的記録を損壊し，かつ，同電子計算機に虚偽の情報を与え」たことになり，それが，「電子計算機に使用目的に反する動作をさせて，人の業務を妨害」したことにあたるとして，本罪の成立を認めている（大阪地判平9・10・3判夕980号285頁）。なお，この判例では，わいせつな図画を公然と陳列したものとして175条前段にも該当すると判断している。

第6章　性犯罪

1　性犯罪の保護法益

1　性犯罪と性的感情を害する罪の区分

　刑法第2編第22章の「わいせつ、姦淫及び重婚の罪」は、性格の全く異なる2つの犯罪類型のグループを包含している。次のように区分される。
　性的感情を害する罪は社会的法益に対する罪であり、本書の12章で採り上げる。性的自由を侵害する罪は個人的法益に対する罪であり、本章が対象とする。

図表2-12　性的感情を害する罪と性犯罪の区分

- 性的感情を害する罪
  - 公然わいせつ罪（174条）
  - わいせつ文書頒布罪（175条）
  - 淫行勧誘罪（182条）
  - 重婚罪（184条）
- 性犯罪
  - 強制わいせつ罪（176条）
  - 強姦罪（177条）
  - 準強制わいせつ・準強姦罪（178条）
  - 集団強姦罪（178条の2）
  - 強制わいせつ・強姦致死傷罪（181条）

図表2-13　主な性犯罪と性的感情を害する罪の認知件数

（平成18年）

罪　名	認知件数
強姦	1,948
強制わいせつ	8,326
公然わいせつ	2,602
わいせつ物頒布罪	795

（平成19年版犯罪白書）

2 性犯罪の保護法益

(1) 強姦罪の保護法益　性犯罪の中心的規定である強姦罪を例に採り上げながら，その保護法益について考察してみよう。

強姦罪の保護法益については，人格的自由としての性的自由を害する罪と捉えるのが一般である。また，その手段として暴行・脅迫が行われる点で，身体ないし身体的自由に対する侵害でもあるとされている（団藤・各論489頁）。

しかし，強姦罪の被害状況を鑑みると，被害者は単に本人の意思に基づかずに姦淫されたという性的自由の侵害ということにとどまらない。まず，人格的側面で最大の侮辱を受けたという点で，大きな精神的被害を受けているのである。また，ときには，そのような精神的被害がきっかけとなって被害者が自殺をはかる場合もあり，そのようなときは生命に対する侵害にもかかわるものといえよう。また，例ではあるが，強姦罪は「魂の殺人」ともいわれているのである。

なお，近時，強姦罪の被害として注目すべきとされているのは，強姦の被害そのものにとどまらず，犯罪後にも2次的な被害を受けやすいという点がある。つまり，他の犯罪とちがって，被害者が好奇の目で見られたり，被害者の落度が指摘されたりする世間一般の差別や偏見を底流として，捜査段階で男性捜査官から興味本位の質問を受け，公判段階で人目にさらされたりするなど，いわゆる**セカンド・レイプ**といわれる被害を被っているのである。また，そのことを恐れて，そもそも捜査当局に告訴や被害届けをすることを躊躇するなど，いわゆる泣き寝入りという実態も見逃せない。さらに，被害女性が被害から長い期間を経過しても社会生活に復帰できなかったり，男性一般に対する恐怖心から通常とは異なる反応を示す，いわゆるPTSD（Posttraumatic stress disorder, 心的外傷後ストレス障害）にかかることもある。ちなみに，PTSDとは，強姦（レイプ）その他の性的暴力や家庭内暴力を受け，あるいは戦闘体験から心的外傷（こころのきず）を受けた者が，一過性ではなく，長期的かつ深刻な精神障害を被る場合である。

また，強姦の被害者は，問題を受け止めて立ち向かうにしても個人差が大

きく，たとえば告訴をする気持ちになるのにも個人差があるはずである。そうであるとすると，親告罪の告訴期間について一律に6か月と限定されていたこと（刑訴235条1項の旧規定）は，人によっては被害の訴えを起こしえないという結果を招くことになっていた。しかし，この点は，後述する（p. 116）ように，平成12年5月，刑事訴訟法の一部改正によって，告訴期間は撤廃された。

(2) 判例の立場　とくに，確立された従来の最高裁判例は，強姦罪が規定する暴行・脅迫の程度について，「相手方の抵抗を著しく困難ならしめる程度のものであることを以て足りる」（最判昭24・5・10刑集3巻6号711頁）とされてきた。

なお，この判例の事例は，加害者が15歳の女性を言葉たくみに話しかけて畑の中に連れ込み，その場に押倒し，大声で救いを求めようとすると，声を出すと殺すぞとおどし，かつ顔面を殴打して姦淫したものであった。したがって，それより低い程度の暴行・脅迫の場合には犯罪を構成しない，と判断される。そこで，不合意の姦淫であるにもかかわらず，強姦罪に問われずにきたのである。この点は見逃しえない問題点である。

条文では，単に「暴行・脅迫」としか書かれておらず，学説では，「反抗を不可能にする程度」とか，「大小・強弱を問わない」とする見解があるにもかかわらず，従来の判例が高い程度の暴行・脅迫を要件としていたのはなぜであろうか。その根拠として，姦淫は強姦・和姦を問わず多少の有形力の行使を伴うことや，ささいな暴行・脅迫に屈する貞操は本罪による保護に値しないことなどの理由づけがなされている（注釈刑法(4)298頁〔所一彦〕）。しかし，これらの見解は通常の性行為に対する偏見に充ちているし，被害を受ける女性が抱く恐怖心などについて思いやることのない無理解な見解である。とくに，後者の見解は，旧来，男性のために都合のよい使われ方をされてきた「貞操」観念に裏打ちされたものであり，女性蔑視の見解と批判されても致し方ないであろう。

(3) 性的自己決定権の立場から　さて，以上検討してきたことから明らかなように，強姦罪で保護されるべきは，ひとりの女性の全人格的存在とい

うべきものである。通常，刑法で保護法益といわれるとき，身体とか精神とかの自由というように，人間存在の一部が，切り取られて，あるいはクローズ・アップされて提示され，そのどれかということが問題とされるが，本質的にそのような部分的なものではないのである。その点では，保護法益を説明するにあたって，「性的自由」というよりは，憲法13条の幸福追求権を基盤とした「**性的自己決定権**」と捉えたほうが的を射ているといえよう。そのように捉えたとき，現行刑法が予定している強姦罪の法定刑（3年以上の有期懲役）が保護されるべきものとの関係で見合ったものといえるか，疑問にもなる。ただし，問題なのは，実際の量刑相場ともいえる。

しかし，最も着目すべきは，暴行・脅迫の程度を高いレベルに置いている判例のあり方であり，解釈論的に克服される必要がある。さらに，立法論的には，合意のない性交はそれ自体，暴力犯罪なのだという認識に立って（ジュディス・L・ハーマン著，中井久夫訳『心的外傷と回復』41頁〔みすず書房・1996〕），不同意の性交を強姦とみなして規定するべきではなかろうか。

ちなみに，加害者を処罰するということは，強姦罪の**被害者への援助**という視点からすれば，その方策の一端にすぎない。

2　性犯罪の各種類型

1　強制わいせつ罪（176条）

(1) 趣　旨　本罪は，男女を問わず，人の性的自由，あるいは性的自己決定権を侵害する場合である。女性に対しては，姦淫（性交）にまで至らない場合である。刑罰は，6月以上10年以下の懲役。

(2) 成立要件　本罪は，①13歳以上の男女に対するときは，②暴行または脅迫を用いて，③わいせつな行為をしたときに，成立する（前段）。ま

＊**被害者への援助**　被害者への援助は，民事上の損害賠償をはじめとして，とくに心のケアの問題が大切である。現在，被害者支援のための民間団体としては，東京強姦救援センター，犯罪被害者相談室，被害者支援ネットワークなどが用意されている。

た，①13未満の男女に対するときは，②わいせつな行為をしたときに成立する（後段）。

13歳未満の男女に対するわいせつ行為について，暴行または脅迫が手段として必要とされていないということは，言い方を換えれば，相手方の同意・承諾がある場合にも犯罪にあたるということである。その立法理由は，13歳未満の男女の場合は，一般に性的な行為の意味が十分にわからず，犯人の言いなりになってしまうことがあるため，そのような被害者を保護する必要があるからである。なお，13歳未満の者に対し，反抗を著しく困難にさせる程度の脅迫を用いてわいせつ行為をしたときは，本条の前段と後段の区別なく，本条に該当する1罪が成立する（最決昭44・7・25刑集23巻8号1068頁）。

(3) わいせつ行為　本罪の「わいせつ」の意義については，一般に，わいせつ物頒布罪（175条）における定義が用いられ，「徒らに性欲を興奮又は刺激せしめ，且つ普通人の正常な性的羞恥心を害し，善良な性的道義観念に反するものをいう」（最大判昭32・3・13刑集11巻3号997頁＝チャタレイ事件）と解されている。しかし，わいせつ物頒布罪は性的感情を害する罪であり，本罪は，性的自由ないし性的自己決定権を害する罪であるから，同じ言葉でも同じ意味には捉えられない。性的自由ないし性的自己決定権に対する侵害という観点から，独自に捉えられなければならない（平川・各論199頁）。

その意味では，被害者が性的にいやだと感ずるすべての行為が含まれると解される。俗にいわれるいやらしい行為といってよいであろう。

なお，以上の点からすれば，判例が，強制わいせつ罪が成立するためには，その行為が犯人の性欲を刺激興奮させ，または満足させるという性的意図のもとに行われることを要すると判示し（最判昭45・1・29刑集24巻1号1頁），本罪を傾向犯として位置づけていたことは疑問である（団藤・各論491頁）。要は，被害者が性的自由ないし性的自己決定権を侵害されたかどうかなのであるから，判例の前提となった事例のように，仮に，行為者が報復または虐待の意図であったとしても，女性を裸体にして写真撮影すれば，強制

わいせつ罪にあたると解される。

なお，本条のわいせつ行為には，姦淫目的のわいせつ行為は含まれない（大判大3・7・21刑録20輯1541頁）。

例6 ─(1)

> 少年の肛門に異物を挿入した行為は本罪に当たる（東京高判昭59・6・13判時1149号155頁）。

(4) **暴行・脅迫**　13歳以上の男女に対して強制わいせつ罪が成立するためには，手段として暴行・脅迫が用いられることが条文の規定するところである。問題となるのは，その暴行・脅迫の程度である。通説は，本罪における暴行・脅迫について，相手方の抵抗（反抗）を著しく困難にする程度と解している。

本罪における暴行・脅迫について高い程度を要求すると，それより低い程度の場合には，刑法典上はなんらの犯罪類型にあたらない可能性がある。たとえば，混んだ電車の中の通常の痴漢行為（迷惑防止条例違反になる）や被害者の油断に乗じてなされた行為などである。

ところで，同じく性犯罪といっても，強制わいせつ罪と強姦罪とでは，加害者と被害者の人間関係（強姦罪の方が，両者の面識のある率が高い），なされる状況，被害者の恐怖心などの点で違いがあり，暴行・脅迫の程度について連動して捉える必要はなかったものといえよう。ところが，強姦罪に関する昭和24年5月10日の最高裁判例（刑集3巻6号711頁）が出るに及んで，それまで，強制わいせつ罪における暴行・脅迫は「力の大小強弱を問」わないとしていた判例（大判大13・10・22刑集3巻749頁）は，変更したものと解されているのである（団藤・各論491頁）。もちろん，強姦罪に関する昭和24年の最高裁判例が批判されるべきは当然であるが，判例の示す基準を罪質の異なる犯罪類型にあてはめる，という通説とその後の判例の動向にも疑問がある。

では，本罪における暴行・脅迫をどう捉えるかである。被害者の性的自由ないし性的自己決定権を保護する趣旨からすれば，昭和24年の最高裁判例

を土台とする通説・判例はあまりにも高い程度の暴行・脅迫といえよう。将来は，旧判例のように，力の大小強弱を問わず，という方向で行くべきと思うが，現在の解釈論としては，それよりやや高く，反抗を困難にする程度の暴行・脅迫をもって足りると解すべきと思う。このような立場に立てば，不意に相手の陰部を触るような行為であっても，それ自体が暴行でもあり，わいせつ行為でもあるから，本罪が成立すると解される。その意味では，大審院時代の判例が，女子の意思に反して，陰部に指を挿入する行為について，それ自体暴行を用いてわいせつ行為をしたといえるとしていた（大判大 7・8・20 刑録 24 輯 1203 頁）のが正しい。

このように解する見解については，暴行・脅迫の程度を判例より低くすると，被害者の同意の有無の認定が微妙になるとの批判（西田・各論 87 頁）が予想される。しかし，本来，相手方の同意に基づかないわいせつな行為は可罰的であるが，相手方の証言のみで認定することの困難性に鑑み，暴行・脅迫という客観的基準が示されているものと思われる。

2 強姦罪（177条）

(1) **趣　旨**　本罪は，女性に対して強制的に姦淫（性交）する場合である。刑罰は 3 年以上の有期懲役。

(2) **成立要件**　本罪は，① 13 歳以上の女子に対するときは，②暴行または脅迫を用いて，③姦淫したときに，成立する（前段）。また，① 13 歳未満の女子に対するときは，②姦淫したときに成立する（後段）。

13 歳未満の女子に対する姦淫について，暴行または脅迫が手段として必要とされていない理由は，強制わいせつ罪と同じである。

(3) **犯罪主体**　本罪の犯罪主体は男性に限られる。ただし，女性も男性の行為を利用すれば実行しうるから，女性と男性との共同正犯（最決昭 40・3・30 刑集 19 巻 2 号 125 頁）や，女性の**間接正犯***もありうる。

　＊**間接正犯**　他人を道具のごとく利用して自分の犯罪意思を実現する者のことである。これに対して，自ら手を下して犯罪を実行する者を直接正犯というが，一般には，単に「正犯」と呼んでいる。

夫は本罪の犯罪主体から除外されるか。この問題は，夫婦は結婚によって，性交に関して包括的な同意があると解すべきか否かにかかわる。包括的同意があるとされれば，夫が暴力的に性交をした場合でも，強姦罪とはならず，単なる暴行罪（208条）を構成することになる。これに対して，夫婦間であっても1回ごとに同意が必要だとすると，妻が拒絶しているときに無理やり性交をすれば，本罪の可能性がある。私は，後者の見解を是とする。夫婦でさえ1回ごとの同意が必要なのだから，恋人間でも同じである。

下級審の判例では，すでに夫婦として破綻していた状況下で，夫が第三者の協力を得て妻に暴行を加えてそれぞれ姦淫した場合に，夫と第三者について強姦罪の共同正犯がみとめられている（広島高松江支判昭62・6・18高刑集40巻1号71頁）。これは，通常の夫婦関係ではないから，上述の問題の参考にはならない。

(4) **暴行・脅迫**　本罪における暴行・脅迫の意義については，強制わいせつ罪に関して検討したことが，そのままあてはまる。ましてや，本罪は，女性に対する姦淫（性交）行為なのであるから，被害を受けた女性にとっては，望まぬ妊娠への不安や性病罹患の恐怖なども加わり，被害の深刻さは一段と増す，といえる。

したがって，暴行・脅迫は「反抗を困難にする程度」でよいと解される。相手方の抵抗を著しく困難にさせる程度であることを要求するのは，被害を受ける女性への保護に欠けるものといわなければならない。強姦罪における暴行・脅迫の程度についてのリーディング・ケースとなった判例（最判昭24・5・10刑集3巻6号711頁）は，Aが女子高校生B子（15歳）に言葉たくみに話しかけて畑の中に連れ込み，この場に押し倒し，B子が大声で救いを求めようとすると，声を出すと殺すぞとおどし，かつ顔面を殴打して，姦淫をしたという事例である。

ところで，以上のように，解釈論上，従来の確立された判例より低い基準で有罪とするべきだと主張する場合，従来より犯罪の成立範囲を拡張することになる。

そこに，最高裁判例の変更にも**遡及処罰の禁止の原則**[*]が働くのか，という問題が伏在するのである。

　確立された最高裁判例を変更する場合に，遡及処罰の禁止の原則が働くのか，については議論がある。判例にもこの原則があてはまるという考え方は，確立された判例は国民の行為の予測可能性を保障することにつながるから，判例変更によって従来は処罰されていなかった行為が処罰されることは，憲法 39 条が規定する遡及処罰の禁止の原則に違反するとするというものである（大谷・総論 67 頁）。これに対して，判例にはこの原則はあてはまらないという考え方は，「判例はあくまでも法の枠内でその解釈として実践されるものである以上，これを法そのものと同視して，憲法 39 条に含ませ，旧判例下で行為した者を一律に保護することには，なお疑問がある」とする（町野朔『刑法総論講義案Ⅰ』48 頁〔信山社・1995〕）。せいぜい，旧判例に依存して行為した者について違法性の錯誤の法理による救済を考慮すればよい，とするのである。思うに，従来の判例の基準を墨守することは，憲法に基盤を置く性的自己決定権をないがしろにするものであって，判例自体が憲法違反の状態にある場合には，それに従う必要はない。

　(5) 姦　淫　　姦淫とは，性交のことである。女性性器へ男性性器を挿入することであり，一部でも挿入すれば既遂となる。射精を要しない。

　(6) 着手時期　　強姦罪の着手は，姦淫のための暴行・脅迫に着手したときであり，姦淫行為そのものの着手でなくてもよい。

　たとえば，姦淫の意図でダンプカーに引きずり込む行為があれば，その時点で実行の着手があると解される。つまり，その際に傷害が生じていれば強姦致傷罪（181 条）の成立が認められるのであり，姦淫行為はそこから約 6km 先でもかまわない（最決昭 45・7・28 刑集 24 巻 7 号 585 頁）。

　なお，13 歳未満の女子については暴行・脅迫が手段とされていないから，

---

　[*] **遡及処罰の禁止の原則**　従来犯罪とされていなかった行為について，行為の事後に新たに立法して処罰することにしたり，行為時に予定されていた刑罰より重く処罰することを許さないとする原則である。罪刑法定主義の重要な一内容である。事後法の禁止ともいわれる。

実行の着手時期は姦淫行為の着手時期ということになる。

3　準強制わいせつ罪・準強姦罪（178条）

(1) 趣　旨　本罪は，相手方の心神喪失・抗拒不能状態を利用して，強制わいせつ・強姦をした場合である。刑罰は，前2条の例による。

(2) 成立要件　本罪は，①(a)人の心神喪失・抗拒不能に乗じ，または，(b)人を心神喪失・抗拒不能にさせて，②わいせつな行為をし，または姦淫したときに，成立する。

(3) 心神喪失・抗拒不能　心神喪失とは，精神の障害により，正常な判断力と自己制御能力を失っている状態である。抗拒不能とは，心神喪失以外で，加害者に抵抗することが実質的に不可能な状態をいう。

> 例6—(2)
>
> 鈴振りなどの施術をして，自由に身動きのできない催眠状態にしたことは，抗拒不能にした場合に当たる（東京高判昭51・8・16東高刑27巻8号108頁）。

「乗じ」とは，相手がそのような状態に陥っていることを利用することであり，心神喪失・抗拒不能に「させる」とは，暴行・脅迫以外の手段でそのような状態に陥れることである。抗拒不能に乗じた例としては，医師が自分を信頼している少女に対し，その顔をおおい，必要な施術のように誤信させて姦淫したときに，準強姦罪が認められている（大判大15・6・25刑集5巻285頁）。また，被害者が犯人を自己の夫と誤認している状態を利用して姦淫したときは，抗拒不能に乗じたものとして，準強姦罪が成立する（広島高判昭33・12・24高刑集11巻10号701頁）。

> 例6—(3)
>
> にせ医師が被害者を誤信させ，性病に罹患しているとの検査結果が出たと告知し，その治療方法は性交によるほかないと言葉巧みに申し向けて姦淫した場合，姦淫行為を拒否することは期待できない状態にあり，心理的に「抗拒不能の状態」にあったといえる（名古屋地判昭55・7・28刑月12巻7号709頁）。

例6—(4)

　モデル等の職業紹介を業とするプロダクションの経営者が，モデル志願者としてスカウトした女性に，モデルになるための度胸試しに写真を撮るから裸になるよう要求し，同女に，拒否すればモデルとして売り出してもらえなくなると誤信させてやむなく全裸にさせたときは，抗拒不能の状態に陥らせたといえる（東京高判昭56・1・27刑月13巻1＝2号50頁）。準強制わいせつ罪が成立する。

　なお，電車内の痴漢の場合でも，被害者の女性が混雑のために身動きができず，かつ，困惑・畏怖のため声をあげることができない状態を利用して，性器に指を入れるような場合には，準強制わいせつ罪を認めてよい。

4　集団強姦罪（178条の2）

(1)　**趣　旨**　本罪は，強姦罪・準強姦罪の加重類型である。集団的形態による場合である。刑罰は4年以上の懲役。

(2)　現場において共同して犯した2人以上の者が現場にいることが必要であるが，2人以上の者が姦淫行為をする必要はない。

　2人以上の者が同時に現場にいることが必要であるか，学説が分れる。(イ)必要と解する見解，(ロ)必要はなく，順次現場に臨んで実行すれば足りるとする見解，がある。本条は，被害者保護の視点から解釈する必要があるものである。したがって，被害者の側からみて，加害者が2人以上で抵抗が難しいと思われればよい。そこで，犯行現場にはいないが，いつでも現場にやってくるという状況であればよいと解される。(ロ)の見解が妥当であろう。

5　強制わいせつ致死傷罪・強姦致死傷罪（181条）

(1)　**趣　旨**　本罪は強制わいせつ罪・強姦罪の結果的加重犯である。

(2)　**成立要件**　本罪は，①強制わいせつ罪・強姦罪・準強制わいせつ罪・準強姦罪・集団強姦罪の罪を犯し，②よって人を死傷させたときに，成立する。

項	もとの犯罪	結 果	法定刑
1	強制わいせつ罪・同未遂 準強制わいせつ罪・同未遂	人の死傷	無期懲役, 20年～3年の懲役
2	強姦罪・同未遂 準強姦罪・同未遂	女子の死傷	無期懲役, 20年～5年の懲役
3	集団強姦罪・同未遂	女子の死傷	無期懲役, 20年～6年の懲役

　刑法181条の条文の構成を整理すると、以上の通りである。
　(3) 死傷の結果　死傷の結果は、以下のいずれの場合でも認められる。
(イ)　わいせつ・姦淫行為自体から生じた場合である。処女膜を裂傷させたときには、強姦致傷罪が成立する（最決昭34・10・28刑集13巻11号3051頁）。性病の感染も傷害になる。
(ロ)　わいせつ・姦淫行為の手段としての暴行・脅迫から生じた場合である。判例は、被害者の顔面を殴打して鼻骨骨折を負わせ、さらに抵抗しようとする被害者の大腿部にかみついて傷を負わせた事例について、強姦致傷罪を認めている（最決昭43・9・17刑集22巻9号862頁）。
(ハ)　わいせつ・姦淫行為の機会に随伴して生じた場合である。判例によれば、共犯者の1人から強姦された後、他の共犯者からの強姦を避けるために、田舎道を逃走する際に転倒して全治10日間の負傷をした場合に、強姦致傷罪が成立するとされている（最決昭46・9・22刑集25巻6号769頁）。

例6—(5)

　数名が1人の女性の強姦を共謀の上実行し、同女に傷害を与えたときは、その傷害が誰の行為により生じたか不明でも、全員が強姦致傷罪の責任を負う（最判昭24・7・12刑集3巻8号1237頁）。

　わいせつ・姦淫行為と死傷との間には因果関係がなければならないとされるが、その点に関して、強姦の被害者がそれを苦にして自殺した場合に、強姦致死罪とならないか、という問題がある。これについては、因果関係がな

いとして強姦致死罪を否定するのが一般である。

ただし、次のような点から一考を要する。強姦の被害者が逃げる途中であやまって崖から転落して死亡した場合は、上述の(ハ)の類型に含まれ、強姦致死罪になるはずである。では、この場合に、あやまって転落したのではなく、これ以上の屈辱を受けたくないと思って崖から自殺を図って飛び降り、死亡した場合はどうであろうか。さらに、いったんは助かったものの、被害を苦にして自殺した場合を、全く別個のものとして扱ってよいか、疑問が残る。とくに、強姦の被害者については、PTSDなどの深刻な被害の生ずることが一般国民の認識するところとなっている点を考慮に入れると、相当因果関係説の立場に立っても、自殺による死亡という結果は一般国民の予見する範囲内のことがらであり、決して稀なことではないのではなかろうか。したがって、私は、**因果関係***を認めるべき場合があると思う。

(4) **死傷について故意がある場合**　強制わいせつないし強姦の行為者に、傷害あるいは殺害の故意があった場合、擬律（法の適用）はどうなるか、という問題がある。

本罪は結果的加重犯であるから、故意犯の場合に本条の適用がないとすると、強姦罪を例としたとき、(イ)傷害の故意があった場合には、強姦罪と傷害罪の観念的競合、(ロ)殺害の故意があった場合は、強姦罪と殺人罪の観念的競合、ということになりそうである。観念的競合とされたときの法的な処理は、「その最も重い刑」によるわけであり、これは、それぞれの刑の上限と下限を比較して重い方を選択し、いわば一種の法定刑をつくることである。そうすると、(イ)についてその処理をすると、3年以上20年以下の懲役ということになり、故意犯の方が結果的加重犯より軽くなる、という矛盾をきたす。これに対して、(ロ)については、殺人罪の法定刑と同じことになる。

結局、刑の権衡を考慮して結論を求めるしかない。すなわち、傷害の故意

***因果関係**　近時、労働災害の認定に関してではあるが、大手広告会社勤務の男性が自殺したことについて、過労と自殺との間に因果関係があるとされ、労災認定がされた事例がある（最判平12・3・24民集54巻3号1155頁）。自殺とその原因を考えるにあたって参考に値するといえよう。

があった場合は，本罪（181条）の適用のみを考えればよく，殺害の故意があった場合は，本罪と殺人罪との観念的競合を認めるべきである。

例 6 —⑹

殺意を有しつつ，暴行により女子を姦淫し死亡させた場合，強姦致死罪と殺人罪の観念的競合が成立する（大判大 4・12・11 刑録 21 輯 2088 頁）。

5 親告罪（180条）

(1) 親告罪の立法理由　強制わいせつ罪・強姦罪・準強制わいせつ罪・準強姦罪およびこれらの罪の未遂罪に関して刑法は親告罪としている。ただし，強制わいせつ罪・準強制わいせつ罪およびこれらの未遂罪を 2 人以上の者が現場において共同して犯した場合は非親告罪である。

その立法理由は，次の通りである。①強姦などの被害者は精神的に大きなダメージを受けているが，捜査や裁判の過程でむりやり犯行を思い出させられ，また，被害事実が特別な計らいのないかぎり公開法廷で詳らかにされるなど，2 次的な被害を受けやすい。したがって，被害者本人の意向を無視することは許されない。②犯情が重い形態の場合には，被害者の意向に反しても刑事責任を追及する必要があるため，あえて非親告罪としている（178条の 2・180 条 2 項・181 条）。

(2) 親告罪の告訴期間の問題　親告罪の告訴期間について言及しておこう。非親告罪については格別の制限がないが，親告罪については，「犯人を知った日から 6 箇月を経過したときは」告訴をすることができないとされていた（刑訴 235 条 1 項の旧規定）。その立法趣旨については，告訴期間の制限を設けておかないと，「刑罰権を行使するかどうかが，私人の意思に委ねられた形で長期にわたり法的に不安定な状態が継続」することになるからだと説明されていた（注釈刑事訴訟法第 2 巻 269 頁〔佐藤道夫〕〔立花書房〕）。

この理屈は，一般の親告罪に関してはあてはまるかもしれない。しかし，性犯罪については別途考える必要があると思われる。というのは，強姦罪などの被害者の多くは，被害を受けたことを身内にさえ言えずに月日が経過す

ることも少なくないからである。そして，被害者が何時，告訴などをする気持ちになれるかは，被害者個人の要素がきわめて強いのである。たしかに，証拠の散逸という面からみても告訴が早いにこしたことはない。しかし，被害者の心の傷を無視して一律に告訴期間を区切るのは，被害者の精神面での回復にも役立たない，といわねばならない。このような批判に応えて，平成12年5月，**刑事訴訟法の一部改正**＊によって，告訴期間の制限は撤廃されたのである（刑訴235条1項1号）。

6 ストーカー行為

(1) ストーカー規制法の成立　平成12年5月にストーカー規制法が成立した。ストーカー行為の相当部分は性的意図に基づくものであり，発展して性犯罪や殺人事件に及ぶことがあるため，ストーカー行為の段階で規制ができれば，重大犯罪の防止にも効果が期待できる。

(2) ストーカー行為　ストーカー規制法では，まずストーカー行為を定義している。すなわち，**ストーカー行為**とは，特定の者に対し，恋愛，好意感情またはそれが満たされなかったことに対する怨恨の感情を充足する目的で，つきまとい等を反復することである。そして，つきまとい等の内容としては，8つの行為に類型化されている。それは，①つきまとい，待ち伏せ，住居等への押し掛け，②その行動を監視しているような事項を告げること，③面会，交際その他の義務がないことを行うことを要求すること，④著しく粗野または乱暴な言動をすること，⑤無言電話やファックスの連続送信，⑥汚物その他の送付，⑦名誉を害する事項を告げること，⑧性的羞恥心を害する文書・図画の送付である。

＊**刑事訴訟法の一部改正**　平成12年5月の改正では，犯罪被告者への配慮から，被害者が法廷で証言する場合に被告人と顔を合わせないで済むように遮蔽物を用いるとか，他の部屋での映像を法廷で写すというビデオリンク方式の採用など，いくつかの新機軸が打ち出された。

ちなみに，同時に制定された「犯罪被害者等の保護を図るための刑事手続に付随する措置に関する法律」では，犯罪被害者が，損害賠償請求のために判決など公判記録のコピーを裁判所に求めることができると規定している。

(3) **ストーカー行為に対する規制**　規制方法としては，ストーカー行為そのものを罰するほか，警察による警告に従わない場合を罰することとしている。①ストーカー行為については，6月以下の懲役または50万円以下の罰金であり，親告罪である。②警察署長などは，つきまとい等を行った者に対し，反復してつきまとい等をしてはならない旨を警告することができる。③警察の警告に従わない場合，都道府県公安委員会が禁止命令を出し，それに違反した場合は，1年以下の懲役または100万円以下の罰金が科せられる。

第7章　財産犯罪

1　財産犯罪の基礎

1　財産犯罪の意義

(1) 財産犯罪の分類　財産犯罪は，人間社会にとって，切っても切れない関係にある。以前に比べると貧富の差が緩和したと思われるわが国でも，刑法犯の認知件数の1位は窃盗であり (53.3％)，以下，2位の交通関係業過 (28.7％) を除くと，器物損壊 (6.8％)，横領 (3.3％)，詐欺 (2.6％) と，財産犯罪が続く（平成19年版犯罪白書による）。このように，いつの時代でも財産犯罪が犯罪の大半を占めるということは，**犯罪から人間を捉える**＊にあたって興味深い。

刑法は，行為態様の特色，財物に対する侵害か財産上の利益に対する侵害かなどを基準として，財産犯罪を分類している。〔財産犯罪の分類〕の表を参照して頂きたい。

(2) 財物，財産上の利益　財産犯罪が保護するべき第1の客体は，「財物」(たとえば，235条) あるいは「物」(たとえば，252条) であり，財産上の利益はそれにつぐものとして扱われる。

財物（物）の意義については，有体物（固体・液体・気体）に限られるか，それとも，管理の可能なもの（電気・熱・冷たさ・放射線）をも含むかについて議論があったが，旧刑法時代の判例（大判明36・5・21刑録9輯874頁＝電

＊犯罪から人間を捉える　人間はさまざまな視点から捉えることができる。たとえば，芸術という視点から捉えるなら，人間の偉大さが浮かび上がる。他方，犯罪という視点は，人間の弱い部分に目を向けることになる。いかなる困難な場面にあっても他者への慈しみを忘れないのも，人間性の一側面であるし，別に金に困っているわけでもないのについ万引をしてしまうのが人間の性(さが)といえよう。

図表2-14 主な財産犯罪の認知件数

（平成18年）

罪　　　名	認知件数
窃　　盗	1,534,528
器物損壊	194,824
横　　領	95,844
詐　　欺	74,632
盗品譲受け等	5,134
強　　盗	5,108
背　　任	61

（平成19年版犯罪白書）

図表2-15　財産犯罪の分類

〔行為態様の特色〕　〔財物に対して〕　〔財産上の利益に対して〕

領得なた　領得　占有侵害 …………… 占有離脱物横領罪（254条）
いし不　　　　　　　　　　　　　窃盗罪（235条）
法の利　　　　　　　　　　　　　不動産侵奪罪（235条の2）
益　　　　　相手方の反抗を抑圧
　　　　　　する程度の暴行・脅迫 … 強盗罪（236条1項）　　2項強盗罪（236条2項）

　　　　　相手方の　暴行・脅迫 ……… 恐喝罪（249条1項）　2項恐喝罪（249条2項）
　　　　　瑕疵ある　欺　　く ……… 詐欺罪（246条1項）　2項詐欺罪（246条2項）
　　　　　意思表示　　　　　　　　　　　　　　　　　　　電子計算機使用詐欺罪
　　　　　　　　　　　　　　　　　　　　　　　　　　　　　　（246条の2）

　　　　　信頼関係　横　　領 ……… 横領罪（252条）
　　　　　を損う　　　　　　　　　　業務上横領罪（253条）
　　　　　全体財産に ………………………………………… 背任罪（247条）
　　　　　対する侵害

毀棄・隠匿 ……………………… 公用文書毀棄罪（258条）
　　　　　　　　　　　　　　　　私用文書毀棄罪（259条）
　　　　　　　　　　　　　　　　建造物損壊罪（260条）
　　　　　　　　　　　　　　　　器物損壊罪（261条）
　　　　　　　　　　　　　　　　境界損壊罪（262条の2）
　　　　　　　　　　　　　　　　信書隠匿罪（263条）

被害者の財産追求権の侵害 ……… 盗品譲受け罪（256条）

気窃盗事件）によって，一応，管理可能性説で決着をみている。また，電気については，現行刑法に，「電気は，財物とみなす」(245条）との規定が置かれたので立法的にも解決されたといえる。ただし，電気以外のエネルギーについては，意見が分かれ，解釈論の問題が残されているのである。

> **例7―(1)**
>
> 　会社の機密資料を会社所有の感光紙に複写して，そのコピーを社外に持ち出した場合，単なる感光紙の窃取ではなく，会社所有の複写した右機密資料を窃取したものである（東京地判昭40・6・26下刑集7巻6号1319頁)。

　情報の不正入手に関して，情報自体は財物ではないから窃盗罪にあたらないという議論がなされた。事案は，次のような〔例〕である。

> **例7―(2)**
>
> 　甲製薬会社の代表取締役Aは，国立予防衛生研究所の厚生技官Bと共謀し，Bの上司である室長Cの専用戸棚に保管されていた乙製薬会社の新薬製造承認申請用資料ファイルを無断で持ち出すことにした。某日，Bがファイルを持ち出し，甲会社の常任顧問Dに手渡すと，Dは同日中に，会社の中でコピーして，Bにファイルを返還した。

　この事案について，裁判所は，①情報の化体された媒体の財物性は，情報と媒体が合体したものの全体について判断すべきこと，②財物としての価値は，権利者において独占的・排他的に利用されることによって維持されることが多いとして，本件ファイルは，「医薬品に関する情報が媒体に化体され，これが編綴されたものとして，財物としての評価を受ける」として，窃盗罪の成立を認めたものである（東京地判昭59・6・28判時1126号6頁）。

　ところで，**有体物説**（有体性説）ではなく，**管理可能性説**に立つとしても，「物」という範囲を超えて，利益ないし価値まで含めることは無理である。

　財産上の利益とは，2項詐欺罪（246条2項）や2項強盗罪（236条2項）などのいわゆる**2項犯罪**において守るべきものであり，債務の免除・労務の

図表2-16 財物と財産上の利益

（財物）（財産上の利益）

管理可能性説：電気、熱、放射線、冷たさ、気体、液体、固体

有体物説：冷たさ、気体、液体、固体

財産上の利益：債務の免除、労務の提供

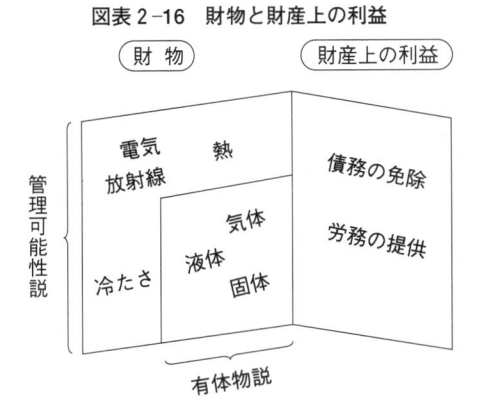

提供などがそれにあたる。たとえば，タクシー運賃を支払う意思がないにもかかわらず，普通の客を装って乗車し，タクシーが発車すれば，サービス（労務）を受けたことになる。

2　財産罪の保護法益

(1)　本権説と所持説　窃盗罪（235条）や強盗罪（236条）が何を保護法益とするかについては，本権説と所持説の対立がある。

これらの罪が，客体を「他人の財物」としていることからも明らかなように，その主要な保護法益が所有権であることは異論がない。そのようなことから，**本権説**は，占有を裏打ちする所有権その他正当な権利（質権，貸借権など）・利益が保護法益であるとする。

他方，242条は，「自己の財物であっても，他人が占有し，または公務所の命令により他人が看守するものであるときは，この章の罪については，他人の財物とみなす」という規定を設けている。したがって，たとえば，AがBに貸していたオートバイを，AがBにことわりもなく持っていけば，A自身の所有物であっても，Aが窃盗罪に問われることになる。つまり，Bのように，所有権に基づかない占有という，所持している状態そのものも保護されることになる。

ここに，窃盗罪などの保護法益は，本権とはかかわりのない占有そのもの

だとする**所持説**（占有説）が支持される1つの根拠がある。さらに，所持説については，財産秩序をどのように構成するか，という見地から理論づけがなされている。すなわち，社会生活が複雑になり，権利関係が錯綜している今日では，社会生活上の財産秩序は，占有という外観上の基準をもとに構成しなければならない，とする。そこで，所持説は，私法上適法な占有といえない場合でも，刑法上保護されるべき占有が認められると解するのである。それは，①禁制品（私人の所有を禁じられた物，たとえば覚せい剤）の窃取，②窃盗犯人からの盗品の窃取，③被害者による自己の物の奪い返し，のすべてが，所持の侵害として窃盗罪にあたるとするのである。

(2) 平穏占有説　さて，社会生活上の財産秩序が権利者らしい外観を示す占有を基礎に成り立っていることからすれば，所持説は正しい面を有している。したがって，①禁制品の窃取や，②窃盗犯人からの盗品の窃取のように，その占有者（奪われる者）がその物に対して正当な権原（ある行為を正当化する法律上の原因）を有していなくても，その行為は窃盗罪を構成することに異論はない。

> **例7――(3)**
>
> 所持を禁止されている濁酒(どぶろく)であっても，これを奪う行為は窃盗罪を構成する（最判昭26・8・9裁判集刑51号363頁）。

しかし，③被害者による自己の物の奪い返し，のように，正当な権利者が不法占有者から財物を取り戻す場合については，検討の余地があるといわなければならない。なお，これは，たとえば，窃盗の被害から数日経過して被害者が取り戻すような場合である。というのは，窃盗の現場で，被害者が奪い返すのは，権利の実現として当然であり，そもそも構成要件に該当しないと解されるからである。また，その場合に，仮に，本来の被害者が奪い返すにあたってゆきすぎた行為があったとしても，それはせいぜい暴行罪（208条）などの関係で考慮すればよいのであって，財産犯罪を前提とした構成要件該当性を考えるのはふさわしくない。そして，さらに，構成要件に該当する部分があったとしても，正当防衛（36条）として違法性の阻却を考えれば

よい。

　要するに，窃盗の被害者が自己の物を奪い返す場合に，不法占有者の占有を保護して，被害者を窃盗罪に問うのは不合理である。刑法がこのような場合をも含めて，あらゆる事実上の占有を保護するとすれば，(イ)私法関係に対する過度の刑罰権の介入になるとともに，(ロ)一般国民の健全な正義観念に反することになるであろう。そこで，窃盗罪やその他の財産犯罪において保護される占有は，いわば単なる占有ではなく，仮に本権に基づかないとしても，**一応の理由のある，外観上平穏な占有**ということになる。

　ここで，判例で争われた事例（買戻約款付自動車売買事件）を検討してみよう。

　Cは，自動車の持ち主Dに時価の2分の1程度の融資をし，所有権は融資をしたCに移転しながら，自動車はDが利用し続け，Dが期限までに融資金額と利息を支払って買戻権を行使しないかぎり，Cが自動車を任意に処分できるという契約を結んだのである。ところが，Dが期日までに返済ししなかったため，Cは期限の翌日に合鍵を利用して自動車を引き揚げ，数日

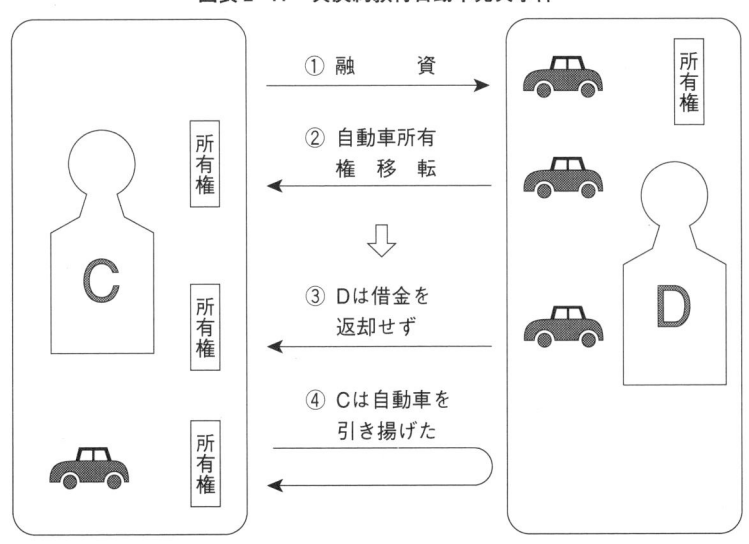

図表2-17　買戻約款付自動車売買事件

中に転売したのである。

以上のような事例に関して、判例は、次のように判示した。すなわち、「被告人が自動車を引き揚げた時点においては、自動車は借主の事実上の支配内にあったことが明らかであるから、仮に被告人にその所有権があったとしても、被告人の引揚行為は、刑法242条にいう他人の占有に属する物を窃取したものとして」、窃盗罪が成立したというのである（最決平1・7・7刑集43巻7号607頁）。判例によれば、Dは、一応の理由のある、外観上平穏な占有をしている者として保護されていると、評価できる。

例 7 —(4)

譲渡担保に取った自動車の所有権が被告人に帰属していたとしても、債務者側の事実上の支配内にあった自動車を無断で運び去る行為は、窃盗罪にあたる（最判昭35・4・26刑集14巻6号748頁）。

3 不法領得の意思

(1) **不法領得の意思を論ずる意味**　窃盗罪や強盗罪の行為者の主観的側面としては、条文上はあきらかでないが、**不法領得の意思**を要すると解される。たとえば、他人の自転車を短時間乗りまわし元の場所に戻すような行為は、所有者にとって迷惑なことに違いないが、乗りまわした者としては完全に自分のものとしてしまおうという意図があるわけではないし、財産犯罪として刑罰をもって対処する必要があるかは、一考を要する。以下、窃盗罪を中心に、不法領得の意思について考察してみよう。

窃盗罪の成否に関し、不法領得の意思を要件とすることは、2つの意味で役に立つ。

(イ)　財物の損壊や隠匿行為と区別することに役立つ。たとえば、他人が所有しているバイクを勝手に持ち去る行為でも、改造などして自分が乗りまわすような場合と、いやがらせ目的で破壊して放置する場合とでは、法益侵害の面で内容的な違いがみられる。前者は窃盗罪（235条）に、後者は器物損壊罪（261条）に問うことになるが、その区別の基準は不

法領得の意思の有無ということになる。ここで，不法領得の意思とは，権利者を排除し，他人の物を自己の所有物と同様に，その経済的用法に従い，ほしいままに利用または処分する意思をいう。放棄・破壊・隠匿だけの意思で盗み出すのも含まれる。

例 7 —(5)

　Aは，Bのいたずらに対する仕返しのため，Bの動力のこぎりを水深約30メートルの海中に投棄した。不法領得の意思を欠くものと判断された（仙台高判昭46・6・21高刑集24巻2号418頁）。

(ロ)　不法領得の意思は，単なる利用妨害か，それとも窃盗罪として処罰すべきか，を区別するためにも使われる。

(2)　**使用窃盗**　　問題となるのは，いわゆる**使用窃盗**である。使用窃盗とは，財物を一時使用してから返還する意思で，短時間の間，持ち去る行為を指す。例としては，自転車や自動車の一時無断使用がある。これらの一時使用も所有者の利用を妨害した点では怪（け）しからぬ行為である。しかし，単なる利用妨害は，恒久的にその財物を持ち去って経済的損失を決定的なものにする通常の窃盗とは区別する必要があると思われる。なお，ここで使用窃盗というのは，あくまで所有者に返還することを条件とする。一時使用でも所有者にわからないようなところに放置するのは，使用窃盗とはいえない。

　では，この使用窃盗について，可罰的なものと不可罰的なものとをどこで区別すべきであろうか。単なる利用妨害として窃盗罪からはずすためには，使用された財物に損害があったときでも被害の回復が図れることを条件とする必要がある。それに対して，一時使用であっても財産的損害が見逃せない可能性を有するものについては，窃盗罪として処罰する合理性があるといえる。

　判例は，形態としては同じく使用窃盗でありながら，自転車については不可罰とし（大判大9・2・4刑録26輯26頁），自動車については可罰的であるとしている（最決昭55・10・30刑集34巻5号357頁）。後者の事例は，午前0時頃から，他人所有の乗用車（時価約250万円）を，午前5時30分頃までに

は元の場所に戻すつもりで無断で乗りまわしていたところ，午前4時頃，戻す前に，無免許運転で検挙されたというものである。判例は，被告人には自動車に対する不法領得の意思があるとして，窃盗罪の成立を認めたのである。

　以上のことから明らかなように，「不法領得の意思」という言葉は，単に一時使用の目的があるかないかという意味ではなく，もっと包括的な意味合いを有している。つまり，ある行為が所有権者の法益を侵害する可能性がどの程度あるかが考慮されている。財物については，物質としての面と利用としての面とが総合的に判断されるべきである。したがって，同じく一時使用であっても，自転車と自動車では法益侵害の可能性に大きな違いが見受けられることになる。

例7―(6)

　　不法領得の意思とは，永久的に他人の物の経済的利益を保持する意思であることを必要としないから，当初から乗り捨てる意思で他人の船を奪取した場合，不法領得の意思が認められる（最判昭26・7・13刑集5巻8号1437頁）。

2　窃盗の罪

1　窃盗罪（235条）

(1) 趣　旨　本罪は，他人の財物を窃取した場合である。刑罰は，10年以下の懲役または50万円以下の罰金。

(2) 罰金刑の新設　窃盗罪に対する刑罰としては，長らく懲役刑のみであった。その理由は，経済的に困窮している者に罰金刑を科しても実効性を欠くということであった。しかし，軽微な犯罪に対して懲役を科すことへの躊躇から，検察官が起訴猶予を選択する例も少なくなかった。そこで，法定刑の幅を広めることにしたのである。

(3) 成立要件　本罪は，①他人の財物を，②窃取したときに，成立する。

(4) 客 体　本罪の客体は，他人の占有する他人の財物である。つまり，**他人占有物**である。

　どのような場合について「占有」があるといえるか，争われることがある。たとえば，バスの行列に並んでいる人が，自分のカメラから，時間にして5分，距離にして20m離れている間に盗まれた場合に，カメラは被害者の占有下にあったといえるか，それとも占有離脱物か，という問題である。この違いによって，窃盗罪と占有離脱物横領罪（254条）に分かれることになる。判例は，「刑法上の占有は人が物を実力的に支配する関係であって，……必ずしも物の現実の所持又は監視を必要とするものではなく，物が占有者の支配力の及ぶ場所に存在するを以て足りる」として，占有離脱物ではないと判断したのである（最判昭32・11・8刑集11巻12号3061頁＝バス停カメラ紛失事件）。また，判例では，ゴルフ場内の人工池に落ちたいわゆるロストボールについては，ゴルフ場において，回収・再利用を予定していたのであるから，ゴルフ場の管理者がこれを占有していたものと解し，ゴルフ場に侵入し，ウェットスーツ・ゴム製足袋を着用して池に入り，ロストボールを数百個持ち去った事例について，窃盗罪の成立を認めている（最決昭62・4・10刑集41巻3号221頁）。

> **例 7 —(7)**
>
> 　駅の窓口に財布を置き忘れた場合でも，その1・2分後，約15メートルの所で気づき戻ったときは，この財布は依然として被害者の実力的支配内にあったと認められる（東京高判昭54・4・12刑月11巻4号277頁）。

> **例 7 —(8)**
>
> 　被害者が，公園のベンチ上にポシェットを置き忘れたまま，その場を離れたのを見ていたXは，被害者が約27m離れた時点で領得した。この場合，「被害者が本件ポシェットのことを一時的に失念したまま現場から立ち去りつつあったことを考慮しても，被害者の本件ポシェットに対する占有はなお失われてはおらず，被告人の本件領得行為は窃盗罪に当たる」（最決平16・8・25刑集58巻6号515頁）。

死者に占有が認められるか，という問題がある。これは，人を殺害した者が，後に被害者の物を持ち去る行為が，窃盗か占有離脱物横領かという論点である。「占有」することができるのは生きている人でなければならないとすれば，死者の腕時計などはもはや占有離脱物ともいえる。したがって，第三者が死者から取り去るとすれば，占有離脱物横領罪を構成するといえよう。しかし，殺害した犯人との関係でいえば，犯人は自己の行為を利用して財物を奪取したものといえるので，全体的に考察して，窃盗罪を認めるべきである（最判昭41・4・8刑集20巻4号207頁）。

例7—(9)

Aは同棲中の女性Bを殺害し，その直後にBの所有していた現金を奪取し，その後約9時間を経て，再度現場住宅に戻ってB名義の通帳を奪取した。前者は窃盗罪，後者は占有離脱物横領罪にあたる（東京地判昭37・12・3判時323号33頁）。

(5) **窃取** 窃取とは，不法領得の意思で，占有者の意思に反してその占有を侵害し，目的物を自己の支配内におくことである。占有を侵害するという要素がある点で，占有離脱物横領罪とは違う。窃取の「窃」は，ひそかにという意味であるが，なにもすりのような場合に限ったことではなく，当人の目の前で堂々と取っていく場合も含まれる。

被害者の意に反して持ち去るのが窃取であるから，手段としては欺く行為がなされたが，それが客体を交付させる手だてとしてなされたものでなければ，詐欺ではなく，窃盗である。

例7—(10)

古着屋で，客を装った者が，試着のために渡された上衣を着たまま，用を足すと言って外に出て逃走した場合に，窃盗罪を認めている（広島高判昭30・9・6高刑集8巻8号1021頁）。

(6) **不法領得の意思** 窃盗罪における不法領得の意思は，自己の所有物としてその経済的用法に従い，これを利用・処分する意思であるから，校長

を単に困らせる目的で校長の管理する物（教育勅語）を隠匿した場合には，窃盗罪を構成しない（大判大4・5・21刑録21輯663頁）。また，パチンコ店において，磁石でパチンコ玉を操作して「当たり」玉を出させた場合には，所有者の意思に反して，再使用ないし景品交換の自由を得たことになるから，不法領得の意思が認められ，窃盗罪が成立する（最決昭31・8・22刑集10巻8号1260頁）。

　ところで，古い事例の中に，会社の診療所の看護婦（師）がデモ行進に参加するに際し，会社所有の医薬品を持ち出し，デモ隊員中に負傷者があるときはこれを使用し，もし負傷者がないときは持ち帰って，元の場所に返還しておくつもりであったという件につき，不法領得の意思があるとされ，窃盗罪の成立が認められた例がある（大阪高判昭28・1・21高刑集6巻1号57頁）。判例が言おうとしていることは，会社の医薬品を社員以外の者に使用することは許されないとする趣旨であろうが，仮に医薬品が減ったときは看護婦（師）が自費で穴うめをすれば済むことであるし，看護婦（師）の社会的使命からみて相当な行為といえるから，判例の結論は妥当でない。**可罰的違法性***のない行為として，そもそも構成要件に該当しないと解される。

　(7) 未遂と既遂　窃盗の実行の着手は，占有侵害行為が開始された時点である。他人の住居に侵入しただけでは足らず，少なくとも財物の物色を開始することを要する。ただし，財物のみが存在する建物（たとえば土蔵など）の場合は，侵入と同時に窃盗罪の着手を認めてよい（名古屋高判昭25・11・14高刑集3巻11号748頁）。

　既遂時期は，他人の占有を侵害して，財物を自己の事実的支配の下に置いた時点である。スーパーマーケットで，買い物かごに入れた商品を，レジを通過せずにレジの外側に持ち出せば，その時点で一般の買物客と外観上区別

***可罰的違法性**　人間の行為を評価するにあたって，形式的には構成要件に該当するようにみえても，実質的観点から犯罪として処罰する必要がないと思われる場合に，そもそも構成要件に該当しない，として処理しようとする考え方が，可罰的違法性の理論（藤木・総論119頁以下）である。その判断基準としては，①違法性が極めて微弱な場合，②社会共同生活上，許容されている場合，③重要な法益保護のための軽微な違法行為などがある。

がつかなくなるから，窃盗罪の既遂と評価される（東京高判平4・10・28判夕823号252頁）。

> **例7―⑾**
>
> 　鉄道線路の地理現場に精通している機関助士が，後で拾いに戻る計画で，予定の地点において積荷を列車外に突き落とした場合，その時点で，機関助士の実力支配内に置かれたとみることができるから，窃盗既遂になる（最判昭24・12・22刑集3巻12号2070頁）。

(8) 犯罪現象の面から　刑法犯の認知件数の中で1番多いのが窃盗犯であり，時代の推移に影響されない。平成18年では，全体の認知件数2,877,027件のうち，53.3％（1,534,528）を占めている（平成19年版犯罪白書）。なお，検挙人員としては交通関係業過（業務上過失致死傷罪のうち，交通事故にかかるもの，現在では，自動車運転過失致死傷）が最も多く，窃盗は2番目である。これは，交通関係業過が人の生命・身体に対する犯罪であることと，窃盗犯の検挙率が低いことからである。

　窃盗の手口別構成比を犯罪白書から借りて示しておこう。これは，今日のいわゆる「自動車社会」を反映しているといえよう。車上ねらい（駐車して

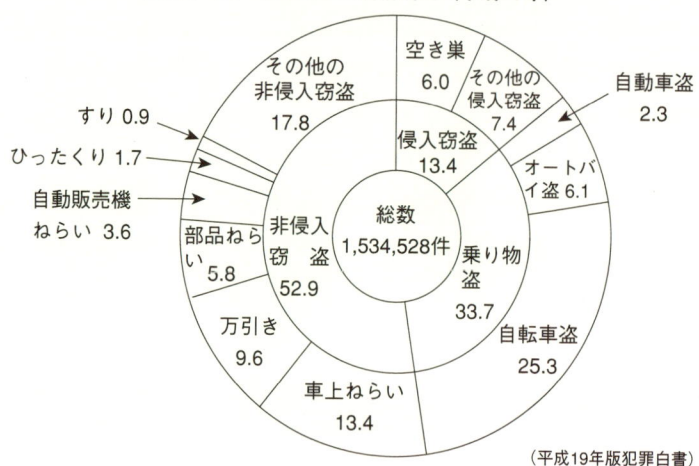

図表2-18　窃盗の手口別構成比（平成18年）

- 空き巣 6.0
- その他の非侵入窃盗 17.8
- すり 0.9
- ひったくり 1.7
- 自動販売機ねらい 3.6
- 部品ねらい 5.8
- 万引き 9.6
- 車上ねらい 13.4
- 自転車盗 25.3
- オートバイ盗 6.1
- 自動車盗 2.3
- その他の侵入窃盗 7.4
- 侵入窃盗 13.4
- 非侵入窃盗 52.9
- 乗り物盗 33.7
- 総数 1,534,528件

（平成19年版犯罪白書）

いる車の中の品物を盗むこと，車上荒らしともいう）を含めると，車関係だけで全体の47.1％になっている。

2 親族相盗例（244条）

(1) 立法理由　親族間で窃盗がなされた場合，窃盗罪にはなるとしても，刑が免除されたことになっている（244条1項）。これは，長く**親族相盗例**と呼ばれてきた規定である。

このような規定が設けられている理由は，次の2つである。

(イ)　財産犯罪に関しては，一般に，「法は家庭に入らず」の原則を適用するべきである。

(ロ)　家族の中では，財産は必ずしも特定個人の所有物とはいえないから，刑法の適用はかえって実体に反する場合もある。

以上のようなことから，親族間については，赤の他人間の窃盗とは異なる取扱いをする必要があるのである。

(2) 成立要件　244条1項の成立要件は，①配偶者・直系血属・同居の親族との間で，②窃盗罪・不動産侵奪罪・これらの未遂罪がなされた場合で，その効果は，③刑の必要的免除である。

親族関係が誰と誰との間になければならないか，については議論がある。学説の中には，客体の所有者と行為者との間にだけあればよいとの見解もあるが，客体の所有者ならびに所持者と行為者との間に親族関係があるべきものと考える（最決平6・7・19刑集48巻5号190頁）。それが，財産罪の保護法益に関する考え方と符合するものである。

たとえば，Aは同居している弟Bのカメラだと思って盗んだが，そのカメラはBが友人Cから借りていたも

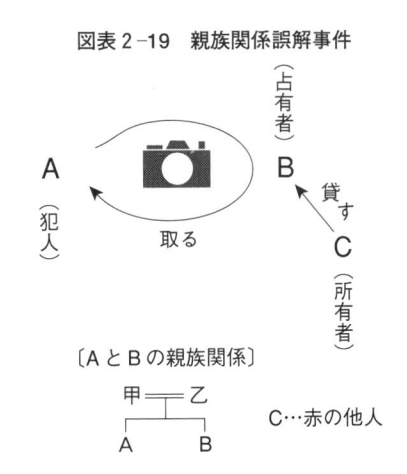

図表2-19　親族関係誤解事件

〔AとBの親族関係〕

C…赤の他人

のであるとする。この場合，犯人 A と財物の占有者 B との間には親族関係があるが，所有者 C との間には親族関係がないので，本条は適用されないことになる。

3 不動産侵奪罪（235条の2）

(1) 趣 旨 本罪は，他人の不動産を侵奪する場合である。刑罰は，10年以下の懲役。不動産に対する不法占拠があるにもかかわらず，「窃取」という用語が財物を取り去ると捉えられてきたことから，不動産は窃盗罪の対象とされてこなかった。しかし，不動産に関しても，その所有者ないし占有者の利用が妨げられたり，圧迫を受ける事態は，跡を絶たないのである。一方，民事訴訟の停滞から，不動産を不法に占拠された者が民事上の救済を受けられないという事態が生じていた。

そこで，昭和 35（1960）年，不動産侵奪罪の規定が，境界損壊罪（262条の2）とあわせて規定された。

(2) 成立要件 本罪は，①他人の不動産を，②侵奪したときに，成立する。

(3) 侵 奪 本罪における行為は，「侵奪」である。侵奪とは，不動産を現に管理・支配する者の意思に反して，その権利者の管理・支配を排除して，不動産を自己の排他的管理支配下に置くことである（藤木・各論290頁）。

たとえば，土地の上に，簡単に撤去できないような恒久的な建造物を建築してしまうような場合である。

> **例 7 ―(12)**
>
> 他人が所有・占有している山林の立木約4,000本を，掘り起こすなどして，陸田に造成し，これを耕作して米を収穫したときに，侵奪が認められている（東京高判昭50・8・7高刑集28巻3号282頁）。

土地の不法占拠の場合でも，テントを張ったにすぎない場合や，容易に撤去することができるバラックの建設では，侵奪とはいえない。また，不動産

の使用貸借終了後，事実上占有を有する者が，約 10m² の付属建物を増築した程度では，新たな占有状態を作出したとはいえないとして，本罪の成立が否定されている（大阪高判昭 41・8・9 高刑集 19 巻 5 号 535 頁）。

例 7 —(13)

> 甲不動産は，その所有する宅地を，直ちに撤去可能な屋台営業だけを認めるとの約定で，Y に無償で貸し渡した。Y は，宅地上に仮設店舗を作り，飲食業を営んでいた。ところで，Y は，乙に転貸するにあたって，直ぐ撤去できる屋台以外の営業が禁止されていることを伝えたが，乙は，前施設に比べて，解体・撤去の困難さも格段に増加したものを作り，風俗営業を行なった。この場合，本件建物の構築により，所有者である甲不動産の本件土地に対する占有を新たに排除したものというべきであり，不動産侵奪罪が成立する（最決平 12・12・15 刑集 54 巻 9 号 1049 頁）。

本罪における不動産の「占有」と「侵奪」の意義が問われた事例がある。A 会社は振り出した小切手が不渡りになったことから，債権者の 1 人である B 会社に，土地および地上建物の管理を委ねた。その後，B は，その権利を，競売物件の売買仲介業を営む C に譲り渡した。その頃，A は，代表者が家族ともども行方をくらましたため，事実上廃業状態になった。さらに，C からその権利を買い受けた D は，これを廃棄物の集積場にしようと企て，本件土地上に，建設廃材や廃プラスチック類等の混合物からなる廃棄物約 9,000 平方メートルを高さ約 13 メートルに堆積させ，容易に原状回復をすることができないようにした。D が不動産侵奪罪で起訴され，判例は次のように判断した（最決平 11・12・9 刑集 53 巻 9 号 1117 頁）。

まず，不動産の「占有」についてである。「本件土地の所有者である A は，代表者が行方をくらまして事実上廃業状態となり，本件土地を現実に支配管理することが困難な状態になったけれども，本件土地に対する占有を喪失していたとはいえ」ない。

つぎに，不動産の「侵奪」といえるかである。「被告人らは，本件土地についての一定の利用権を有するとはいえ，その利用権限を超えて地上に大量

の廃棄物を堆積させ，容易に原状回復をすることができないようにして本件土地の利用価値を喪失させたというべきである。そうすると，被告人らは，Aの占有を排除して自己の支配下に移したものということができるから」，不動産侵奪罪が成立するというのである。

3 強盗の罪

1 強盗罪（236条）

(1) 趣 旨 本罪は，暴行・脅迫によって他人の財物を強取した場合と財産上不法の利益を得た場合である。刑罰は5年以上の有期懲役。

強盗罪の法定刑が5年以上20年以下の懲役と比較的重いのは，強盗罪が単なる財産犯罪ではないからである。強盗罪における暴行は身体に対して有形力を行使することであり，脅迫は恐怖心を起こさせるものであるが，多くの場合，被害者は身体に対する重大な脅威を感じたり，ときには生命に対する危険に戦くこともあろう。したがって，強盗罪の条文の位置は財産犯罪中にあるが，実体として，生命・身体・精神に大きく関わっていることに注意すべきである。

(2) 成立要件 1項は，①暴行・脅迫を用いて，②他人の財物を，③強取したときに，成立する。

2項は，①暴行・脅迫を用いて，②財産上不法の利益を得，または，他人にこれを得させたときに，成立する。

(3) 暴行・脅迫 暴行とは，人に向けられた有形力の行使であり，**脅迫**とは，害悪の告知によって恐怖心を起こさせることである。

強盗罪における暴行・脅迫の程度は，相手方の犯行を抑圧する程度の暴行・脅迫であることを要する。しかし，それは，暴行・脅迫によって，相手方が精神・身体の自由を完全に制圧されることは必要でない（最判昭23・11・18刑集2巻12号1614頁）。たとえば，木刀で頭部・胸部を打って金を出させたり，ピストルを突きつけて指にはめていたダイヤの指輪をはずして渡させるような場合である。判例では，犯人が自動車の窓から，通行中の女性

のハンドバッグをひったくろうとして，離さなかった女性をひきずって路上に転倒させたときは，相手方の反抗を抑圧する程度の暴行といえる，としている（最決昭45・12・22刑集24巻13号1862頁）。その程度に至らない暴行・脅迫によって財物を交付させたときは，恐喝罪（249条1項）である。

反抗を抑圧する程度かどうかは，何を標準として判断するのか，という問題がある。被害者の主観ではなく，具体的状況を踏まえた上で，一般の社会人だったら抑圧されるかどうかで判断すべきである。仮に脅迫された被害者がきわて大胆に対応したとしても，匕首（あいくち）でおどされたような場合は，反抗を抑圧する程度のものとして，強盗罪が認められる（最判昭24・2・8刑集3巻2号75頁）。

例7─(14)
　強盗目的で反抗を抑圧するに足りる程度の脅迫を加えたにもかかわらず，被害者が反抗抑圧に至らない程度に畏怖したにとどまり，その結果，被害者が財物を持ち去るのを黙認した場合は，強盗未遂と恐喝既遂が成立し，両罪は観念的競合になる（東京地判平4・9・22判タ828号281頁）。

強盗目的でない暴行・脅迫によって被害者が畏怖している状態を利用して財物を奪う行為は，強盗罪といえるか。問題となった事例は，強姦のために暴行・脅迫を加え，強姦行為の後に，新たに金品奪取の意図で被害者が恐怖に陥っているのを利用して財物を奪った場合である。判例は，畏怖状態に乗じて金品を奪取した場合に強盗罪が成立するとしている（東京高判昭37・8・30高刑集15巻6号488頁）。

例7─(15)
　相手方の反抗を抑圧した後に財物奪取の意思を生じた場合，新たに強盗の手段としての暴行・脅迫を必要とするが，その程度は，自己の先行行為によって作出した反抗抑圧状態を継続させるに足りるもので十分である（大阪高判平1・3・3判タ712号248頁）。

(4) **強　取**　　強取とは，暴行・脅迫により，被害者の意に反して財物を

自己の占有に移すことである。外観は被害者による交付であるとしても，被害者の意思を抑圧した結果であれば，強取といえる。

判例では，10歳の幼児に暴行を加えて財物を奪取した場合，幼児でもある程度物に対する管理能力を持つから，反抗を抑圧して強取することにかわりはなく，強盗罪が成立するとしている（最判昭22・11・26刑集1巻28頁）。また，強盗犯人が，被害者の畏怖している間にそっと財物をかすめとった場合も強盗罪として評価される（最判昭23・12・24刑集2巻14号1883頁）。

例 7 ─ (16)

> 他の目的で加えた暴行により被害者が畏怖の余り身動きしないでいるのを失神しているものと思って，領得の意思を生じ，被害者の腕から時計を奪う行為は，財物奪取のために暴行・脅迫を用いたものといえないから，窃盗罪が成立するにすぎない（高松高判昭34・2・11高刑集12巻1号18頁）。

(5) 2項強盗罪 　2項強盗罪は，暴行・脅迫を手段として，支払義務を免れたり，財産上の利益を得たりする場合である。たとえば，債務免除の意思表示をさせるような法的意味のあることのほか，タクシー料金を踏み倒すような，事実上債務を免れる場合も含まれる。

2項強盗罪の多くは，被害者側の意思表示ないし処分によると思われるが，1項強盗の場合において相手方の処分がなされなくてもよいのと同様に，2項強盗において意思表示ないし処分がなければならないというわけではない。その点を，判例は，次のように述べている。すなわち，「犯人が債務の支払を免れる目的をもってその反抗を抑圧すべき暴行・脅迫を加え，債権者をして支払の請求をしない旨を表示せしめて支払を免れた場合であると，右の手段により債権者をして事実上支払の請求をすることができない状態に陥らしめて支払を免れた場合であるとを問わず」，支払の請求を事実上免れれば，2項強盗罪にあたるとされる（最判昭32・9・13刑集11巻9号2263頁）。

ただし，債務者が債務の支払を免れる目的で債権者を殺害した場合に，それだけで直ちに財産上不法の利益を得たと解することはできない。ただ，相

続人の不存在または証拠書類の不備等のため，債権者側による債権の行使を不可能もしくは著しく困難ならしめたときのほか，履行期の到来または切迫等のため，債権者側による速やかな債権の行使を相当期間不可能ならしめたときは，財産上不法の利益を得たものといえる（大阪高判昭59・11・28高刑集37巻3号438頁）。

なお，不法原因給付をした者も，その金銭に関して刑法上は保護される。事例は，麻薬購入代金として約30万円を預ったAが，返還を免れるため，預けたB・Cを船に誘い，睡眠薬で眠らせて簀巻きにして海へ放り込んだというものである。判例は，代金を領得するために交付者を殺害し，「事実上その返還請求を受けることのない結果を生ぜしめて返還を免れた以上は」，2項強盗罪が成立し，結局，強盗殺人罪（240条後段）にあたるとしている（最判昭35・8・30刑集14巻10号1418頁）。

ところで，2項強盗罪が成立するにあたって，被害者側の処分を要件とする必要がないということで，そもそも処分の観念を容れる余地がない場合とは，別の問題である。そこで，DがE子と共謀の上，E子の両親を殺害してE子の相続を開始させようとした場合，相続は，「人の死亡を唯一の原因として発生するもので，その間任意の処分の観念を容れる余地がない」から，2項強盗罪にはなりえないと判断されている（東京高判平1・2・27高刑集42巻1号87頁）。

<u>例 7 —(17)</u>

> 欺罔手段を用いて飲食物を提供させる行為と暴行・脅迫によってその代金支払いを免れる行為とは，それぞれ別個独立の法益侵害行為とみるべきであるから，飲食物に対する詐欺罪が成立することは，その後の2項強盗罪の成立を妨げるものではない（大阪地判昭57・7・9判時1083号158頁）。

なお，経営上の権益が236条2項の財産上の利益にあたるかという問題がある。すなわち，社長を殺して後釜に座る行為が2項強盗罪に当たるかということである。具体例を紹介しよう。

例 7 ―(18)

　Aは，風俗的グループのナンバー2であったが，経営上の権益を取得する目的で，実質的経営者であるBを殺害した。その後，Aは，B殺害発覚後，同グループの有力者であるCとの間で話合いをもち，Aが代表者になることを取り付け，さらに，幹部従業員が集まった席でも受け入れられた。

　判例は，「2項強盗殺人罪が成立するためには，1項強盗罪における財物の強取と同視できる程度に，その殺害行為自体によって，被害者から『財産上の利益』を強取したといえる関係にあることが必要と解される」とした上で，「経営上の権益」はBから直接得られた利益というよりもBが死亡したことにより，Aの同グループ内での地位が相対的に上がったものであり，236条2項の財産上の利益に当たらないとした（神戸地判平17・4・26判時1904号152頁）。

2　事後強盗罪（238条）

（1）**趣　旨**　本罪は，窃盗犯人が逮捕を免れるために暴行・脅迫をした場合などに，強盗として評価されるというものである。刑罰は，5年以上の有期懲役。

　窃盗の実行行為の後に暴行・脅迫がなされた場合，特別の規定がないかぎり，窃盗罪と暴行罪・脅迫罪は，別々の犯罪として成立することになる。なぜなら，通常の強盗罪は，暴行・脅迫が手段とされて財物の奪取がなされるからである。ところで，窃盗犯人が，被害者から財物を取り返されそうになって暴行・脅迫を加えたりするような行為は，よくなされることである。また，刑事政策的視点を加味して被害者保護を考えると，強盗罪と同様に捉えるのがふさわしい。そこで，刑法は，事後強盗罪の規定をおき，強盗罪として扱うことにしたのである。

（2）**成立要件**　本罪は，①窃盗犯人が，②(a)財物を得てこれを取り返されることを防ぎ，(b)逮捕を免れ，(c)罪跡を隠滅するために，③暴行・脅迫をしたときに，成立する。

(3) 居直り強盗とのちがい　居直り強盗は，最初は窃盗の実行に着手したのであるが，途中から居直り，あらためて，暴行・脅迫をして財物を奪取する場合である。したがって，居直った以降についてみると，その部分は普通の強盗罪（236条）にあたるのである。なお，強盗の前に行われた窃盗未遂については，強盗罪に吸収され，別罪を構成しない。

(4) 主　体　条文が「窃盗」と規定しているのは窃盗犯人，すなわち，窃盗の実行に着手していることが必要である。したがって，窃盗の目的で住居に侵入したが，物色行為をする前に家人に騒がれ逮捕されそうになったので暴行を加えたのであれば，本罪にはあたらない。判例は，そのような場合に被害者が死亡したとして，強盗致死罪ではなく，傷害致死罪の成立を認めている（東京高判昭24・12・10高刑集2巻3号292頁）。

本罪の主体は，(a)の場合は窃盗が既遂になっていることを要するが，(b)・(c)の場合は既遂・未遂を問わないことになる。窃盗犯人がいったん逮捕された後，逮捕されている状態を脱するために暴行を加えた場合はどうか。判例は，電車内でスリの現行犯として車掌によって逮捕された者が，警察官に引き渡されるために連行されている間に，逃走しようとして車掌に暴行を加えた場合に，事後強盗罪にあたるとしている（最決昭34・3・23刑集13巻3号391頁）。

(5) 窃盗の機会　本罪が成立するためには，暴行・脅迫が窃盗行為と時間的・場所的に接着し，窃盗行為後間もない機会に行われ，かつ，被害者側の者により現場から追跡態勢がとられ，これらの者による財物取返し・犯人逮捕の可能性が存在する状況においてなされることが必要である。

例 7 ― (19)

　Aは，B方で指輪を窃盗した後も犯行現場の真上の天井裏に潜んでいたところ，犯行の約1時間後に帰宅したBから，窃盗の被害に遭ったこと及びその犯人が天井裏に潜んでいることを察知され，上記犯行の3時間後にBの通報により駆け付けた警察官Cに発見されたことから，逮捕を免れるため，持っていた切出しナイフでその顔面等を切り付け，よってCに傷害を負わせた。

上記の例では，時間的接着性について，単に長さだけでなく，犯人と被害者の関連性を考慮に入れる必要がある。判例は，「被告人は，上記窃盗の犯行後も，犯行現場の直近の現場にとどまり，被害者等から容易に発見されて，財物を取り返され，あるいは逮捕され得る状況が継続していたのであるから，上記暴行は，窃盗の機会の継続中に行なわれたものというべきである」として，事後強盗致傷罪の成立が認められた（最決平 14・2・14 刑集 56 巻 2 号 86 頁）。

例 7 —⑳

被害者が窃盗犯人を追跡し，いったんは見失ったが，程なく再び発見し，追跡の結果追い付いた際に犯人が暴行・脅迫をなした場合は，接着性が認められ，事後強盗罪が成立する（福岡高判昭42・6・22下刑集9巻6号784頁）。

例 7 —㉑

Cは，金品窃取の目的で，某日午後 0 時50分頃，D方住宅に侵入し，財布等を窃取し，戸外に出て，誰からも発見，追跡されることなく自転車で約1km離れた公園に向かった。Cは，公園で盗んだ現金を数えたが，3万円余りしかなかったため，再びD方まで自転車で引き返し，午後 1 時20分頃，D方玄関の扉を開けたところ，帰宅していたDに発見され，ポケットナイフを取り出し，Dに刃先を示し，Dがひるんで後退したすきを見て逃走した。この場合，Cの脅迫は，窃盗の機会の継続中に行なわれたものとはいえない（最判平16・12・10刑集58巻9号1047頁）。

(6) 暴行・脅迫　　暴行・脅迫の相手方は被害者に限られない。窃盗犯人が，犯行を目撃して追跡してきた者による逮捕を免れるため暴行を加えたときは，本罪が成立する（大判昭 8・6・5 刑集 12 巻 648 頁）。

暴行・脅迫の程度は，236条の強盗罪と同じく，相手方の反抗を抑圧する程度である必要がある。したがって，たとえば，窃盗犯人が逮捕を免れるために暴行をし，逮捕をしようとした者に加療 1 週間を要する傷害を負わせたとしても，逮捕者が終始，犯人の逮捕に向けて的確に行動しており，逮捕行為・財物取還行為が抑圧される程度に達していないとすれば，事後強盗罪と

はならず，窃盗罪と傷害罪が成立する（福岡地判昭62・2・9判時1233号157頁）。

なお，AがB宅に侵入してたんすの引出しをあけて物色中，Bの妻Cが帰宅し，Cは犯人を逮捕しようとしたのではなく恐怖心のために逃げ出そうとした場合でも，Cが家外に出て隣人に騒ぎ立てることを防ぐためにAがCに暴行を加えたのであるとすれば，逮捕を免れるための暴行といえるから，事後強盗罪が成立する（東京高判昭46・7・15高刑集24巻3号464頁）。

3 昏睡強盗罪（239条）

本罪は，犯人が被害者を昏睡させて，その財物を盗取した場合に，強盗と同様に扱うとされたものである。178条（準強制わいせつ・準強姦罪）は，人の心神喪失・抗拒不能に「乗じ」る場合も含まれるが，本罪はそれでは足らない。昏睡とは，一時的または継続的な意識障害のことである。

4 強盗致死傷罪（240条）

(1) 趣 旨 本罪は，強盗犯人が人を傷つけたり，死に致したときに，重く罰することを規定したものである。刑罰は，人が負傷したときは，無期または6年以上の懲役，死亡したときは，死刑または無期懲役。

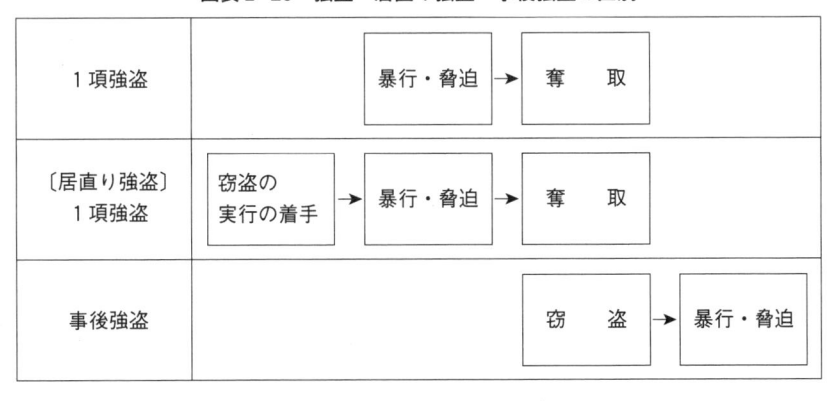

図表2-20 強盗・居直り強盗・事後強盗の区別

1項強盗		暴行・脅迫 →	奪取
〔居直り強盗〕1項強盗	窃盗の実行の着手 →	暴行・脅迫 →	奪取
事後強盗		窃盗 →	暴行・脅迫

(2) 成立要件　前段は，①強盗犯人が，②人を負傷させたときに，成立する（強盗致傷罪）。後段は，①強盗犯人が，②人を死亡させたときに，成立する（強盗致死罪）。

さて，本条の後段が，強盗犯人の暴行・脅迫から生じた，いわゆる強盗致死罪を指すことは異論がない。条文の言葉としては，「死亡させた」というような傷害致死罪と同じ文言が使われており，「殺した」（199条）という表現ではない。

そこで，問題となるのは，犯人に殺意があった場合は後段に含まれるか，ということである。殺人の故意のある場合とない場合とは本質的に異なるはずという考えを押し進めると，同一の条文に両者を含めることはできなくなる。その立場では，強盗殺人の場合には，強盗罪と殺人罪の観念的競合ということになるが，そうすると，死刑・無期もしくは6年以上の懲役の範囲で処罰されることになり，殺意がない場合より軽くなってしまい，刑の権衡を失することになる。それでは，本条後段と殺人罪との観念的競合と解するべきであろうか。この考えは，後段に殺意のある場合を含まないことを前提としつつ，刑の権衡を考慮に入れたものといえよう。しかし，強盗殺人という刑事学的にみて典型的なものを除いたとは考えられないところから，240条後段には強盗殺人を含むと解される（団藤・各論595頁）。判例もこの立場である（最判昭32・8・1刑集11巻8号2065頁）。ちなみに，この論点は決着済みといえる。

(3) 主体　強盗犯人であり，強盗に着手した者がこれにあたる。事後強盗・昏睡強盗の犯人もこれに含まれる。

(4) 死傷の結果　本罪における死傷の結果が生じる中心的な態様は，強盗の手段としての暴行・脅迫から生じる場合であろう。

ただし，それに限らず，暴行・脅迫は強盗の機会になされればよいと解されている。その理由は，強盗の機会に負傷・死亡という重大な結果が惹き起こされる場合が少なくないからである。判例は，強盗の機会には，致死傷のような残虐な行為を伴うことが少なくないので，これを重い情状と捉えているのであって，この行為がいかなる目的でなされたとしても重く処罰する趣

旨だからとしている（大判昭6・10・29刑集10巻511頁）。

判例によると，強盗犯人に母親が殺害された際に，財物の支配には関係ない3歳・1歳の子どもの殺害に関しても強盗殺人罪が認められ（最判昭25・12・14刑集4巻12号2548頁），ピストルでタクシー料金を踏み倒した者が，その現場から，約6km離れた場所で，時間にして5・6分後，同じ運転手に傷害を負わせた場合，強盗の機会になされた傷害と解され，強盗致傷罪が認められている（最決昭34・5・22刑集13巻5号801頁）。また，Aが警察官Bから拳銃を奪おうとしてBの背後よりびょう打銃で撃ったところ，びょうはBの胸部を貫通し，偶然30m離れたところを通った通行人Cの背部に命中した事例について，通行人に対しても殺人の故意が認められ，その加害行為が強盗の機会になされているとして，B・Cに対する関係で強盗殺人未遂罪が認められている（最判昭53・7・28刑集32巻5号1068頁）。ちなみに，この判例は，**打撃の錯誤***に関して，法定的符合説の中でも数故意犯説の立場によるものと解される。これに対し，前日，岡山県で強盗を行って得た盗品を船で運搬し，神戸で陸揚げしようとした際に巡査に発見され，逮捕を免れるため暴行を加えて傷害を負わせたときは，本条の強盗致傷罪は成立しない（最判昭32・7・18刑集11巻7号1861頁）。

***打撃の錯誤**　打撃の錯誤の場合に故意が阻却されるかどうかについては議論がある。問題の焦点は，いかなる範囲で故意が認められるか，であるが，そのほかに故意の個数をどの程度に考慮するかによって学説が分かれる。ここでは，結論のみを示しておく。同じ事例について，具体的符合説によると，Bについては強盗殺人未遂罪が認められるが，Cについては故意犯は成立しないことになる。なお，Cについては重過失致傷罪（211条1項後段）となる。また，法定的符合説の中でも一故意犯説によるときは，重い結果が発生した客体との関係で故意犯が認められるから，B・Cのどちらに重い結果が発生しているかによって，故意犯の認められる対象が変わることになる。

例7―(22)

> Eは、ビルの2階にある中国式エステ店において、同店店長のFほか3名に対し、けん銃に見せかけた所携のエアガンの銃口をその身体に向けるなどして脅迫し、現金約6万円を強取した。同店の個室ベッドで仮眠していたGは、Eが強盗に入ったことに気づき、難を逃れるため、路上に飛び降りて、全治約5か月の傷害を負った。この場合、Eは、Gが被害店舗内にいることについて具体的な認識はしていなかったとしても、Gの存在について十分認識しうる状況にあり、畏怖したGが地上に降りようとして負傷した以上、強盗致傷罪が成立する（東京地判平15・3・6判タ1152号296頁）。

(5) **既遂・未遂の区別の基準**　本罪の既遂・未遂の区別の基準は、財物奪取の既遂・未遂によってではなく、人の死傷の結果が生じたかどうかによって、判断されるべきである。したがって、強盗に着手した者が、被害者に暴行を加えて傷害の結果を生じた場合は、財物奪取の目的を遂げないとしても強盗致傷罪の既遂が成立する（最判昭23・6・12刑集2巻7号676頁）。それというのは、強盗致傷罪は、財産犯罪の中にあるものの、その主眼は、財産保護よりは人の生命・身体の安全の保護にあるのであり、そのために重い法定刑が定められていると解されるからである。

(6) **量刑**　無期懲役の仮釈放中に強盗殺人を犯した場合、量刑として死刑が言い渡されることが多いが、再度無期懲役が言い渡される例もある（広島地判平6・9・30判時1524号154頁）。

5　強盗強姦罪・強盗強姦致死罪（241条）

(1) **趣旨**　本罪は、強盗犯人が女子を強姦した場合に、重く処罰するものである。刑罰は、無期または7年以上の懲役。よって、女子を死亡させたときは、死刑または無期懲役。

(2) **成立要件**　本罪前段は、①強盗犯人が、②女子を強姦したときに、成立する。本罪後段は、①強盗犯人が、②女子を強姦し、③よって女子を死亡させたときに、成立する。

本罪の犯罪主体は強盗犯人であり、強姦は強盗の機会になされたことが必要である。

強姦犯人が、女子の畏怖に乗じて強盗を行ったときは、強姦罪と強盗罪との併合罪である（最判昭24・12・24刑集3巻12号2114号）。

6 強盗予備罪（237条）

(1) 趣 旨 本罪は、強盗の目的で、予備をした場合である。刑罰は2年以下の懲役。

(2) 成立要件 本罪は、①強盗の罪を犯す目的で、②その予備をしたときに、成立する。

本罪の「強盗」には事後強盗も含むとするのが判例である（最決昭54・11・19刑集33巻7号710頁）。

判例によれば、金品の強奪を共謀し、これに使用するため出刃包丁を買い求め、これを携えて徘徊する場合（最判昭24・12・24刑集3巻12号2088頁）、強盗の目的で拳銃を携え、貨物自動車を物色しながら徘徊する場合（名古屋高判昭30・3・17高刑裁特2巻6号156頁）、自己の着用するバンドで首を絞めて脅し金銭を強取する目的でタクシーに乗り、機会をうかがう場合（東京高判昭32・5・31高刑裁特4巻11＝12号289頁）に、強盗予備罪が認められている。

7 特別法上の強盗罪

(1) 常習特殊強盗罪（盗犯等ノ防止及処分ニ関スル法律）

たとえば、夜間人の住居に侵入して、家人を縛り上げ、金品を奪う行為を常習として行う場合である。刑罰としては、強盗の法定刑の下限が5年から7年に引き上げられて処罰される。

(2) 常習強盗傷人罪（盗犯等ノ防止及処分ニ関スル法律）

常習として強盗傷人を犯した場合、法定刑が無期または10年以上の懲役というように加重される。

4 詐欺および恐喝の罪

1 詐欺罪（246条）

(1) 趣　旨　本罪は，人を欺いて財物を交付させたり，財産上不法の利益を得た場合である。刑罰は，10年以下の懲役。

(2) 成立要件　1項は，①加害者により人を欺く行為がなされ，それによって，②被害者が錯誤に陥り，その錯誤に基づいて，③被害者がなんらかの財産的処分行為を行い，それによって，④加害者が財物の交付を受けた（財物をだまし取った）ときに，成立する。

2項は，1項の①・②・③は同じであり，④が，加害者において財産上不法の利益を得，または他人にこれを得させたときに，成立する。

詐欺罪が成立するためには，以上のそれぞれの要件が，①→②→③→④と因果的に連鎖していなければならない。たとえば，5万円の価値しかない壺を100万円で売りつけるつもりで，①AがBに壺の鑑定書を示すなどして，いかにも高価そうにみせ，②BがAの言う通りだと思い込み，③BがAに対し，壺の代金として100万円を渡し，④Aが100万円を手にしたとき，1項の詐欺罪が成立する。次に，2項の詐欺罪の場合を考えると，たとえば，タクシーの無賃乗車の場合，①Cが通常の乗客のように装ってタクシーに乗車して行先を告げ，②運転手Dがまちがいなく運賃を支払ってくれる客

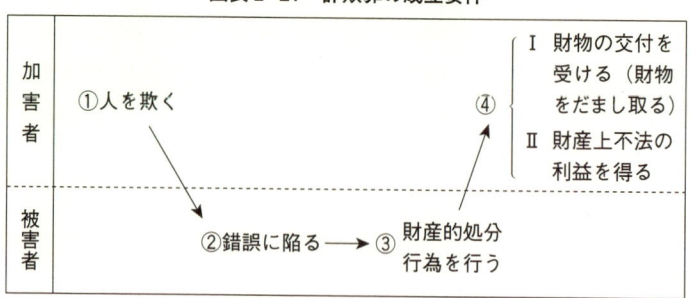

図表2-21　詐欺罪の成立要件

加害者	①人を欺く		④	Ⅰ 財物の交付を受ける（財物をだまし取る） Ⅱ 財産上不法の利益を得る
被害者		②錯誤に陥る →	③財産的処分行為を行う	

と思い，③Dがメーターを倒して発車させれば，④Cはタクシー乗車という利益を不法に得たことになり，成立する。

(3) 罪質，保護法益　詐欺罪は，被害者側の処分行為があるという点で，基本的に，窃盗罪・強盗罪と罪質が異なる。なお，その点では，いずれも瑕疵(きず，の意)ある意思の場合として，恐喝罪と共通性がある。

ところで，詐欺罪の大半は被害者に財産上の損害を与えるものであろうが，財産上の損害が実質上ない場合はどうか。問題となった事例は，EとFとの間で綿糸の売買取引がなされ，Eが52万円支払うと見せかけて，2個のかばんのうち1個には現金25万円を入れ，他の1個には古雑誌15冊を入れたものを渡したというのである。ところで，EとFの取引そのものが闇取引で，実際の価格は半額以下であった。判例は，「詐欺罪の如く他人の財産権の侵害を本質とする犯罪が処罰されるのは，単に被害者の財産権の保護のみにあるのではなく，かかる違法な手段による行為は社会の秩序をみだす危険があるからである」(最判昭25・7・4刑集4巻7号1168頁)として，違法な手段による財産秩序の侵害の点に詐欺罪の本質をとらえ，本罪の成立を認めている。

詐欺罪は，本来，個人的法益の中の財産的法益に対する罪であることから，国有地をだまし取る行為は詐欺罪を構成しないのではないか，という疑問がある。というのは，自分で農業を営む意思がなければ国有地の払下げを受けられないのに，その意思があるように装って国有地の払下げを受けた場合は，農業政策という国家的法益の侵害の面が強いからである。しかし，判例は，「それが同時に，詐欺罪の保護法益である財産権を侵害するものである以上」，詐欺罪を構成するとしている(最決昭51・4・1刑集30巻3号425頁)。

例 7 —(23)

　国民健康保険被保険者証は，当該市町村から療養の給付を受け得る権利を有する者であることを証明し，それ自体が社会生活上重要な経済的価値効用を有するものであるから，当該市町村の係員を欺罔しこれを取得すれば，詐欺罪が成立する（大阪高判昭59・5・23高刑集37巻2号328頁）。

例 7 —(24)

　郵便局の保険課に勤務し簡易保険契約の募集等の業務に従事していたAは，自己の営業成績を上げるため，Bを被保険者とする保険金額250万円の簡易生命保険契約2件を締結した。ところで，Bは交通事故による受傷で入院中であった上，Bを被保険者としてすでに法定の保険金最高限度額1,000万円を満たす簡易生命保険契約が締結されていたため，Bを被保険者とする簡易生命保険契約を締結することはできないのであった。それにもかかわらず，AはBと共謀して，郵便局に対し，前記事実を秘して，保険契約を締結させ，Bのもとに郵政大臣発行にかかる簡易生命保険契約書2通を送付させた。この場合，保険契約の事務に従事する係員を欺罔して契約を締結させ，その保険証書を騙取した行為について，刑法246条1項の詐欺罪が成立する（最決平12・3・27刑集54巻3号402頁）。

(4) **欺　く**　平成7年の刑法の口語化以前は，「欺罔（ぎもう）」という用語が用いられていた。欺くとは，人を錯誤に陥れるような行為をすることである。積極的に相手方が誤解をするような事実を告げる場合のほか，相手方の不知に乗じて真実と思いこませる場合も含まれる。

例 7 —(25)

　先物取引に無知な主婦・老人に，頻繁な売買を行わせて委託手数料を増大させる等の方法により，委託証拠金の返還や利益金の支払を免れる「客殺し商法」によって顧客に損失を与える意図で，該取引の仕組みに無知な被害者をして，外務員の指示どおりに売買すれば必ずもうかると信じこませて，被害者から委託証拠金名義で現金等の交付を受ける行為は，詐欺罪にあたる（最決平4・2・18刑集46巻2号1頁）。

誤った銀行口座への振込みを知った受取人が，誤りであることを知りながら，そのことを秘して預金の払戻しを請求することは，詐欺罪の「欺く」行為に当たり，誤った振込みの有無に関する錯誤は同罪の錯誤に当たるというべきであるから，錯誤に陥った銀行窓口係員から受取人が預金の払戻しを受けた場合には，詐欺罪が成立する（最決平15・3・12刑集57巻3号322頁）。

次に，他人名義のクレジットカードの利用について詐欺罪の成否の問題がある。たとえば，Aは，B名義のクレジットカードの加盟店であるガソリンスタンドにおいて，同カードを示し，名義人のBに成りすまして自動車への給油を申し込み，AがB本人であると従業員を誤信させて，ガソリンの給油を受けた。ところで，そのクレジットカードは，Bが友人Cに預け，Cに限って使用を許していたものであった。Cは，通常その利用代金をBに交付したりしていた。そして，CがAにそのカードを渡したのは，賭博の賭け金の担保としての可能性があるものであった。判例は，「被告人は，本件クレジットカードの名義人本人に成り済まし，同カードの正当な利用権限がないのにこれがあるように装い，その旨従業員を誤信させてガソリンの交付を受けたことが認められるから，被告人の行為は詐欺罪を構成する」とした（最決平16・2・9刑集58巻2号89頁）。加盟店は，カード使用者が名義人以外であることを知ったなら，拒否するはずであるから，名義人以外の利用は基本的に詐欺罪を構成すると解すべきである。

(5) **財産的処分行為**　詐欺罪が成立するためには，欺かれた者の**財産的処分行為**が必要とされる。これは，1項・2項に共通である。財産的処分行為は，その財産を処分する権限のある者の行為によってなされることが必要である。そこで，いわゆる訴訟詐欺のように，裁判所を欺いて勝訴判決を得，これに基づいて強制執行の方法により財物を取得する行為は，詐欺罪にあたると解される。

> **例7─(26)**
>
> Gの欺罔に基づき錯誤に陥ったHが家の奥から金員を持ち出して，玄関の上がり口の所に置き，Gだけを玄関に残して，Gが現金を事実上自由に支配できる状態においたまま便所におもむいたので，Gがそのすきに金員を持って逃走した場合，詐欺既遂罪が成立する（最判昭26・12・14刑集5巻13号2518頁）。

(6) 財産上の損害　詐欺罪の成立には，財産上の損害の発生が必要と解されるが，価格相当の商品が提供され，差し引き計算すると，損害が軽少であったり，皆無であったとしても，真意に反して財産の占有を移転させられれば，財産上の損害にあたる。判例の言葉を借りると，「たとえ価格相当の商品を提供したとしても，真実を告知するときは相手方が金員を交付しないような場合において，ことさら商品の効能などにつき真実に反する誇大な事実を告知して相手方を誤信させ，金員の交付を受けた場合は，詐欺罪が成立する」としている（最決昭34・9・28刑集13巻11号2993頁）。

甲社の代表者であるAは，真実は自己が実質的に支配するダミー会社Mの売却であることを秘し，住管機構（株式会社住宅金融債権管理機構）の担当者を欺いて，本件各不動産を第三者に売却するものと誤信させ，住管機構をして本件各根抵当権を放棄させてその抹消登記を了した例がある。この場合，本件各根抵当権を放棄する対価として甲社から住管機構に支払われた金員は，本件各不動産の時価評価などに基づき住管機構において相当と認めた金額であり，かつ，これで債務の一部弁済を受けて本件各根抵当権を放棄すること自体については，住管機構に錯誤がなかった。しかし，「被告人に欺かれて本件各不動産が第三者に正規に売却されるものと誤信しなければ，住管機構が本件各根抵当権等の放棄に応ずることはなかったというべきである」から，246条2項の詐欺罪が成立するというのが判例である（最決平16・7・7刑集58巻5号309頁）。

なお，損害の範囲は，だまし取られた財物全部である（最判昭28・4・2刑集7巻4号750頁）。

(7) **無銭飲食** **無銭飲食**が詐欺罪を構成するかについては，無銭飲食に２つの形態があるので，分けて検討する必要がある。

２つの形態とは，(イ)はじめから無銭飲食のつもりで注文し，飲食する場合と，(ロ)飲食の後で，欺いて代金の支払いを免れようとする場合である。

(イ)は，飲食物が客の前に提供されることが，成立要件の③の財産的処分行為（交付）にあたり，客がはしをつければ④の財物の交付を受けたことにある。したがって，１項詐欺罪が成立する。

(ロ)は，食事後，外の車に財布を取りに行ってくるとうそをつけば①の欺く行為にあたり，レジ係が本当にそうだと思えば②の錯誤が認められ，レジ係が取りに行ってきて下さい，と一時的にも支払いを猶予すれば③の財産的処分行為にあたり，客が店の外に出れば，④の財産上不法の利益を得たことになる。したがって，２項詐欺罪が成立する。

ただし，(ロ)の場合で，レジ係のすきを見て，代金を支払ったような顔をして店外に出たときは，財産的処分行為に向けられた欺く行為とはいえないので，２項詐欺罪は成立しない。いわば利益窃盗であり，窃盗罪に２項犯罪は規定されていないので，不可罰ということになる。

例7—(27)

> 当初より支払意思なく無銭飲食・無銭宿泊をして，知人を見送ると申し欺いて逃走した。この場合には，飲食・宿泊時に既遂に達している。債務の支払を免れたことが２項に該当するためには，債権者に債務免除の意思表示をさせることが必要であり，単に逃走して事実上支払をしなかっただけでは足りない（最決昭30・7・7刑集9巻9号1856頁）。

(8) **不法領得の意思** 詐欺罪が成立するためには不法領得の意思が必要である。判例では，郵便配達員を欺いて（実際は，友人に叔父を装わせた），交付を受けた支払督促正本について，廃棄するだけで外に何らかの用途に利用・処分する意思がなかった場合には，不法領得の意思を認めることはできないとして，詐欺罪の成立を否定している（最決平16・11・30刑集58巻8号1005頁）。

2 電子計算機使用詐欺罪（246条の2）

(1) 趣　旨　本罪は，人の事務処理に使用するコンピュータに虚偽の情報・不正の指令を与えて，財産上不法の利益を得るなどした場合で，刑罰は10年以下の懲役。

(2) 虚偽の情報　虚偽の情報とは，電子計算機を使用する当該事務処理システムにおいて予定されている事務処理の目的に照らし，その内容が真実に反する情報のことである。

> **例7―(28)**
>
> 　信用金庫の支店長が自己の個人的債務の支払のため勝手に電信振込依頼書等に所要事項を記載し，現実にこれに見合う現金の受入れ等がないにもかかわらず，支店係員をして振込入金等の電子計算機処理をさせた場合は，支店長が係員に指示して電子計算機に入力させた振込入金等に関する情報は「虚偽の情報」にあたり，本罪が成立する（東京高判平5・6・29高刑集46巻2号189頁）。

> **例7―(29)**
>
> 　窃取したクレジットカードの名義人氏名，カード番号等の情報を，インターネットを介して，クレジットカード決済代行業者が事務処理に使用する電子計算機に送信し，出会い系サイトの有料サービスを利用する際の決済手段となる電子マネーを購入する行為は，「本件電子計算機に同カードに係る番号等を入力送信して名義人本人が電子マネー購入を申し込んだとする虚偽の情報を与え，名義人本人がこれを購入したとする財産権の得喪に係る不実の電磁的記録を作り，電子マネーの利用権を取得して財産上不法の利益を得たものというべきであるから」，電子計算機使用詐欺罪が成立する（最決平18・2・14刑集60巻2号165頁）。

3 準詐欺罪（248条）

本罪は，未成年者の知慮浅薄または人の心神耗弱に乗じて，その財物を交付させ，または財産上不法の利益を得た場合で，刑罰は，10年以下の懲役。

本罪は，正常でない意思状態にある被害者の同意を利用して財物を領得する行為を処罰しているものであるから，被害者の心神耗弱に乗じて交付させた場合に限らず，これに乗じて財物を奪取した場合にも本罪が成立する（福岡高判昭25・2・17高刑集特4巻74頁）。

4 恐喝罪（249条）

(1) 趣　旨　本罪は，人を恐喝して財物を交付させた場合である。刑罰は10年以下の懲役。

(2) 成立要件　1項は，①人を恐喝して，②財物を交付させたときに，成立する。

2項は，①人を恐喝して，②財産上不法の利益を得，または，他人にこれを得させたときに，成立する。

(3) 恐　喝　恐喝とは，相手に恐怖心をおこさせるような暴行または脅迫をすることである。その程度は，相手方の反抗を抑圧しない程度である。その意味では，条文上，強盗罪と恐喝罪は離れて規定されているが，罪質的には共通のものがあり，程度の点で接しているのである。本罪の害悪通知の方法には制限がなく，被害者に暴行を加え，被害者をして要求に応じないときには，さらに暴行等いかなる危害を加えられるかもしれないと畏怖させた場合には，暴行が害悪通知の方法にあたる（最決昭33・3・6刑集12巻3号452頁）。

窃盗犯人に対し，警察に言わないかわりに金を出せというように，人を畏怖させる脅迫の内容が，本来正当な権利に属する事項であっても，不法な利得の手段として用いられれば，恐喝罪にあたる（最判昭29・4・6刑集8巻4号407頁）。

(4) 2項恐喝と処分行為　2項恐喝が成立するためには，被害者側の処分行為が必要とされる。

なお，飲食代金の請求を受けた者が，請求者を脅迫して畏怖させ，請求を一時断念させれば，「被害者側の黙示的な少なくとも支払猶予の処分行為が存在する」ので，2項恐喝罪が成立する（最決昭43・12・11刑集22巻13号

1469頁)。

(5) 権利行使との関係　他人に対して権利を有する者が，その権利を実行することは，その権利の範囲内であり，かつ，その方法が社会通念上一般に忍容すべきものと認められる程度を超えない限り，なんら違法の問題を生じない。ただし，この範囲程度を逸脱するときは違法となり，恐喝罪が成立する（最判昭30・10・14刑集9巻11号2173頁）。この判例の前提となった事例は，以下の〔例〕である。

例7──(30)

> Aは，Bと共同で設立した会社を退くにあたり，出資した18万円のうち15万円の支払を受けたが，Bが残金を支払わないため，Cに取立を依頼した。Cは知り合いのD・Eに伝え，結局，4人で，Bに対し，要求に応じない場合は同人の身体に危害を加えるような態度を示し，6万円を出させた。

判例は，AのBに対する債権額のいかんにかかわらず，6万円全額について恐喝罪の成立を認めたのである。

5　横領および背任の罪

1　横領罪と背任罪の関係

横領罪（252条）も背任罪（247条）も，ともに他人の信頼に背いて財産的損害を与える点で共通性を有している。

横領罪は，特定の物に対するものであるのに対し，背任罪は本人（たとえば，会社）の一般財産に対して被害を与えるものである。横領行為にも信任違背的性格が認められるので，**背任罪**は横領罪の補充的規定として捉えることができる。そこで，横領か背任かが問題となる場合は，まずは横領罪の成否を検討し，横領罪が否定されたときに背任罪の成否を検討するのが，一応の手順である。

2 占有離脱物横領罪（254条）

(1) 趣　旨　本罪は，遺失物などを不法に領得する場合である。刑罰は，1年以下の懲役または10万円以下の罰金もしくは科料。

(2) 成立要件　本罪は，①遺失物・漂流物・その他占有を離れた他人の物を，②横領したときに，成立する。

(3) 客　体　遺失物の例としては，電車内に遺留された物がある（大判大15・11・2刑集5巻491頁）。占有離脱物としては，酩酊者が放置し，置いた場所を忘れてしまった自転車がある（仙台高判昭30・4・26高刑集8巻3号423頁）。また，誤配された郵便物も，その時点で占有離脱物となる（大判大6・10・15刑録23輯1113頁）。「他人の物」とは，他人の所有であることが認定されるものならばよく，養殖業者のいけすから広大な水面に逃げ出した錦鯉・緋鯉についても，遺失物横領罪の客体となりうる（最判昭56・2・20刑集35巻1号15頁＝八郎湖事件）。

3 横領罪（252条）

(1) 趣　旨　本罪は，自己の占有する他人の物を横領した場合である。刑罰は，5年以下の懲役。占有者という身分が必要である。単純横領罪ともいう。

(2) 成立要件　1項は，①自己の占有する他人の物を，②横領したときに，成立する。

2項は，①自己の物であっても，公務所から保管を命ぜられた物を，②横領したときに，成立する。

(3) 占　有　横領罪における**占有**は，窃盗罪における占有に比べて広く解釈され，事実上の支配のほか，法律上の支配である場合にも認められる。たとえば，登記された不動産の名義には法律上の支配である占有があると解される。したがって，不動産を売却し登記がなお売主にある場合には，売主に不動産の占有があると解されるから，二重売買をすれば横領罪が成立する（最判昭30・12・26刑集9巻14号3053頁）。

本罪が成立するためには，「他人の物」である必要がある。たとえば，他

人から物品の売却方を依頼されたときは，特約ないし特別の事情がないかぎり，委託品の所有権は売却に至るまで委託者に存し，その売却代金は委託者に帰属するから，受託者がほしいままに着服・費消すれば横領罪が成立する（最決昭28・4・16刑集7巻5号915頁）。

　委託関係が不法であるために，不法原因給付（民708条）として委託者が返還請求権を有しない場合も，本罪における「占有」といえるか。判例は，贈賄資金を預かった者が自己の用途に費消した事例に関して，「横領罪の目的物は単に犯人の占有する他人の物であることを要件としているのであって必ずしも物の給付者において民法上その返還を請求し得べきものであることを要件としていない」として，横領罪の成立を認めている（最判昭23・6・5刑集2巻7号641頁）。

(4)　**横　領**　　**横領**とは，他人の物を自己または第三者のために不法に領得することである。たとえば，登記簿上自己が所有名義人となって保管中の不動産につき，不動産移転登記手続請求の訴えが提起された場合に，その訴訟において自己の所有権を主張・抗争する行為は，不法領得の意思の確定的発現として，不動産の横領罪を構成する（最決昭35・12・27刑集14巻14号2229頁）。また，原質権の範囲を超越する転質行為は，横領罪を構成する（最決昭45・3・27刑集24巻3号76頁）。

(5)　**委託関係**　　不動産に対する委託関係が継続するかぎり，横領罪は成立する可能性がある。判例は，以下の〔例〕に関し，委託された不動産について，抵当権を設定した後，他人に売却した場合，両者について横領罪の可能性を考えている。

例 7 ―(31)

　Aは，宗教法人甲の責任役員であったが，次の行為を行なった。
〔甲所有の土地 1〕について
① 昭和55年 4 月11日　Aが経営する乙株式会社を債務者とする極度額2,500万円の根抵当権①を設定して，その旨の登記を了した。
② 平成 4 年 3 月31日　乙を債務者とする債権額4,300万円の抵当権②を設定して，その旨の登記を了した。
③ 平成 4 年 3 月30日　丙株式会社に，代金 1 億324万円で売却し，同日，その所有権移転登記を了した。
〔甲所有の土地 2〕について
④ 平成元年 1 月13日　乙を債務者とする債権額 3 億円の抵当権③を設定して，その旨の登記を了した。
⑤ 平成 4 年 9 月24日　株式会社 J 商事に，代金1,500万円で売却し，10月 6 日，その所有権移転登記を了した。
　この事例について，Aは，③と⑤に関して，業務上横領罪で起訴されたのである。

　判例は，次のように判示した（最大判平 15・4・23刑集 57 巻 4 号 467 頁）。
　「委託を受けて他人の不動産を占有する者が，これにほしいままに抵当権を設定してその旨の登記を了した後においても，その不動産は他人の物であり，受託者がこれを占有していることに変わりはなく，受託者がその後，その不動産につき，ほしいままに売却等による所有権移転行為を行ないその旨の登記を了したときは，委託の任務に背いて，その物につき権限がないのに所有者でなければできないような処分をしたものにほかならない。したがって，売却等による所有権移転行為について，横領罪の成立自体は，これを肯定することができるというべきであり，先行の抵当権設定行為が存在することは，後行の所有権移転行為について犯罪の成立自体を妨げる事情にはならないと解するのが相当である。」
　当判決は，訴訟的視点も加味したものと評価しうる。すなわち，弁護側が

起訴されていない事実について有罪を立証しようとすること（むろん，真の意図は，それを根拠に起訴された点を不可罰的事後行為とすること）がナンセンスであるともいっているのである。また，検察官は，事案全体を見て，公訴時効にかかったものがないか，立証の困難性も含めて起訴をするのであって，訴因制度の面から考察する必要があるのである。

4 業務上横領罪（253条）

(1) 趣 旨 本罪は，主体が目的物の業務上の占有者である点で，横領罪の加重類型である。刑罰は10年以下の懲役。

(2) 成立要件 本罪は，①業務上，②自己の占有する他人の物を，③横領したときに，成立する。

(3) 業 務 本条にいう業務とは，法規または慣習によるか契約によるかを問わず，同種の行為を反復すべき地位に基づく事務をいう（大判昭9・10・29新聞3793号17頁）。たとえば，村の財産については，収入役にこれを保管占有すべき職務権限があり，村長はただ収入役の職務を監督する地位にあるにすぎない。したがって，村長と収入役が共謀して横領行為をした場合，収入役は業務上横領罪，村長は単純横領罪になる（最判昭32・11・19刑集11巻12号3073頁）。

5 背任罪（247条）

(1) 趣 旨 本罪は，他人のために事務を処理する者が，図利加害目的で，任務に違背する行為をし，本人に財産上の損害を加える場合である。刑罰は，5年以下の懲役または50万円以下の罰金。

(2) 成立要件 本罪は，①他人のために事務を処理する者が，②自己もしくは第三者の利益を図り，または本人に損害を加える目的（図利加害目的）で，③任務に背く行為をして，④本人に財産上の損害を加えるときに，成立する。

背任罪の本質については，①権限濫用説と②背信説の対立がある。①権限濫用説は，背任罪を代理権の濫用と解し，法律行為による任務違背にのみ犯

罪の成立を認めるので，成立範囲が限定される。②背信説は，事務処理上の任務に反する一切の背信的な財産侵害的行為と捉える。

(3) 身分犯，目的犯　本罪は，他人（保護されるべき本人）のためにその事務を処理する法的業務を有する者が犯罪主体となる身分犯である。また，本罪は，他人のための事務処理者が図利目的または加害目的をもっているという目的犯である。そこで，たとえば，他人（本人）の利益を図る目的で行為したときは，仮に本人に損害を加えても背任罪を構成しないことになる。

(4) 任務違背　任務違背とは，事務処理者が，具体的事情の下に，当然しなければならないことに違反することである。任務の内容は，法令・契約・信義誠実の原則によって，しかも行為者の権限との関係で定まる。たとえば，二重抵当をした場合，最初の相手方との関係で背任罪となる（最判昭31・12・7刑集10巻12号1592頁）。また，村長が条例に基づかず給与所得者に対して村民税の過少賦課徴収をした場合は，背任罪にあたる（最決昭47・3・2刑集26巻2号67頁＝村民税減税事件）。

> 例7 ―(32)
>
> 　銀行の常務取締役が，銀行が，欠損がかさみ，到底利益配当をし得る状態でなく，配当をすれば危機を引き起こすことを知りながら，株主に配当利益を与える目的で，欠損を計上せずまた確実な資産があるように仮装して，利益があるように装い，いわゆる蛸配当をすれば，従たる目的として銀行の信用を維持することがあっても，背任罪が成立する（大判昭7・9・12刑集11巻1317頁）。

> 例7 ―(33)
>
> 　信用保証協会（企業者の債務につき債務保証を行うことを業務とする）の支店長が，企業者の倒産を一時糊塗（一時しのぎ）するためにすぎないものであることを知りながら，限度額を超えて債務保証を専決し，あるいは協会長に対する稟議資料に不実の記載をし，さらに協会長の指示に反して抵当権を設定させないで保証書を交付し，協会に保証債務を負担させる行為は，任務違背として背任罪が成立する（最決昭58・5・24刑集37巻4号437頁）。

(5) 財産上の損害　背任罪が既遂になるためには，その任務に背いた行為があるだけでなく，本人に「財産上の損害」を加えることが必要である。

財産上の損害の意義については，①法律的財産説，②経済的財産説，③法律的・経済的財産説の3つが対立している。

①法律的財産説は，財産を個々の権利として捉え，②経済的財産説は，財産を全体としての経済的利益と解する。③法律的・経済的財産説は，経済的利益のうち正当な利益に限定し，違法な利益は刑法的保護の対象とする必要はないとするものである。経済的価値があっても，民事法によって保護されない不法な利益を刑法によって保護する必要はないので，③法律的・経済的財産説が妥当である（林・各論148頁）。

例 7 ― (34)

> 甲銀行支店長Aと，金融業を営む乙会社の代表取締役Bは，会社の経営状態の悪化したのを知りながら，共謀し，同会社に債務の弁済能力があることを示す外観を作り出し，引き続き当座勘定取引を継続させて，さらに乙会社への融資を行なわせることを計画し，合計9回にわたって乙会社を振出人とし，甲銀行を手形保証人とする約束手形10通（合計15億円）を作成し，第三者に交付した。10通の手形のうち，2通以外については，前記口座に券面額と同額の入金がなされた。この場合，右入金により当該手形の保証に見合う経済的利益が同銀行に確定的に帰属したものということはできず，同銀行が手形保証債務を負担したことは，右のような入金を伴わないその余の手形保証の場合と同様，刑法247条にいう「財産上の損害」に当たる。AとBは，背任罪の共同正犯となる（最決平8・2・6刑集50巻2号129頁）。

(6) 共　犯　背任罪は身分犯であるが，背任にあたる不正融資などの相手方は共同正犯となりうるか。相手方は当然，身分のない者であるが，刑法65条1項は共同正犯にも適用があるとするのが判例であるから（大判大4・3・2刑録21輯194頁），あとは背任罪の特質との関係である。

以下の［例］は，共同正犯を認めている。

例 7 ─ (35)

　不動産の売買・賃貸等を業とする甲会社の代表取締役 A は，住宅金融専門会社の代表取締役 B に，繰り返し運転資金の借入れを申し入れた。B は，甲に対する迂回融資が焦げ付く可能性が高いことを認識していたが，これに応じないと，甲がたちまち倒産し，巨額の融資金が回収不能となることが予想されたため，それまで同社に運転資金として巨額の金員を放漫に貸し続けてきたことに対する責任が問われることを懸念して，自らの責任を回避し，保身を図るとともに，甲の利益を図る目的もあり，A の協力を得て，約270億円の融資をした。この場合，A が B に対し支配的な影響力を行使することもなく，また，社会通念上許されないような方法を用いるなどして積極的に働き掛けることはなかったとしても，B が本件融資に応じざるを得ない状況を利用しつつ，本件融資の実現に加担しているのであって，B の特別背任行為について共同加担をしたと評価される（最決平15・2・18刑集57巻2号161頁）。

6　盗品等に関する罪

1　盗品譲受け罪（256条）

(1) 趣　旨　本罪は，盗品の譲受け等を処罰する規定である。

(2) 成立要件　1項は，①盗品その他財産に対する罪にあたる行為によって領得された物を，②無償で譲り受けたときに，成立する。刑罰は，3年以下の懲役。

　2項は，①前項に規定する物を，②運搬・保管・有償譲受け・有償の処分あっせん，をしたときに，成立する。刑罰は，10年以下の懲役および50万円以下の罰金。

　盗品等に関する罪（かつて臓物罪）が処罰される理由は，このような行為が，被害者の追求権を困難にするとともに，窃盗犯人の不当な利益を助長し，また，罪証の隠滅に役立つからである。

> **例7──(36)**
>
> Aは，甲社から盗まれた多数の約束手形を甲社関係者に売り付けることを氏名不詳者から依頼され，盗難手形が出回れば会社は莫大な損害を受けるとか，取引先にも多大な迷惑がかかるなどと告げて，盗難手形131通（額面合計約5億5千万円）を代金合計約8千2百万円と引き替えに，甲社従業員Bに交付して売却した。この場合，「盗品等の有償の処分のあっせんをする行為は，窃盗等の被害者を処分の相手方とする場合であっても，被害者による盗品等の正常な回復を困難にするばかりでなく，窃盗等の犯罪を助長し誘発するおそれのある行為であるから」，有償の処分のあっせんに当たる（最決平14・7・1刑集56巻6号265頁）。

(3) **客　体**　　これは，財産犯罪にあたる行為によって領得された財物であって，被害者が法律上その返還を請求することのできる物を指す。(イ)不動産も財物であるから，これに含まれる。(ロ)財産犯罪によって領得されたものでないものはこれに含まれない。たとえば，収受された賄賂である。(ハ)その被害者が法律上これを追求しうるものであることが必要である。

> **例3──(37)**
>
> 横領犯人Aから領得物を取得しBが善意・無過失の場合，当該物件は盗品性を失う。したがって，盗品であることを知っているCが，Bからその物品を買い受けても，盗品有償譲受け罪は成立しない（大判大6・5・23刑録23輯517頁）。

(4) **行　為**

(イ)　無償の譲受けは，無償で自己の物として取得することである。現実に引渡しを受ける必要があり，受け取る約束をしただけでは未遂であり，不可罰である。

(ロ)　運搬とは，本犯（窃盗などの財産犯人）の委託を受けて，有償・無償を問わず，本犯のために盗品等の所在を移転することである。判例では，窃盗の被害者から盗品の取戻しを依頼された者が，盗品を買い戻し，被害者宅へ運搬する場合でも，それが窃盗犯人の利益のためにその領得を継受して盗

品の所在を移転したものであり，被害者において盗品の正常な回復を困難ならしめたときは，運搬罪が成立するとしている（最決昭27・7・10刑集6巻7号876頁）。

(ハ) 保管とは，本犯の委託を受けて，有償・無償を問わず，本犯のためにその盗品等を保管することである。本罪は継続犯的性格を有しているから，保管中に盗品等と知った場合は，それ以後の保管行為について盗品保管罪が成立する（最決昭50・6・12刑集29巻6号365頁）。

(ニ) 有償譲受けとは，売買・交換・債務の弁済・代物弁済がこれにあたる。なお，有償譲受け罪の故意は，買い受ける物が盗品かもしれないと思いながら，あえてこれを買い受ける意思があれば足りる（最判昭23・3・16刑集2巻3号227頁）。

(ホ) 有償の処分あっせんとは，盗品等の売買・質入れなどのあっせんをすることである。判例では，いやしくも盗品であることを知りながら盗品の売買を仲介周旋した事実があれば，すでに被害者の返還請求権の行使を困難ならしめる行為をしたといわなければならないから，周旋にかかる売買が成立しなくても，あっせん罪が成立するとしている（最判昭23・11・9刑集2巻12号1504頁）。

> **例7—(38)**
>
> 窃盗の決意をしたAの依頼に応じて，Bが将来窃取すべき物の売却を周旋しても，窃盗幇助罪が成立するのは別として，あっせん罪は成立しない（最決昭35・12・13刑集14巻13号1929頁）。

2 親族間の行為（257条）

本条は，配偶者・直系血族・同居の親族もしくはこれらの者の配偶者との間で盗品等に関する罪が犯されたときに，刑を免除する規定である。「同居」とは，同一の場所で日常生活を共にした定住性がある場合である（最決昭32・11・19刑集11巻12号3093頁）。とかくこれらの者の間でなされやすいとともに，期待可能性が弱いからである。なお，本条の適用の基礎となる親族

関係は，本犯と盗品等に関する罪を犯した者との間に認められることが必要である。盗品等に関する罪の犯人相互関係に配偶者関係があっても，257条1項は適用されない（最決昭38・11・8刑集17巻11号2357頁）。

7　毀棄および隠匿の罪

1　毀棄および隠匿の罪

　刑法第2編第40章に規定されている犯罪には，他人の財産権の客体となっている物の利用価値・効用を失わせる類型が規定されている。
　公用文書毀棄罪（258条）の対象となるのは，公務所の用に供する文書と電磁的記録の効用である。刑罰は，3月以上7年以下の懲役。
　私用文書毀棄罪（259条）の対象となるのは，権利・義務に関する他人の文書と電磁的記録である。刑罰は，5年以下の懲役。
　建造物損壊罪（260条）の対象となるのは，他人の建造物と艦船である。刑罰は，5年以下の懲役。よって，人を傷害させたときは15年以下の懲役，人を死亡させたときは3年以上の懲役。
　境界損壊罪（262条の2）は，不動産侵奪罪（235条の2）に至らない範囲の土地に対する侵害行為を処罰するものである。刑罰は，5年以下の懲役または50万円以下の罰金。
　信書隠匿罪（263条）は，他人の文書の所在をわからなくすることである。刑罰は，6月以下の懲役もしくは禁錮または10万円以下の罰金もしくは科料。

> **例7 ─(39)**
>
> 　被疑者が弁解録取書を丸め，しわくちゃにした上，床に投げ捨てる行為は，公用文書の毀棄にあたる（最決昭32・1・29刑集15巻1号325頁）。
> 　1回に約4・5百枚ないし2500枚のビラを建物の壁・窓ガラス・ガラス扉・シャッター等に3回にわたり糊ではりつけた場合は，建物の効用を減損するものと認められるから，建造物損壊罪にあたる（最決昭41・6・10刑集20巻5号374頁）。
> 　公園内の公衆便所の外壁にラッカースプレーで，ペンキを吹き付け，「反戦」などと大書する行為は，建造物損壊罪にあたる（最決平18・1・17刑集60巻1号29頁）。

2　器物損壊罪（261条）

(1)　趣　旨　本条は通常，器物損壊罪と呼ばれているが，その行為として「傷害」が掲げられているのは，人間以外の「動物」が客体として予想されているからである。本罪は，むろん故意犯のみを罰する。

(2)　損　壊　本条にいう損壊とは，物質的に物の全部・一部を害し，または，物の本来の効用を失わしめる行為のことである。

> **例7 ─(40)**
>
> 　営業上来客の飲食の用に供すべき器物（徳利）に放尿する行為は，器物損壊罪にあたる（大判明42・4・16刑録15輯452頁）。
> 　養護施設の塀のかなりの部分に赤色スプレーで落書きする行為は，その文言内容とも併せ，客観的には，到底そのまま使用するに耐えないほどに美観を害し，しかも，これを削除するには全面塗装をするしかなく，原状回復が相当に困難であるから，器物損壊にあたる（福岡高判昭56・3・26判時1029号132頁）。

(3)　動物傷害　ところで，動物傷害罪にいう**動物**は，他人の飼っている動物を指すから，野生動物をけがさせたり殺したりしても，本罪にはあたらない。ノラ犬を殺害しても，刑法上は不可罰である。ただし，特別法とし

て，動物の虐待の防止等のために規定された「動物の保護及び管理に関する法律」に抵触する場合がある。

261条は「**傷害**」を処罰することにしているが，傷害よりも重い殺害も，もちろん「傷害」に含まれる。また，他人が池に飼っている鯉を流出させてしまう行為も傷害に含まれる（大判明44・2・27刑録17輯197頁）。

3　自己の物の損壊（262条）

本条は，自己の物であっても他人の財産的利益の対象となっているものについて，その他人の利益を保護する必要を考慮したものである。

第III編

社会的法益に対する罪

第8章　公共の平穏を害する罪

1　騒乱の罪

1　騒乱罪（106条）

(1)　趣旨　本罪は、多衆によって暴動状態が惹き起こされた場合である。本罪の保護法益は、公共の平穏・平和である。本罪の特色は、**集団犯罪**であるということで、刑罰は、騒乱行為に関与した参加者の役割分担によって区分されている。

(2)　成立要件　本罪は、①多衆で、②集合して、③共同意思をもって、④暴行または脅迫をした場合に、成立する。

①多衆とは、一地方における公共の平穏を害するに足りる程度の暴行・脅迫をするのに適当な多人数である必要がある。②集合とは、公共の平穏がみだされるような集団行為で足りるから、内乱罪のように組織化されている必要はない。④暴行・脅迫は、一地方における公共の平穏を害するに足りる程度のものであることを要する。

(3)　共同意思　本罪は集団犯罪であるから、集団そのものの暴行または脅迫が認められなければならない。条文にはない「共同意思」を必要とするのは処罰範囲を限定しようとする意図に基づく。ただし、本罪は、暴行・脅迫の共同正犯とは異なるから、「共謀」のように全員に意思の連絡を必要とするものではなく、群集心理に支配され、自らの属する集団が暴行または脅迫することを認識しつつ、そこに属していればよいのである。

この**共同意思**について詳しく論じたものとして、平事件に関する判例がある。平事件は、昭和24年、平市警察署長の道路一時使用許可に関するトラブルに端を発して、不当弾圧であるとの抗議が起こり、約400名が警察署内に入り、労働歌を高唱し、署員に殴る蹴るの暴行を加え、留置場から同志

を奪還して，逆に看守を閉じ込めたりしたものである。また，市内各要所に棍棒をもった群衆警備隊を配置するなどした。判例は，共同意思について，㈠多衆の合同力を恃(たの)んで自ら暴行または脅迫をなす意思ないしは多衆をしてこれをなさしめる意思と，㈡かかる暴行または脅迫に同意を表し，その合同力に加わる意思とに分かれ，「集合した多衆が前者の意思を有する者と後者の意思を有する者とで構成されているときは，その多衆の共同意思があるものとなる」としたのである（最判昭35・12・8刑集14巻13号1818頁＝平事件）。また，この共同意思は未必的なものでもよい，と判示したのである。

(4) **一地方**　一地方の意義については，判例が，地域の広狭や居住者の多い少ないなどの静的・固定的要素のみでみるのではなく，その地域が社会生活において占める重要性や一般市民の動きなど動的・機械的要素をも総合し，さらに，周辺地域の人心にまで不安・動揺を与えるものであったかも考察すべき，との判断基準を示し，本罪の成立を認めている（最決昭59・12・21刑集38巻12号3071頁＝新宿騒乱事件）。

(5) **暴行の範囲**　本罪における暴行は，一地方における暴動状態を起こしているのであるから，個人的法益に対する暴行（208条）とは異なり，広く解する必要がある。物に対する有形力の行使をも含むと解される（前掲最判昭35・12・8）。そこで，本罪が成立する場合に通常伴うと考えられる犯罪は本罪に吸収されると解される。たとえば，暴行罪・脅迫罪・住居侵入罪・建造物損壊罪・公務執行妨害罪などは本罪に吸収される。これに対し，殺人罪や放火罪は吸収されず，本罪と観念的競合の関係になる。

(6) **処罰**　処罰は，集団犯罪・群衆犯罪の特色から，犯行への加担の程度に応じて3つのランクに分けられている。一番重い首謀者の法定刑は1年以上10年以下の懲役または禁錮であり，他人を指揮し，または率先助勢した現場の指揮者は，6月以上7年以下の懲役または禁錮，群集心理にかられて参加した付和随行者は10万円以下の罰金である。なお，率先助勢の意味について，判例は，多衆を騒乱行為に参加するよう扇動することをいい，それは現場でも事前でもよいとしている（最決昭53・9・4刑集32巻6号1077頁＝大須事件）。

2　多衆不解散罪（107条）

(1) 趣　旨　本罪は，騒乱罪の一歩手前の段階を，独立に処罰するものである。刑罰は，首謀者は3年以下の懲役または禁錮，その他の者は10万円以下の罰金。

(2) 成立要件　本罪は，①暴行または脅迫をするため，②多衆が，③集合した場合において，④権限のある公務員から解散の命令を3回以上受けたにもかかわらず，なお解散しなかったときに，成立する。

　本罪は，数少ない，**真正不作為犯**＊の例である。

(3) 解散命令　解散命令は，群集全体において周知徹底する程度に伝達されたときに1回と勘定し，それぞれに間をおいて3回目がなされ，なお，実際に解散するための時間を勘案して，本罪の成立を考える必要がある。

　解散命令を出すのは，権限のある公務員とされているが，これが誰かについて刑法に規定を欠く。ただし，警察官職務執行法5条では，「警察官は，犯罪がまさに行われようとするのを認めたときは，その予防のため関係者に必要な警告を発し……その行為を制止することができる」とされているので，これを根拠に解散命令を出すことができると解される。

2　放火および失火の罪

1　放火罪の保護法益

(1) 公共危険罪　放火罪および失火罪は，いわゆる公共危険罪の代表例である。放火罪・失火罪は，火力によって建造物等を焼く犯罪である。そのような犯罪を，公共の危険に対する犯罪として捉えているのである。

　公共の危険とは，何か抽象的な価値概念ではなく，不特定または多数人の生命・身体に対する侵害の可能性のことである。現住建造物等放火罪（108条）の法定刑が殺人罪（199条）と同様に重いことをはじめとして，放火罪の刑罰が一般にきわめて重いことも，公共危険罪の内容をこのように考えれ

＊真正不作為犯　条文上，不作為が予定されているもので，ほかに，不退去罪（130条後段），保護責任者遺棄罪（218条後段）がある。

ば了解されることである。つまり，物が焼けて損失が生じたということに重点があるのではなく，昔から体験してきたように，火事が人命を損なうことが少なくないからである。ちなみに，人命が損なわれるのは一酸化炭素中毒による場合が多い。

ただし，放火罪について財産犯罪としての性質が否定されているわけではない。109条と110条において，目的物の所有権の帰属により刑罰に重い軽いが区別されているのは，財産犯的要素が考慮されていることによる。さらに，115条が，自己所有の物であっても，他人に財産的損害を与える可能性がある場合については他人の物を焼損したことにあたるとしているのは，財産的侵害の面を考えたものといえる。

(2) 抽象的危険犯・具体的危険犯　公共危険罪の中に，抽象的危険犯と具体的危険犯の区別がある。

放火罪は，公共の危険が実際に発生することを要件としていないか，しているかにより区分される。108条および109条1項は，処罰の根拠（立法理由）として公共の危険を前提としているが，実際に，具体的に，公共の危険が発生することを必要としていない。すなわち，住居として使用している建造物等の客体の焼損があれば，当然に公共の危険があるとみなされてるのである。その意味で，抽象的危険犯と呼ばれる。

それに対して，109条2項および110条は，犯罪構成要件として，条文上，「公共の危険」の発生が実際に必要とされていて，**具体的危険犯**と呼ばれている。

なお，公共の危険という捉え方は，放火罪の罪数決定の標準ともなる。たとえば，所有者の異なる数戸の住宅を焼いても，公共の危険の発生が1個であれば1罪である。また，1個の放火行為によって適用条文を異にする客体を焼損したときは，公共の危険の発生が1個であれば，最も重要な客体の放火罪1罪として包括して評価される。たとえば，他人の住んでいる住居への放火の手段として，住居に近接する物置に放火した場合は，その時点で住居に対する放火（108条）の着手があったと認められ，物置という非現住建造物に対する放火（109条1項）の点は108条の放火に吸収されるのである。

図表 3-1　放火罪の危険犯の区別

条文	罪名	危険犯の種類	公共の危険の文言
108条	現住建造物等放火罪	抽象的危険犯	なし
109条 1 項	他人所有の非現住建造物等放火罪	抽象的危険犯	なし
109条 2 項	自己所有の非現住建造物等放火罪	具体的危険犯	あり
110条	建造物等以外放火罪	具体的危険犯	あり

2　放火罪の未遂と既遂

(1)　**放火する**　放火罪の未遂は，最低，実行の着手として「放火する」行為がなされる必要がある。

放火の手段としては，マッチで火をつけるとか，時限発火装置を用いるとか，凸レンズの焦点を黒く塗った紙に合わせるとか，いろいろある。そこまでなされれば，まず，未遂が認められる。

なお，放火の材料を準備したり，放火の道具を携えて目的の場所におもむく程度では，放火の予備（113 条）にとどまる。

ちなみに，**不作為**[*]によっても放火は可能である（最判昭 33・9・9 刑集 12 巻 13 号 2882 頁）。

(2)　**焼損**　放火罪の既遂時期は，「焼損」である。

「焼損」の意義については，学説が分かれている。なお，平成 7 年の改正前は「焼燬（しょうき）」という言葉が使われていた。①独立燃焼説は，火が媒介物を離れて目的物が独立に燃焼を継続する状態に達したときに焼損といえるとする。②効用喪失説は，目的物の重要な部分が焼失してその効用を失ったときに焼損といえるとする。③燃え上がり説は，いわゆる火事になったときに焼損といえるとする。

議論が分かれる要点として，次のような論点がある。(イ)放火罪の客体であ

＊不作為　放火罪については，自己の行為が介在して出火した場合に，火を消さなかった不作為に関して，消火しなかった段階での行為者の意図を考慮に入れつつ，不作為による放火罪を認めるのが判例の動向である。不真正不作為犯である。

る建造物をどう捉えるかである。建造物の一部を構成しているものについてできるだけ建造物に取り込んで捉えるか，それとも，比較的簡単に取り外せるものは建造物自体とはしないかということである。①独立燃焼説は，②効用喪失説に比べれば一般に既遂の時期が早くなるが，障子や畳のように取り外そうとすれば比較的簡単に取り外せるものは建造物といえないとすれば，それが燃えただけでは放火未遂ということになり，それほど不当な結論にはならない。㋺「焼損」の概念は失火罪（116条・117条の2）についても共通に使われていて，しかも失火罪については未遂処罰の規定がなく，既遂しか犯罪にならないことを考慮する必要がある。というのは，焼損の要件を厳しくしすぎると，失火罪はあまり成立しなくなるのである。㋩公共危険罪という視点に立って考えた場合，かつてのように木造建築が多かった時代と今日のように防火建築（不燃性建造物）が多い時代では，危険をもたらす要素に変動がある。木造建築の場合，焼損の意義として独立燃焼説が採られたのは，目的物が独立に燃焼する時点に至ると火による直接的な危険性が高いという理由があったと思われる。ところが，防火建築では，一方で新建材などを使い有毒ガスが発生しやすく，また建物の気密性が高いためにその有毒ガスによる生命・身体に対する危険性が生じやすいという側面があるのである。判例は一貫して独立燃焼説である（大判明43・3・4刑録16輯384頁）。

　以上のことを総合的に考察すると，建造物の意義について，比較的簡単に取り外せるものは建造物とはしないことを前提とした上で，①独立燃焼説によるのが妥当と思われる。なお，他説についてふれておくと，②効用喪失説は目的物の財産的価値の面に重きを置きすぎていて，公共危険罪という基本的性格を軽視しているようである。③燃え上がり説は，人々の恐怖心を考慮したものであろうが，判断基準としては感覚に流されるおそれがある。

　なお，独立燃焼説は既遂の時期が早すぎるとの批判があり，それは否定しえない。ただし，刑罰の点を考えると酌量減軽をすれば法定刑が最も重い108条でも執行猶予を付すことは可能である。すなわち，108条の最低は懲役5年→酌量軽減して2年6月→執行猶予は3年以下について可能（25条1項）ということである。したがって，既遂を認めても，具体的事案の解決と

して酷すぎるということはないはずである。

　(3) 建造物の一部　ある客体が建造物の一部であるかどうかについての判断は，放火罪の既遂の成否に関わるものであるが，判例は，次のような判断基準を示している。すなわち，**建造物の一部**というためには，「建具その他家屋の従物が建造物たる家屋の一部を構成するものと認めるには，該物件が家屋の一部に建付けられているだけでは足りず更にこれを毀損しなければ取り外すことができない状態にあることを必要とする」（最判昭 25・12・14 刑集 4 巻 12 号 2548 頁）。

> **例 8 ―(1)**
>
> 耐火構造のマンションの空室に放火したものでも，マンションは全体として 1 個の構造物とみるのが相当であり，現住建造物放火罪が成立する（東京高判昭 58・6・20 刑月 15 巻 4～6 号 299 頁）。

　そこで，布団・畳・障子などは建造物の一部とはいえないので，それらを焼損しても既遂にはならず，床板・天井板・柱などはそれ自体が燃え始めれば既遂と解される。

　では，「エレベーターのかご」はどうであろうか。問題は，判例がいう「毀損しなければ取り外すことができない状態にあること」という基準の捉え方にある。エレベーターのかごは取り外しのためには，専門家が器具を使っても，まる 1 日はかかるのである。その意味で，判例で「毀損しなければ取り外すことができない」かどうかといっているのは，火事のときにも容易に取り外すことができるかという意味に解すべきである。判例で争われた事例は，鉄筋コンクリート 12 階建マンション内に設置されたエレベーターのかごの床の上に置かれた，ガソリンのしみこんだ新聞紙等にライターで点火し，エレベーターのかごの側壁に燃え移らせ，化粧銅板表面の約 $0.3m^2$ を燃焼させた事例であるが，判例は現住建造物等放火罪の既遂を認めている（最決平 1・7・7 判時 1326 号 157 頁）。

3 現住建造物等放火罪（108条）

(1) 趣 旨　本罪は，現に人が住居にしているか，あるいは，現に人がいる建造物などに放火した場合である。刑罰は，死刑または無期もしくは5年以上の懲役。未遂は罰する（112条）。

(2) 成立要件　本罪は，①放火して，②(a)現に人が住居に使用し，または，(b)現に人がいる，建造物・汽車・電車・船舶・鉱坑を，③焼損したときに，成立する。

(3) 客 体　本罪の客体は，(a)現に犯人以外の人が住居に使用しているか，または，(b)犯人以外の人が現在する，建造物等のことである。「人が住居に使用する」とは，人が寝たり起きたり食事をしたりする等，日常使用することをいう。いわゆる「起臥寝食」のことである。昼夜間断なく，人が中にいることは必要ではない。住居に使用されている建物に放火されたときは，その時点で，たまたまみんなが出払っていても108条の客体と解される。これは，住居に使用している以上，そこに居住している人がいつでも帰宅する可能性があるし，他人が出入りすることもありうるからである。その点では，やや特殊な例であるが，居住者全員を殺害した後に放火した場合について，108条の客体ではないとされた判例がある（大判大6・4・13刑録23輯312頁）。これは，息子と父母が生活していた家庭で，息子が父母を殺害して家屋に放火した事例について非現住建造物等放火罪が認められたものであるが，他人が出入りすることもありうることを考慮すると，疑問が残る。

また，現に人がいれば住居でなくても108条の対象となるから，たとえば，人が作業している倉庫に放火すれば108条が適用される。

鉱坑とは，鉱山の穴，坑道のことである。

複合建造物の一部に放火されたが，そこには人が現在しないときにはどうか。たとえば，神社のようにいくつもの建物があって，それぞれがある程度独立性を有していて，中には全く人が現在しない社殿もあり，神職が居住したり，守衛がいたりするような建物もある場合，人が現在しない社殿への放火は，非現住建造物への放火になるか，それとも一体として現住建造物への放火になるかという問題である。ただし，これは，大きな建物の中に人が現

在するようなものとは異なる。たとえば，学校の建物の中に宿直室がある場合に夜中に放火されれば現住建造物等放火罪になるのとは違うのである。判例は，神社のように，社殿・社務所・守衛詰所などが一体の構造になっているものについては，全体が一体として日夜人の起居に利用されていたものと認められるとして，現住建造物に対する放火と判断している（最決平1・7・14刑集43巻7号641頁＝平安神宮放火事件）。

(4) **既遂時期**　独立燃焼説によれば，建造物の一部が独立に燃焼を継続する状態に達すれば，焼損として評価され，既遂となる。たとえば，天井板30cm四方を焼損すると，現住建造物等放火罪の既遂となる（最判昭23・11・2刑集2巻12号1443頁）。

4　非現住建造物等放火罪（109条）

(1) **趣　旨**　本罪は，現に人が住居に使用せず，かつ，現に人がいない構造物などに放火した場合である。1項の未遂は，罰する（112条）。

(2) **成立要件**　1項は，①放火して，②現に人が住居に使用せず，かつ，現に人がいない，建造物・艦船・鉱坑を，③焼損したときに，成立する。刑罰は，2年以上20年以下の懲役。

2項は，①1項の物が自己の所有に係るときで，②公共の危険が生じたときに，成立する。刑罰は，6月以上7年以下の懲役。

(3) **公共の危険**　2項が成立するためには，公共の危険が具体的に発生することが必要とされる。具体的な公共の危険の発生は，構成要件の要素である。

判例では，Aが麓の人家から直線距離で300m以上離れた山腹の自分の炭焼小屋に放火して焼損した事例について，付近一帯はA所有の山林であるとともに，小屋の周辺の雑木はすべて切り払われ，また，前夜来の雨が小降りながら降りつづいた場合には，公共の危険が認められないとして，109条の2項の適用を否定している（広島高岡山支判昭30・11・15高刑裁特2巻22号1173頁）。

(4) **建造物の一体性**　1個の現在建造物と評価される基準は何か。

> **例 8 —(2)**
>
> 　Aは，現に人が住居に使用せず，かつ，現に人がいない研修棟に火をつけたが，研修棟は渡り廊下でホテルに直結していたものであった。2本の渡り廊下はいずれも難燃性のものであった。この場合，各建物が渡り廊下などの構造物によって相互に連結されていることを前提に，①その構造上の接着性の程度，建物相互間の機能的連結性の有無・強弱，相互の連絡，管理方法などに加えて，②非現住・非現在の建物の火災が現在の建物に延焼する蓋然性をも考慮要素とし，これらの諸事情を総合考慮して，一個の現在建造物と評価することが社会通念上も相当とみられることが必要と解される。
> 　現住建造物等放火罪の成立を否定し，非現住・非現在建造物放火罪の成立が認められた（福岡地判平14・1・17判タ1097号305頁）。

5　建造物以外の放火罪（110条）

(1) **趣　旨**　本罪は，前2条に規定する以外の物に放火して焼損し，公共の危険を生じさせた場合である。

(2) **成立要件**　1項は，①放火して，②前2条に規定する物以外の物を，③焼損し，④よって公共の危険を生じさせたときに，成立する。刑罰は，1年以上10年以下の懲役。

　2項は，①1項の物が自己の所有に係るときで，②公共の危険を生じたときに，成立する。刑罰は，1年以下の懲役または10万円以下の罰金。

> **例 8 —(3)**
>
> 　Bは，妻と共謀の上，長女が通学する小学校の担任教諭の所有の自動車に放火しようと企て，某日午後9時50分頃，小学校教職員用の駐車場に無人でとめられていた被害車両に対し，ガソリン約1.45Lを車体のほぼ全体にかけた上，これにガスライターで点火して放火した。市街地の駐車場において，被害車両からの出火により，第1，第2車両に延焼の危険が及んだ等の本件事実関係の下では，110条1項にいう「公共の危険」の発生を肯定することができる（最決平15・4・14刑集57巻4号445頁）。

(3) 公共の危険　本条の「公共の危険」は，108条，109条に規定する建造物等に対する延焼のおそれに限られない。不特定または多数の人の生命・身体または建造物以外の財産に対する危険も含まれるのである。

6　延焼罪（111条）
(1) 趣　旨　本罪は，本人が放火を意図した客体から，より法益の重い客体に延焼した場合に，もとの客体に対する場合より重く処罰するのである。

(2) 成立要件　1項は，①自己所有の非現住建造物または建造物以外の物に，②放火して，③公共の危険を発生させ，④よって，現住建造物または他人所有の非現住建造物に延焼させたときに，成立する。刑罰は，3年以上10年以下の懲役。

2項は，①自己所有の建造物以外の物に，②放火して，③公共の危険を発生させ，④よって，他人所有の建造物以外の物に延焼させたときに，成立する。刑罰は，3年以下の懲役。

7　放火予備罪（113条）
(1) 趣　旨　本罪は，放火の実行の着手前の準備行為を特別に処罰の対象として捉えたものである。

(2) 成立要件　本罪は，①現住建造物等放火または他人所有の非現住建造物等放火の罪を犯す目的で，②その予備をしたときに，成立する。

(3) 処　罰　刑罰は，2年以下の懲役。ただし，情状により，その刑を免除することができる。

8　消火妨害罪（114条）
(1) 趣　旨　本罪は，火災の際に，消火妨害をした場合である。刑罰は，1年以上10年以下の懲役。

(2) 成立要件　本罪は，①火災の際に，②消火用の物を隠匿・損壊・その他の方法により，③消火を妨害したときに，成立する。

(3) 妨　害　妨害した，というのは，妨害行為をした行為を意味し，その結果は問わない。
(4) 他罪との関係　なお，現住建造物に放火した者が，自衛消防隊が消火を始めると，「誰が水をかけろと言ったか」などと怒鳴りつけたうえで，ナタで消火用ホースに切りつけて切損を与えた場合について，判例は，当該消火妨害は放火行為を完全に遂行しようとするものにすぎないとして，消火妨害は放火罪に吸収されるから，現住建造物放火罪のみが成立するとしている（松江地判昭 52・9・20 判時 877 号 111 頁）。

9　失火罪（116条）

(1) 趣　旨　本罪は，失火によって，現住建造物または他人所有の非現住建造物を焼損した場合である。刑罰は，50 万円以下の罰金。
(2) 成立要件　1 項は，①失火により，②現住建造物または他人所有の非現住建造物を，③焼損したときに，成立する。
　2 項は，①失火により，②自己所有の非現住建造物または建造物以外の物を焼損し，③よって公共の危険を生じさせたときに，成立する。

10　業務上失火罪（117条の 2）

(1) 趣　旨　本罪は，失火行為が業務上必要な注意を怠ったことによる場合である。刑罰は，3 年以下の禁錮または 150 万円以下の罰金。
(2) 成立要件　本罪は，①失火の行為が，②業務上必要な注意を怠ったことによるときに，成立する。
　なお，117 条の 2 は，激発物破裂罪（117 条 1 項）についても業務上過失がある場合にあてはまる。
(3) 業務上失火罪における業務　業務上失火罪が問われる行為の中核的部分は，行為自体が危険性を伴う，いわば火を使うような場合にあたることはいうまでもない。したがって，その部分については，業務上過失致死傷罪（211 条 1 項）に関する「業務」概念をあてはめればよい。すなわち，そこでは，業務とは，「人が社会生活上の地位に基づき反復継続して行う行為であ

り，かつ，他人の生命・身体に危害を加えるおそれのあるものであることを要する」と解されている（最判昭33・4・18刑集12巻6号1090頁）。

ただし，失火に関しては，そのような領域にとどまらない。というのは，失火に関して必要な注意業務というのは，火が出ないようにすることや，仮に出火したときでも火が広がらないように適切な措置をすることを意味するからである。そこで，判例は，業務上失火罪における「業務」について，「職務として火気の安全に配慮すべき社会生活上の地位をいう」（最決昭60・10・21刑集39巻6号362頁）というように，広く捉えているのである。この判例の前提となった事例は，溶断作業によって生じた火花が大量のウレタンフォームに着火し，工場が全勝し，7名が一酸化炭素中毒で死亡したものであり，ウレタンフォームの加工販売業を営む会社の工場部門の責任者は，「易燃物であるウレタンフォームを管理するうえで当然に伴う火災防止の職務に従事していた」とされ，死者を伴う火災を発生させた場合として，業務上失火罪と業務上過失致死傷罪に該当するとされている。

以上のことから，次のような範囲について業務性が認められることになる（かっこ内はその例）。

①火を常時取り扱う者（調理師），②発火の危険を伴う業務（ガソリン・スタンド，易燃物であるウレタンフォームを管理する責任者），③出火防止そのものを業務内容とする者（夜警），④公衆のため出火防止の義務がある者（ホテル支配人）。

> **例8──(4)**
>
> サウナ風呂の開発・製作者は，その構造につき耐火性を検討・確保して火災を未然に防止すべき業務上の注意義務があり，それを怠った結果，サウナ風呂を継続使用した浴場で火災を発生させた場合には，業務上失火罪が成立する（最決昭54・11・19刑集33巻7号728頁）。

(4) 重大な過失 　重大な過失とは，少しの注意で結果発生を回避できたであろうという場合である。たとえば，夏の晴天の下，ガソリンタンクの周辺でタバコにライターで点火するような行為である（最判昭23・6・8判例体

(5) 他罪との関係　失火行為が，業務上の過失にも当たり，人を死傷させた場合，本罪と業務上過失致死傷罪とが観念的競合となる（最決平 12・12・20 刑集 54 巻 9 号 1095 頁）。

11　爆発物に関する罪

爆発物に関する犯罪としては，刑法に激発物破裂罪・過失激発物破裂罪（117 条・117 条の 2）の規定があるほか，特別法として，爆発物取締罰則（明治 17 年，太政官布告），火炎びんの使用等の処罰に関する法律などがある。ちなみに，爆発物取締罰則中の爆発物使用罪（1 条）は，死刑または無期もしくは 7 年以上の懲役または禁錮という，きわめて重い法定刑を用意してあり，批判がある。

ガス・電気・蒸気を漏出・流出・遮断させ，よって人の生命・身体・財産に危険を生じさせた場合に関してガス漏出罪（118 条）の規定がある。

例 8 —(5)

> 自室を閉めきり都市ガスを漏出充満させ，爆発のおそれを生ぜしめ，それによって他人の生命・身体・財産に危険を生ぜさせたときは，ガス漏出罪が成立する（大阪地判昭 58・2・8 判タ 504 号 190 頁）。

3　出水および水利に関する罪

1　出水罪と水利妨害罪

(1) 出水罪の保護法益　出水罪（119〜122 条）の保護法益は公共の安全であり，放火罪とパラレル（平行）に捉えることができる。その意味で，出水罪は公共危険罪である。ただし，今日では，これらの犯罪が問題とされることはほとんどない。

(2) 水利妨害罪（123 条）　123 条は，水利権を保護法益とする水利妨害行為と出水危険行為とを合わせて規定している。これは，水利妨害行為が出

水の危険を伴う場合が多いことによる。

4　往来妨害罪

1　往来妨害罪の保護法益

　刑法第2編第11章は，**交通の安全**を保護法益とするものであり，公共危険罪に属するものである。ただし，今日の社会における交通の発達を考えると，刑法が採り上げている部分はほんの一部といわざるをえない。とくに被害が起きると甚大な結果をもたらす空中（航空）の安全については，刑法典はなんらの規定も有していない。

　陸上，水上，空中の交通の安全に関する特別法の主なものとして，道路交通法，鉄道営業法，新幹線鉄道における列車運行の安全を妨げる行為の処罰に関する特例法，海上衝突予防法，航空の危険を生じさせる行為等の処罰に関する法律，**航空機の強取等の処罰に関する法律**＊（ハイジャック防止法）などがある。

2　往来妨害罪（124条）

(1) 趣　旨　本罪は，公衆の通行の用に供せられる道路などを損壊などして往来の妨害を生じさせた場合である。刑罰は2年以下の懲役または20万円以下の罰金。

(2) 成立要件　1項は，①陸路・水路・橋を，②損壊・閉塞して，③往来の妨害を生じさせたときに，成立する。

　2項は，①1項の罪を犯し，②よって人を死傷させたときに，成立する。刑罰は，傷害の罪と比較して，重い刑により処断する。

＊航空機の強取等の処罰に関する法律　ピストルやナイフを用いてパイロットなどを脅迫して，予定外の目的地に飛行させるようないわゆるハイジャックについては，無期または7年以上の懲役（同1条）という重い法定刑が用意されている。なお，この法律は，「刑法第2条の例に従う」（同5条）とされていることから，日本人・外国人を問わず，国外犯も処罰される。

(3) **客　体**　陸路・水路・橋は，公衆の通行の用に供せられるものならばよい。道路を管理する立場の者がした場合でも，本罪の可能性がある。たとえば，県の土木部道路課長Ａが，台風の風害を受けたことにして国庫補助を受けようと企て，土木業者に指示して吊り橋の4分の3以上を損壊する作業をしていたところ，突然吊り橋が落ち，通行人2名・人夫8名が転落し，通行人2名が死亡した事例がある。この場合，「通行止め○○県」と記載した木札を掲げ，通行人は，人夫が通行を阻止したのに，強いて通行しようとしたものであったとしても，Ａには往来妨害致死罪が成立すると判断された（最判昭36・1・10刑集15巻1号1頁＝天狗橋事件）。
　(4) **陸路の閉塞**　陸路の閉塞とは，陸上の通路に障害物を設け，その通路による往来の不能または危険を生じさせることをいう。

例 8 ―(6)

> 幅員約6メートルの道路の側端から中央部にかけて，長さ約4メートルの車をやや斜めに横向きに置き，右車をガソリンをまいて炎上させ，引火爆発のおそれを生じさせた場合，設けられた障害物が通路を部分的に遮断するにすぎないときでも，その通路の効用を阻害して往来の危険を生じさせるものであるときには，陸路の閉塞にあたる（最決昭59・4・12刑集38巻6号2107頁）。

　(5) **往来の妨害**　往来の妨害を生じさせるとは，往来が困難になるような状態を造り出すことであって，実際に往来が阻止されることは必要ではない。

3　往来危険罪（125条）

　(1) **趣　旨**　本罪は，汽車・電車・艦船の往来の危険を生じさせた場合である。刑罰は2年以上の有期懲役。
　(2) **成立要件**　1項は，①鉄道もしくはその標識を損壊し，またはその他の方法により，②汽車または電車の，③往来の危険を生じさせたときに，成立する。
　2項は，①灯台もしくは浮標を損壊し，またはその他の方法により，②艦

船の，③往来の危険を生じさせたときに，成立する。

(3) **方法**　条文が例示する方法のほか，汽車・電車・艦船の往来の危険を生じさせるものであれば，どのような方法でもよい。

たとえば，線路に**置き石**がされた場合，その置き石へ電車が乗り上げたりすると，電車の脱線・転覆の危険があり，ひいては多くの乗客の生命・身体に危害が加わるおそれが生じる。そこで，線路への置き石は，「その他の方法」で電車の往来の危険を生じさせた行為にあたる（大判昭2・4・12刑集6巻183頁）。

> **例8―(7)**
>
> Aは，旧国鉄に対する憤慨から，鉄道用地と境界を接する自己の所有地上において，パワーショベルで掘削し，掘削が進むにつれて電柱付近の土砂が崩壊し，土地の境界杭が落下した場合，本罪が成立する（最決平15・6・2刑集57巻6号749頁）。

そのほか，往来の危険を生じさせる方法としては，線路の犬釘の取りはずし，信号機の損壊，無人電車を走らせる（東京高判昭26・3・31刑集9巻8号1763頁＝三鷹事件の控訴審判決）などがある。

しかし，すべての信号を赤表示にする行為は，結局，列車の衝突を招く危険がないので，本罪にはあたらないと解される。ただ，威力業務妨害罪（234条）の可能性はある。なお，業務命令に違反し，正規のダイヤを乱すような電車の運行が，本罪を構成するかどうかは，議論がある。争いとなったのは，いわゆる**人民電車事件**で，判例では，国鉄争議の際，管理部門の業務命令に反して，組合員が自主的に電車を運行した行為について，本罪の成立が認められた（最判昭36・12・1刑集15巻11号1807頁）。ただし，資格のある運転手が正規ダイヤに準拠していたことからすると，「危険」は生じていないともいえ，判例の結論は疑問である。

(4) **既遂と未遂**　往来危険罪が既遂になるためには，電車等の往来の危険を生じさせることが必要とされる。電車の脱線・転覆・衝突などの実害そのものは発生しなくてもよいが，実害の発生するおそれのある状況を作り出

すことが必要である。

具体的危険が発生するに足りる状況まで至らないときは，未遂罪（128条・125条）になる。

置き石の事例でいえば，置き石がなされば具体的危険が認められるので，電車が衝突するしないに関係なく，既遂と評価される。したがって，事後に本人が取り除いたとしても中止犯になることはない。

4　電車転覆罪（126条）

(1) 趣　旨　本罪は，人が乗っている電車などを転覆させたり，それによって人を死に致した場合である。

(2) 成立要件　1項は，①現に人がいる，②汽車または電車を，③転覆・破壊したときに，成立する。刑罰は，無期または3年以上の懲役。

2項は，①現に人がいる，②艦船を，③転覆・沈没・破壊したときに，成立する。刑罰は，無期または3年以上の懲役。

3項は，①1項・2項の罪を犯し，②よって人を死亡させたときに，成立する。刑罰は，死刑または無期懲役。

(3) 客　体　現に人がいる汽車・電車・艦船である。「人」とは，犯人以外の人がいることである。結果発生のときに人が現にいることが必要であり，かつ，それで足りると解される。

汽車の中には，ガソリン・カー（ガソリンを燃料とする内燃機関を原動機として運転する鉄道車両）を含むとするのが判例である（大判昭15・8・22刑集19巻540頁＝ガソリン・カー事件）。艦船とは，もともとは，軍艦と一般の船舶という意味であるが，判例は「大小形状の如何を問わず」として，8m弱の長さの木造漁船をも含むとしている（大判昭10・2・2刑集14巻57頁）。解釈としては，汽車・電車とのつりあいがとれず，もっぱら私用に供する小船舶は除外すべきである（団藤・各論226頁）。

(4) 行　為　「破壊」とは，その交通機関としての機能の全部または一部を失わせる程度の損壊」と解される（最判昭46・4・22刑集25巻3号530頁）。たとえば，進行中の電車に小石を投げて窓ガラスを割った程度では本

罪にあたらない。それは，器物損壊罪（261条）にすぎない。

例8—(8)

> 人の現在する漁船を座礁させた上，海水取入れバルブを開放して機関室内に海水を取り入れ，自力離礁を不可能にさせ，航行能力を失わせたような場合には，船体自体に破損が生じていなくとも，艦船の破壊にあたる（最決昭55・12・9刑集34巻7号513頁）。

5　往来危険電車転覆罪（127条）

(1) 趣　旨　本罪は，往来危険罪を犯し，その結果として，電車などを転覆させた場合に，126条の例によって罰するというものである。

(2) 成立要件　本罪は，①往来危険罪を犯し，②よって，汽車・電車を転覆・破壊し，または艦船を転覆・沈没・破壊したときに，成立する。

(3) 127条と126条3項の関係　たとえば，無人電車を脱線転覆させて線路付近の住民を死亡させた場合に，126条3項が適用できるか，という問題がある。

この問題において，まず，無人電車を暴走させる行為が，往来危険罪（125条1項）にあたることは異論がない。

では，その暴走の結果，電車が転覆・破壊し，駅の付近にいた人が死亡した場合，法の適用はどうなるのか。刑法127条は，125条の罪を犯し，よって電車を転覆・破壊させたときは「前条の例による」としている。この前条というのは126条を指すのであるが，126条3項は，「現に人がいる電車」（126条1項）の結果的加重犯として規定されているから，無人電車の場合でもよいのか，という疑問が生じる。ところで，126条3項は，「よって人を死亡させた」と規定されていて，電車の乗客には限定していない。したがって，有人電車を転覆などさせて高架線路の下の付近住民を死亡させれば，126条3項が適用されるのである。そこで，問題は，［126条1項→127条3項］という結果的加重犯の筋道を中に無人電車をくみこむことができるか，ということになる。

罪刑法定主義を厳密に捉える立場では，127条は，「よって転覆・破壊させた」場合を掲げ，よって人を死亡させた場合を明記していないから，126条3項は適用の余地がないと解される。これに対し，往来危険行為の被害が拡大しがちであることに着目する立場では，127条が「前条の例による」と規定して，とくに126条3項を除外していないところから，126条3項の適用は可能と解する。

また，この問題は，刑の権衡にもかかわることである。つまり，前者の否定説では，最高でも15年（当時）の懲役という傷害致死罪（205条）が適用されるにすぎないのに対し，後者の肯定説では126条3項によって最高刑として死刑の適用が可能である。判例は，126条3項の適用を認めている（最大判昭30・6・22刑集9巻8号1189頁＝三鷹事件）。刑の権衡の面も考え，肯定説を是としたい。

6 過失往来危険罪（129条）

(1) 趣旨 本罪は，過失往来危険罪と過失電車転覆罪の2つの態様を含む規定である。

(2) 成立要件 1項は，①過失により，②汽車・電車・艦船の，③往来の危険を生じさせ，または，④汽車・電車を，⑤転覆・破壊し，⑥艦船を，⑦転覆・沈没・破壊したときに，成立する。刑罰は，30万円以下の罰金。

2項は，①業務に従事する者が，②前項の罪を犯したときに，成立する。刑罰は，3年以下の禁錮または50万円以下の罰金。

(3) 客体 本罪の「汽車」の中にはガソリン・カーも含まれるとするのが判例である（大判昭15・8・22刑集19巻540頁）。その根拠は，線路上を走る大量輸送機関である汽車・電車と違うのはその動力の違いにすぎないと把えられているからである。**拡張解釈**[*]として罪刑法定主義上，許されると解

---

[*]**拡張解釈** 言葉のもとの意味を広げて解釈した場合，条文の立法趣旨と照らし合わせ，かつ国民が納得できるようなものならば許される。拡大解釈とも呼ばれる。これに対して，言葉として本来別なものに，何らかの共通性を捉えて法を適用しようとする類推解釈は，国民一般の予測の範囲を超えたものであり，罪刑法定主義の面から許されない。

されている。

(4) **業務に従事する者**　業務に従事する者とは，直接または間接に汽車・電車・艦船の交通往来の業務に従事する者である。たとえば，電車の運転手，踏切保安係（踏切警手），船長などである。

(5) **因果関係**　たとえば，信号保安係員の過失が，その後の転轍手ならびに駅長代理の過失を誘発し，過失の根源をなし，遂に機関車脱線という事故にまで発展している以上，因果関係は存在する（最決昭32・1・24刑集11巻1号230頁）。

第9章　国民の健康を害する罪

1　薬物犯罪

1　薬物犯罪の変貌と刑法の規定

　刑法は，国民の健康を害する罪の一環として，刑法第2編第14章に「あへん煙に関する罪」を規定しているが，制定（明治40（1907）年）以来，1世紀に近い時代の流れの中で，**薬物犯罪**の実態に大きな変貌があることを見逃せない。

　とくに，今日では，次のような意味で，**覚せい剤犯罪**が薬物犯罪の中心的な意味を有している。㈲覚せい剤事犯の検挙人員が依然として少なくなっておらず，平成18年では1万1,821人であった。㈹覚せい剤が暴力団の資金源となっており，検挙人員の約4割が　暴力団関係者である。㈱覚せい剤の使用に起因する犯罪も増加し，強盗，放火，銃刀法違反，恐喝が多くなっている。

　一方，あへん煙に関する罪が適用されることはほとんどなくなっており，刑法典上の規定は薬物犯罪との関係では意味を有しなくなっているといえよう。

2　あへん煙に関する罪（136～141条）

　刑法が規制の対象としている「**あへん煙**」の意味を明らかにしておこう。「煙」といっても「けむり」のことではなく、煙膏のことで，けしの未熟な実から得られる液汁を濃縮し，吸食（吸煙と飲み下し）に適するように加工したものである。

　刑法では，㈲あへん煙・あへん煙を吸食する器具を，輸入・製造・販売・販売目的の所持（136条，137条），㈹関税職員が㈲の行為をした場合（138

図表 3－2　主な薬物犯罪の検挙人員

(平成18年)

罪　　名	検挙人員
覚せい剤取締法違反	11,821
大麻取締法違反	2,423
麻薬及び向精神薬取締法違反	611
あへん法違反	27
毒物及び劇物取締法違反*	2,398

＊毒劇物違反のみは，送致人員である。
(平成19年版犯罪白書)

条)，㈣あへん煙の吸食，あへん煙吸食のための場所提供 (139条)，㈤あへん煙・あへん煙を吸食する器具の所持 (140条)，などを処罰の対象としている。

3　特別法上の薬物犯罪

薬物犯罪に関する特別法規を列挙すると，覚せい剤取締法，大麻取締法，麻薬及び向精神薬取締法，あへん法，**毒物及び劇物取締法**＊などがある。

2　飲料水に関する罪

1　飲料水に関する罪

「飲料水に関する罪」(刑法第2編第15章) は，公衆の健康を保護法益とすると解される。したがって，その犯罪は，不特定または多数人の生命・身体を害する危険性に着目した**公共危険罪**である。

そこで，「人の飲料に供する浄水」(142条・144条) については，特定の1人ではなく，不特定・多数人の飲料に供されるものと解すべきである。少なくとも一家族の飲料に供される必要がある。台所炊事場に備付けの水瓶内の飲料水は，「人の飲料に供する浄水」にあたる (大判昭8・6・5刑集12巻736

＊毒物及び劇物取締法　シンナーやトルエンなどが規制の対象とされている。シンナーは，俗に「アンパン」と呼ばれている。

頁)。

　たとえば，病院の粉ミルク用のポットに覚せい剤を入れる行為は，不特定多数の乳児が飲むことが予想される「浄水」に，毒物といえる覚せい剤を混入したことになるので，浄水毒物混入罪（144条）が成立する。

例9―(1)

> 他人の飲料に供する井戸水に食用紅を溶かした水を注いで薄赤色に混濁させ，飲料浄水として一般に使用することを心理的に不能にした場合には，浄水汚染罪（142条）が成立する（最判昭36・9・8刑集15巻8号1309頁）。

3　公害・薬害

1　公害と薬害

　現代において，国民の健康を害する犯罪として捉える必要があるのは，熊本水俣病のような**公害**と，薬害エイズのような**薬害**である。これらについて，犯罪現象として採り上げる必要があることには異論がないが，刑法典はいまだそれを正面から受けとめていない。

　このうち，公害に関しては，固定発生源からの排出型の公害についてだけ，限定的な形ではあるが，刑法の特別法として「人の健康に係る公害犯罪の処罰に関する法律」（**公害罪法**）が施行されている（昭和46年7月1日）。これに対し，薬害については，法はなんら特別の規定を設けていない。したがって，不特定で大規模な被害を惹き起こした薬害事件の場合でも，業務上過失致死傷罪（211条1項前段）で対処するしかない。

2　公害罪法

　公害罪法は，刑法の特別法として規定されたものであり，次のような特色を有している。

　(イ)　処罰の対象とされている行為は，工場または事業場における事業活動に伴って，故意または業務上必要な任意を怠り，人の健康を害する物質を排

出し，公衆の生命または身体に危険を生じさせた場合である（2条1項・3条1項）。たとえば，核燃料加工会社や原子力発電所からの放射能汚染も含まれる。具体的危険犯として構成されており，一定の地域内で生命・身体に対する危険の発生がみられれば，それで犯罪は成立する。実際に死亡・傷害の結果が発生したときは，結果的加重犯として重く処罰される（2条2項・3条2項）。

(ロ)　個人が公害罪法2条・3条で処罰されるときは，行為者を罰するほか，その者が所属する企業（法人または個人事業主）も罰金刑で処罰される（4条）。これは刑法典にはない処罰方式であり，**両罰規定***と呼ばれる。

(ハ)　公害被害に関して**推定規定**が設けられていて，一方で，人の健康を害する物質の排出があり，他方で，それと同種の物質により公衆の生命・身体に対する危険が生じているときは，その危険はその排出者によってなされたものとされる（5条）。刑事裁判の基本原則は「**疑わしきは罰せず**」**であるから，被告人の行為について有罪の推定規定が働くということは問題がないわけではない。それにもかかわらず推定規定が置かれている理由は，①公害被害が公衆に対して甚大な被害を与えているとともに，②公害を発生させていると予測される企業側は「人の健康を害する物質」について十分な資料を有

***両罰規定**　行為者を処罰するほか，その使用者（個人事業主）あるいは法人を処罰するところから，両罰規定といわれる。特別刑法では，税法などを含め，比較的多く用いられている方式である。

　ただし，これは法人処罰の本格的方式ではない。本格的な法人処罰の場合には，①犯罪主体として法人を認める，②個人処罰とは独立に法人を処罰する，③法人処罰にふさわしい方法として，企業活動の停止・制限など，法人独自の制裁方法を用意する，などが必要とされる。なお，フランスの現刑法は，法人処罰を本格的に導入している。

****疑わしきは罰せず**　刑事裁判において，証拠に基づいて判断した場合に，いわば完全に黒といえないときは無罪とする。という原則である。その理由は，①神ならぬ人間である以上，確定的な判断は難しいこと，②仮に誤った判断をした場合に少なくともまちがって処罰することを避ける必要があること，である。刑事裁判では，検察官に証拠を挙げて立証すべき責任があるから，「疑わしきは被告人の利益に」，「疑わしきは検察官の不利益に」ともいえる。すなわち，検察官が立証できないときは，検察官の負けであり，無罪となる。

していることから，推定を破ることはそれほど困難ではないはずである，というところにある。

㈡　両罰規定の適用にあたって，罰金刑についての公訴時効期間（3年──刑訴250条6号）が一律に適用されると，行為者個人は処罰されるのに企業は罪を免れるという矛盾が生じる。とくに，公害というものが企業に属する個々人の失策から生じるものではなく，企業活動そのものから発生することを考慮すると，この矛盾は見逃しがたい。そこで，企業に対する罰金の時効の期間は，各本条の法定刑の重いものを基準とすることにされたのである（6条）。

以上の特色のうち，㈥と㈡は刑法典には全く存在しない規定である。そのため，公害罪法は刑法典に組み込むことができなかったと思われる。しかし，行為形態としては，第2編第15章の「飲料水に関する罪」に近いところがある。

将来は，**法人処罰規定**を刑法典自体が採り入れるとともに，公害や薬害こそ，国民の健康を害する罪の中核に据えられるべきであろう。

第10章　経済犯罪

1　経済犯罪の特色

1　経済犯罪の意義

(1) 経済犯罪の意義　経済犯罪とは，現代の経済活動・企業活動から惹き起こされる現象を捉えたものである。偽造犯罪（刑法第2編16〜19章）のように，刑法典上に名称の根拠があるわけではなく，その意味では，明確な法律上の概念ではない。ただし，繰り返される金融不祥事を例にすれば明らかなように，そのような名称で括られるような犯罪現象があることは歴然たる事実である。ちなみに，ほぼ同様の趣旨で，「ビジネス犯罪」，「企業犯罪」という用語も使われている（板倉宏＝河上和雄編『ビジネス刑法入門』〔システムファイブ・1997〕）。

(2) 経済刑法　刑法との関係でいえば，経済犯罪は，刑法が従来捉えてきた犯罪類型に収まらない部分もあり，そのような問題にどう対処していくか，という視点から，「**経済刑法**」(学)＊と称する新しい学問分野も形成されつつある。本書では，その一端に触れるにとどまるが，開拓の待たれている分野として紹介しておこう。

2　経済犯罪の特色

経済犯罪には，次のような特色が見受けられる。

(イ)　経済犯罪は，殺人・強盗・放火というような，誰がみても犯罪として捉えることに疑問を持たない**伝統型犯罪**ではなく，現代の経済構造を反映し

＊**経済刑法**　経済刑法学では，条文から捉えるだけでなく，経済犯罪という現象を踏まえて，それに対する現行法の機能の限界を明らかにし，さらに，対処方法を解釈論と立法論にまたがって検討しようとするものである。

た**現代型犯罪**である。一般に，経済取引活動とかかわりをもつ領域で発生するために，「絶対悪とは必ずしもいえず，日常性と境を接し通常人でもたやすく踏み込む可能性もあるものがすくなくない」（藤木・総論 29 頁）。その点で，経済犯罪は，**ホワイトカラー犯罪**＊とだぶる部分がある。

　(ロ)　経済犯罪は経済活動を通して行われることから，被害が甚大になる場合が少なくない。たとえば，「粉飾決算」は，結局は企業自体の崩壊につながる危険性が高く，その場合，連鎖倒産や従業員の解雇につながる。また，金融機関における不良債権の問題は，国民の税金を投入して凌いだが，犯罪のつけを一般大衆に転嫁しているともいえよう。

　(ハ)　経済犯罪が企業活動の場面でなされるため，合法と違法の区別がつきにくい。加害者としても違法性の意識が低く，刑事事件としてとりあげられても，自分だけが運悪く捕まったという気持に陥りやすい。また，被害が拡散されることから，個人的な被害感覚も弱い。

　(ニ)　経済犯罪の多くが，会社や組合などの合法的な組織体によってなされる「**組織体犯罪**」であることに着目する必要がある。たとえば，証券取引に関する損失補てんなどは，証券会社が組織体として行っているのであり，証券会社社員の一存でなされているものではない。組織体に対する法人処罰のあり方が問題とされるゆえんである。

2　さまざまな経済犯罪

1　粉飾決算

(1)　粉飾決算の意義　　**粉飾決算**は，株式配当するだけの利益がないにもかかわらず，配当することによって会社の業績が悪くないように見せかける目的で，意図的な会計操作によって架空の決算利益を計上する決算のことで

　＊ホワイトカラー犯罪　ホワイトカラーとは，白いえり (collar) のことであり，そのようなシャツに背広を着て，事務所で働く頭脳労働者のことである。従来，そのような層の人達は犯罪と関係ないと捉えられていたそうだが，そうではないことがサザーランド（アメリカの犯罪学者，1883～1950）によって明らかにされた。

ある。

　粉飾決算について，経営状態の悪いところでは，「程度の差こそあれ，どこでもやっている」とも言われているが，著名な上場企業でも粉飾に手を染めた例は多い。

　たとえば，典型的な事例としてリッカー事件がある。リッカー事件の粉飾決算の方法は，(イ)コンピュータへの本社架空売上高の入力操作により，業績予想と実態のギャップを埋めて決算用の公表売上高を作成，(ロ)支社，支店に内容虚偽の売上票を作成させ，架空売上高を捏造，(ハ)リース会社に対する架空売買，(ニ)ミシンの架空生産，などによって行われたようである（商事法務トピック「リッカー粉飾決算事件の顛末」商事法務1107号44頁）。リッカーの粉飾決算は昭和53年3月期から始められ，59年3月末には粉飾額の累計が約260億円に達していた。そして，59年7月倒産，会社更生法の適用を受けることになる。

　粉飾決算は，企業に直接・間接に関わる多数の人々に財産的被害を加えるとともに，生活の基盤をも脅かす行為といわなければならない。また，取引社会の信頼関係を崩す面も見逃せない。公共的犯罪といわれるゆえんである。

　(2) 粉飾決算の違法性　粉飾決算は，どのような犯罪にあたるか。粉飾決算に伴うさまざまな違法行為については，ほぼ①商法上の犯罪，②証券取引上の犯罪，③刑法上の犯罪，の3つの法領域に整理することができる。しかも，相互に関係がある。

　たとえば，取締役が，配当すべき利益がないにもかかわらず，あるかの如くに装って配当を行い，さらに，虚偽の業績を信用させて銀行から資金調達を受けた場合を考えてみよう。第1に，違法に配当した点は，会社法上の違法配当罪（936条5項2号）にあたる。第2に，内閣総理大臣に対しては金融商品取引法24条に基づいて有価証券報告書を提出しているわけだが，重要な事項について虚偽の記載をしているから，金融商品取引法上の虚偽有価証券報告書提出罪（197条1項）にあたる。第3に，粉飾した虚偽の損益計算書等を示して，確実に返済できると欺いて資金の借用をすれば，刑法上の

詐欺罪（246条1項）にあたる。

2 証券取引に関する犯罪

　証券取引に関して不公正な取引がなされた場合には，投資家が被害を受けたり，証券市場に対する信頼を失うことになる。金融商品取引法が規定している主要な犯罪には，次のようなものがある。

　(イ) **損失補てん・損失保証の罪**　　株式の取引において，顧客が損失を受けたときに，証券会社がその穴うめ（損失補てん）をしたり，将来損害があった場合に穴うめをしようと約束すること（損失保証）は，損失補てんの罪ならびに損失保証の罪となる（金商39条1項）。刑罰は，3年以下の懲役もしくは300万円以下の罰金，または**併料**＊（同198条の3）。法人については，3億円以下の罰金（207条1項3号）。また，これとは逆に，顧客が損失補てんや損失保証を要求することも犯罪となる（39条2項）。刑罰は，1年以下の懲役もしくは100万円以下の罰金，または併科（200条14号）。

　(ロ) **インサイダー取引の罪**　　株式を発行している会社の会社関係者が，会社の株価が上がるような情報（たとえば，ガンの特効薬の発明に成功した）を知った場合に，一般に知られる前に自社株を買っておけば，後の値上りによって多大な利益を受けることがある。このように，一般に知られていない内部情報を利用して取引することを**インサイダー取引**といって，犯罪とされている（金商166条1項）。ちなみに，マスコミ関係者が報道前の情報を利用して行うこともある。また，未公開株の公開に関する情報についてもインサイダー取引となる（同167条1項）。刑罰は，5年以下の懲役もしくは500万円以下の罰金，または併科（同197条の2第13号）。

　(ハ) **相場操縦の罪**　　不正な手段によって証券取引所において人為的に相場を形成しようとすることは，相場操縦の罪にあたる（金商159条1項）。相

　＊併科　刑法典上の罪については，法定刑にいくつかの刑罰が用意されていても，その中の1つだけが選択され，宣告される。ただし，没収のみが付加刑として言い渡されることがある。ところが，特別刑法では，たとえば，懲役と罰金とが合わせて科せられることがある。

場操縦の手法としては、「誤解を生じさせる目的」で仮想売買をしたり、取引を「誘引する目的」で相場が変動するような情報を流布したりすることである。刑罰は、10年以下の懲役もしくは1,000万円以下の罰金、または併科（同197条1項5号）。

3 地面師

　不動産取引をめぐる犯罪の中で、典型的な例として、いわゆる地面師(じめんし)の行為がある。地面師とは、不法に取得した他人の不動産の登記名義を利用して所有者のように装い、事情を知らない第三者に売却したり、担保に提供して金銭をだまし取る者のことである。しかも、多くの場合、それを常習としている。

　ところで、不動産の取引には、最終的に対抗要件としての登記が要求されるところから（民177条）、相手を納得させるために、地面師は登記済権利証や他人の印鑑証明等を用意する。これらの一連の行為がさまざまな犯罪（偽造犯罪など）を構成することになる。

4 無担保貸付

　銀行の支店長による無担保貸付は何罪を構成するか。

　支店長の無担保貸付は、将来、債権の回数を不可能にするおそれがあるので、銀行に対する関係で信任違背的行為であることは異論がない。ただし、特定の財物に対する関係ではないので、横領罪（252条）ではなく、背任罪（247条）の検討が必要である。この問題を検討することは、一般のいわゆる不正融資にもかかわることである。

　支店長の無担保貸付について問題となるのは、それが、①背任罪にいう任務違背といえるか、また、②貸付の時点で財産上の損害を加えたことになるのか、ということである。

　第1に、任務違背とは、事務処理者が具体的事情の下に、当然しなければならないことに違反することである。金融機関の役職員としては、業務として行う融資について、いわゆる貸倒れが生じないように、債権の保全のため

に，人的な担保（連帯保証人など）や，物的な担保（抵当権の設定など）を提供させる必要があるのである。そこで，無担保の貸付や担保の不十分な貸付は，貸付金の回収不能をきたすおそれがあるので，任務違背といわざるをえない。

第2に，財産上の損害とは，本人（銀行）の資金状態を悪化させることである。たとえば，資金を回収困難な債権に変換することは，資産内容を悪化させることであり，財産上の損害を与えたことになる。判例は，財産上の損害とは，経済的見地において本人の財産状態を評価し，本人の財産の価値が減少したとき（積極的損害）ばかりでなく，増加すべかりし価値が増加しなかったとき（消極的損害）をも含むとしている（大判大11・9・27刑集1巻483頁）。この意味での損害の発生が認められるときは，それと同時に背任罪が成立するのである。

以上の結論として，無担保貸付は背任罪の構成要件に該当する。

例10—(1)

> 信用組合の専務理事は，貸付金の回収が困難または不能となるおそれがあるときは，なるべく貸付を回避する等の措置を講じる任務があり，相手方が資金繰りが苦しく，貸付けが不適当であることを知りながら，十分な担保もなく貸付けを行えば，背任罪が成立する（東京高判昭42・1・24東高刑18巻1号2頁）。

第11章　偽造犯罪

1　通貨偽造の罪

1　通貨偽造罪（148条）

(1)　趣　旨　本罪は，行使の目的で銀行券などを偽造・変造したり，偽造された銀行券などを行使した場合である。刑罰は，無期または3年以上の懲役。通貨偽造罪の保護法益は，沿革的には通貨発行権を侵害するものと考えられたが，今日では，取引の安全である。通貨偽造が大規模かつ組織的になされると経済機能を麻痺させるおそれもあるため，重い刑罰が用意されている。

(2)　成立要件　1項は，①行使の目的で，②通用する貨幣・紙幣（わが国には，現在ない）・銀行券（たとえば1万円札）を，③偽造，または，④変造したときに，成立する（通貨偽造罪，通貨変造罪）。

2項は，①偽造または変造の，②貨幣・紙幣・銀行券を，③行使し（偽造通貨行使罪），または，①行使の目的で，②人に交付し，輸入したときに，成立する。

(3)　行使の目的　まず，行使とは，真正な通貨として流通に置くことをいう。つまり，本物の通貨として商品の代金に用いるような場合である。自動販売機に入れるのも流通に置くことにかわりないから，行使となる（東京高判昭53・3・22刑月10巻3号217頁）。次に，**行使の目的**とは，自分が行使する目的はもちろん，他人をして行使させる目的でもよいと解される（最判昭34・6・30刑集13巻6号985頁）。行使の目的で人に交付するとは，偽貨を流通に置く意思で他人にこれを交付することであり，相手方がそのことを知っているかどうかに関係がない（大判明43・3・10刑録16輯402頁）。

本罪は目的犯であるから，行使の目的なしに銀行券を模写しても本罪の構

成要件に該当しない。ただし，通貨の模造には当たる（通貨及証券模造取締法1条）。

(4) 偽造・変造　偽造とは，通貨発行権者でない者が通貨らしい外観を有する物を作成することである。一般人に真正の通貨と誤認させる程度のものであることを要し，その程度に至らないときは，「模造」として，通貨及証券模造取締法の対象となる。

> **例11—(1)**
>
> 　文字・模様・肖像が酷似し，形状寸法がほとんど同様の物件は，真正の銀行券に比べて，色彩が黒の淡色で不鮮明，用紙も薄く劣っているとしても，通常人が一見真正と誤信する程度に製作されていれば，偽造銀行券にあたる（名古屋高判昭36・10・10下刑集3巻9＝10号846頁）。

変造とは，真正の通貨に加工して通貨の外観を有する物を作成することである。判例では，千円札を表と裏にはがして厚紙に糊付けし，4つ折のように見せかけたものについて，折りたたんだまま受け取る者もあるところから，「真正の銀行券として流通する危険を備えたもの」として，通貨変造罪を認めている（最判昭50・6・13刑集29巻6号375頁）。

2　外国通貨偽造罪（149条）

(1) 趣　旨　本罪は，行使の目的で，日本国内で流通している外国の紙幣などを偽造・変造したり，偽造された外国の紙幣などを行使した場合である。刑罰は，2年以上の有期懲役。

(2) 成立要件　1項は，①行使の目的で，②日本国内に流通している外国の貨幣・紙幣・銀行券を，③偽造，または，④変造したときに，成立する（外国通貨偽造罪，外国通貨変造罪）。

2項は，①偽造または変造の，②外国の貨幣・紙幣・銀行券を，③行使し（偽造外国通貨使用罪），または，①行使の目的で，②人に交付し，輸入したときに，成立する。

判例では，両替は行使にあたるとされている（最決昭32・4・25刑集11巻

> **例 11―(2)**
> 　　日本国内の米軍施設内で流通する，米軍の発行したドル表示軍票は，流通が制限的ではあるが，日本国内に流通するといえるから，「日本国内に流通している外国の紙幣」にあたる（最判昭30・4・19刑集9巻5号898頁）。

3　偽造通貨収得罪（150条）

(1) 趣　旨　本罪は，偽造通貨であることを知って，行使の目的で，偽造通貨を収得する場合である。刑罰は，3年以下の懲役。

(2) 成立要件　本罪は，①行使の目的で，②偽造・変造の貨幣・紙幣・銀行券を，③収得したときに，成立する。

(3) 客　体　客体は，148条および149条の偽造・変造通貨である。もともと，行使の目的で偽造・変造された通貨に限らない。

(4) 収　得　収得とは，偽造通貨であることを認識して，自己の占有に移す一切の行為を意味するので，買い受ける，贈与される，盗む，だまし取るなどが含まれる。

(5) 他罪との関係　偽造通貨を拾得し，その後，行使した場合には，本罪と偽造通貨行使罪が成立し，両罪は牽連犯となる。なお，偽造通貨を収得する方法が窃盗であったときは，窃盗罪と本罪とは観念的競合となる。

4　収得後知情行使罪（152条）

(1) 趣　旨　本罪は，収得後に偽造通貨であることを知った者が損害を他人に転嫁する行為について，刑罰をきわめて軽くしている。

(2) 成立要件　本罪は，①通貨・紙幣・銀行券を取得した後に，②それが偽造・変造であることを知って，③これを行使し，または行使の目的で人に交付したときに，成立する。

(3) 特殊な刑罰　刑罰は，にせの通貨の額面の3倍以下の罰金か，科料である。ただし，2000円以下にすることはできないとされる。このように，

きわめて軽い刑罰が予定されているのは，一般にそのような立場に立たされたとき，適法行為を期待するのは難しい，というところに求められる。**期待可能性**[＊]が乏しい1つの場合である。

(4) **詐欺罪との関係**　偽造通貨であることを知りながら，それを使用するということは，相手方が真正の通貨と信じていることを奇貨として，財物や財産上の利益を得ていることになる。その意味で，本罪のほかに，詐欺罪（246条）は成立しないであろうか。仮に，詐欺罪の成立を認めてしまうと，本罪がせっかく軽い刑罰を用意していることを無意味にしてしまうといえよう。したがって，詐欺罪は成立しないと解すべきである。

ちなみに，偽造通貨行使罪（148条2項）が成立する場合に，それとは別に詐欺罪成立を認めるべきではないのは，別の理由である。その場合は，偽造通貨の行使においては財物をだまし取る行為が伴うことを当然と考え，行使罪はそのような点を踏まえて十分に重く規定されている（無期または3年以上の懲役）と解されるからである。

(5) **収得が違法な場合**　たとえば，本人が他人から盗んだ銀行券が，偽造であることを知って行使した場合は，本条の適用が否定されるべきか。学説には，違法に収得した偽貨を知情後行使しても，同情に値しないとの見解もある（大谷・各論407頁）。その立場では，偽造通貨行使罪（148条2項）の適用を認めるのである。

しかし，本罪が特別に軽い処罰を規定しているのは，端的に，収得後に偽造であると知った場合に**人間はどのような行為に陥りやすいか**^{＊＊}を考えた規定

＊**期待可能性**　行為者に責任を問うことができるのは，当該行為者が，犯罪的な結果を惹き起こすことになった行為以外の，他の適法は行為をすることができたにもかかわらず，当該行為をしてしまったからである。「他の適法な行為を期待することができること」を期待可能性という。行為者の故意・過失という心理的要素のほかに期待可能性があることを必要とする責任論は規範的責任論と呼ばれる。

＊＊**人間はどのような行為に陥りやすいか**　刑法は，規範に違反する行為を処罰するものであるが，人間が一定の状況の下で，誘惑に負けやすい存在であることは，それなりに認識して規範を設けているのである。その意味で，刑法学では，通常の国民がどのような行為をしがちであるかという十分な観察と，その背景となっている心理状態に対する洞察が必要とされるのである。

であって，その原因行為には関係がないというべきである。本罪の収得については，適法・違法を問わないと解すべきである。

5 通貨偽造準備罪（153条）

(1) 趣　旨　本罪は，148条・149条の偽造・変造に関し，その予備ないし幇助を独立罪として規定したものである。刑罰は，3月以上5年以下の懲役。

(2) 成立要件　本罪は，①貨幣・紙幣・銀行券の，②偽造・変造の用に供する目的で，③器械・原料を準備したときに，成立する。

(3) 行　為　器械・原料の準備であり，偽造・変造の用に供する目的でなされれば，その時点で，本罪が成立する。

　器械とは，広く偽造または変造の用に供し得る一切の器械を指し，偽造または変造に直接必要なものに限らないと解されている（大判大2・1・23刑録19輯28頁）。

2　有価証券偽造の罪

1　有価証券偽造罪（162条）

(1) 趣　旨　本罪は，行使の目的で，有価証券を偽造・変造したり，有価証券に虚偽の記入をした場合である。刑罰は，3月以上10年以下の懲役。

　刑法では，有価証券も文書の一種ということから文書偽造罪の次に位置づけられているが，小切手に代表されるように，その多くは流通性をもち，通貨と同じ機能を有しているので，通貨偽造罪と並べて捉えるのが妥当である。

(2) 成立要件　本罪は，①行使の目的で，②公債証書・官庁の証券・会社の株券その他の有価証券を，③偽造・変造したときに，成立する。

(3) 有価証券　刑法上の有価証券は，権利の化体性にその本質が求められる。判例は，**有価証券**の意義について，「財産上の権利が証券に表示され，その表示された財産上の権利の行使につきその証券の占有を必要とし，その

証券が取引上流通性を有すると否とは刑法上は必ずしもこれを問わない」と判示し，流通性が予定されていない，電車の定期乗車券を有価証券としたのである（最判昭32・7・25刑集11巻7号2037頁）。商法上の有価証券は流通性を必要とされるが，刑法では必要とされないのである。同様に，宝くじについて，流通性は欠くが，当たりの支払いには必ず宝くじと引換えになさねばならないとされるから，有価証券と解される（最決昭33・1・16刑集12巻1号25頁）。

　162条が有価証券として例示しているのは，公債証書・官庁の証券・会社の株券である。公債証書とは，国・地方公共団体が公債を発行する場合に，債権者に対して交付される証券で，国債などがその例である。官庁の証券とは，財務省証券などである。

　その他の有価証券としては，手形・小切手・商品券・鉄道乗車券・勝馬投票券などがある。

例11—(3)

> 　ゴルフクラブ会員証については，下級審において，有価証券とするもの，否定するものがあったが，最高裁は有価証券でないと判断した（最決昭55・12・22刑集34巻7号747頁）。それは，単に会員権の所在を示す証拠証券にすぎないことになる。

　(4)　**小切手の偽造・変造**　　小切手の偽造は，作成権限のない者が他人名義の小切手を作成することであり，小切手の変造は，いったん作成された小切手の券面の金額を改ざんするような場合である。

　ところが，小切手は，おおむね法人が権利義務の主体となるため，代理・代表者名義で作成される文書については，偽造か，真正な作成かが，争われることがある。

　判例は，客観的に観察すれば，代表者が本人（会社）のために行為し，その権限内において作成したものと解される以上，有価証券偽造罪にはあたらないと判断している（大判大11・10・20刑集1巻558頁）。一方，漁業組合の参事が，組合の内部規定では融通手形を振り出す権限が専務理事だけにある

にもかかわらず，組合長または専務理事の決裁・承認を受けることなく准組合員のために融通手形として組合長振出名義の約束手形を作成したときは，有価証券偽造になるとしている（最決昭43・6・25刑集22巻6号490頁）。

> 例11―(4)
>
> 設立準備中のA株式会社の発起人代表Bの承諾を得たとしても，設立前に「A株式会社代表取締役B」名義の手形を振り出すことは，架空会社名義の冒用であって，有価証券偽造罪が成立する（最判昭38・12・6刑集17巻12号2443頁）。

2 偽造有価証券行使罪（163条）

本罪は，偽造・変造の有価証券または虚偽の記入をした有価証券を行使し，または行使の目的でこれを人に交付し，もしくは輸入した場合である。刑罰は，3月以上10年以下の懲役。

3 支払用カード電磁的記録に関する罪

1 本章の新設

コンピュータ犯罪のうち，クレジットカードなどの支払用カードに関する犯罪に対処するために，平成13年，本章（18章の2）が設けられた。支払用カードは，現在，通貨や有価証券に準ずる働きをしており，刑法としてもその機能が果たせるよう保護を図っていく必要がある。

2 支払用カード電磁的記録不正作出罪（163条の2）

(1) 趣 旨　本罪は，支払用カードの電磁的記録を不正に作出したり，それを事務処理の用に供したりした場合である。刑罰は10年以下の懲役または100万円以下の罰金。

(2) 成立要件　1項は，①人の財産上の事務処理を誤らせる目的で，②その事務処理の用に供する電磁的記録であって，クレジットカードその他の

代金または料金の支払用のカードを構成するものを，③不正に作ったときに，成立する。預貯金用の引出用のカードを構成する電磁的記録を不正に作ったときも，同様である。

2項は，①不正に作られた電磁的記録を，②1項の目的で，③人の財産上の事務処理の用に供したときに，成立する。

3項は，①不正に作られた第1項の電磁的記録をその構成部分とするカードを，②1項の目的で，③譲り渡し，貸し渡し，輸入したときに，成立する。

(3) **構成するもの**　　カードの構成要素となっている電磁的記録，すなわち，カード板と一体となった状態の電磁的記録のことである。

(4) **用に供する**　　不正に作出されたカードを構成する電磁的記録を他人の財産上の事務処理のため，これに使用される電子計算機において用い得る状態に置くことである。たとえば，キャッシュカードをATMに差し込むこと，テレホンカードを電話機に差し込むことである。

3　不正電磁的記録カード所持罪（163条の3）

本罪は，不正作出による電磁的記録をその構成部分とする支払用カードの使用による法益侵害を未然に防止するとともに，犯罪取締りの実効性を確保するための規定である。刑罰は，5年以下の懲役または50万円以下の罰金。

4　支払用カード電磁的記録不正作出準備罪（163条の4）

本罪は，支払用カード電磁的記録不正作出の準備罪として，情報面での準備行為である。電磁的記録の情報の取得，提供，保管を処罰し，原料の準備行為を処罰するものである。刑罰は3年以下の懲役または50万円以下の罰金。

4 文書偽造の罪

1 保護法益，文書の意義

(1) 保護法益 現代は情報社会といわれる。その社会で，文書は，情報の伝達・記録，意思の交換，契約などさまざまな場面において重要な役割を担っている。むろん，情報が伝えられる形は，紙に書かれたものから，録音テープやフロッピーディスクなどへと多様化しているが，その中で，文字その他の符号によって書かれた文書が信用性の面で大きな機能を果たしていることにちがいはない。この文書の保護の一端を担うのが文書偽造罪である。したがって，文書偽造罪の保護法益は，文書に対する公共の信用ということである。

> 例11―(5)
>
> 公文書偽造罪は，公文書に対する公共的信用を保護法益とし，その証明手段として持つ社会的機能を保護し，社会生活の安定を図ろうとするものである（最判昭51・4・30刑集30巻3号453頁）。

(2) 文書の意義 文書とは，文字もしくはこれにかわるべき符号を用い，永続すべき状態において，ある物体の上に記載した意思表示をいう，とするのが，古い判例（大判明43・9・30刑録16輯1572頁）以来，確認されてきた概念である。その事例は，競売入札に際し，入札に使用する陶器の皿に毛筆で通称を書いたものであり，文書性が認められたものである。

文書は，視覚に訴えるものに限られ，録音テープは文書に含まれない。ただし，磁気テープなど電磁的記録は，再生した場合には読むことが可能となるから文書に含めることができる。なお，電磁的記録については，昭和62(1987)年に，刑法7条の2に定義規定が設けられた。

コピーについては，原本と同様の社会的機能と信用性を有すると認められるから文書にあたるとするのが判例である（最決昭61・6・27刑集40巻4号340頁）。

2 有形偽造と無形偽造

　偽って文書を作成することを，広い意味での文書の偽造といい，それを有形偽造と無形偽造に分ける捉え方がある。

　有形偽造とは，文書を作成する権限のない者が他人名義の文書を作成することである。現実の作成者と作成名義人とが一致しない場合である。**無形偽造**とは，作成権限のある者が真実に反した内容の文書を作成することである。作成名義人に偽りはないが，内容が虚偽の場合で，虚偽文書作成ともいわれる。

　有形偽造と無形偽造の区別は，次のような点で意味がある。公文書については，有形偽造（155条），無形偽造（156条）とも処罰対象となる，公文書は，文書のなかでもとくに重要で，社会的にも信用されるものであるから，無形偽造も有形偽造と同様に処罰することにしているのである。これに対し，私文書については，無形偽造は原則として処罰しないことにしている。なぜなら，本人自身が偽りの内容の意思または観念を表示したときは，それを信頼した者の保護は，本人に表示した通りの責任を負わせれば済むことだからである。

　ただし，私文書のなかで，医師が公務所に提出すべき診断書・検案書（医師の診断を受けないで死亡した者の死亡を確認する医師の証明書）・死亡証書（死亡診断書，医師が従来診療中の患者が死亡した場合に出す証明書）については，公的な意味合いがあるので，虚偽文書作成の場合に，例外的に虚偽診断書作成罪（160条）として処罰することとしている。

図表 3-3　有形偽造と無形偽造の区別の意味

	有形偽造	無形偽造（虚偽文書作成）
公　文　書	公文書偽造罪（155条）	虚偽公文書作成罪（156条）
私　文　書	私文書偽造罪（159条）	原則として処罰しない 虚偽診断書作成罪（160条）*

＊医師が公務所に提出すべき診断書等に限られる。

3 偽造と変造

(1) 偽 造　偽造とは，本来，作成権限のない者が，使用目的で，勝手にそれらしいものを作ることである。

文書偽造罪の規定によって保護される文書は，その偽造によって公共の信用が害されるようなものでなければならないから，文書は，その内容たる意思ないし観念の表示が何人かの名義によるものである場合に限られる。

そこで，実在しない架空人（虚無人）の名義を用いた場合に，はたして偽造といえるか，という問題がある。文書偽造の典型例は，実在する他人の名義を勝手に用いることであり，実在しない者に信用がありえない以上，偽造とはいえないのではないか，と思われる。しかし実在している人が文書を作成したと思わせるような外観があればよいと解される。問題となった事例は，郵便局長がノルマを達成するために，架空人4名の名義を用いて簡易保険申込書を作成して，地方簡易保険局へ送付したというものである。判例は，「当局のみならず一般人をして真正に作成された文書と誤信せしめる危険のある点において何等区別はない」として，架空人名義を用いたとしても私文書偽造罪を構成するとした（最判昭28・11・13刑集7巻11号2096頁）。

では，同姓同名者が勝手に肩書をつけて文書を作成した場合はどうか。弁護士資格のない者がたまたま同姓同名の弁護士がいることを利用し，弁護士報酬を得ようとして，弁護士の職印に似せた印鑑を押した請求書等を作成し，送付したという事例がある。判例は，文書に表示された名義人は弁護士であって，弁護士資格を有しない被告人とは別人格の者であるから，「文書の名義人と作成者との間の人格の同一性を偽」っているとして，私文書偽造罪と偽造私文書行使罪の成立を認めている（最決平5・10・5刑集47巻8号7頁）。

(2) 変 造　変造とは，いったん真正にできあがっている文書に，権限なしに変更を加えることである。たとえば，有効な借用証書の金額を増減する行為は，変造にあたる（大判明44・11・9刑録17輯1843頁）。ただし，偽造と変造とは相対的な区別であって，自動車運転免許証の写真を取りかえ，生年月日を改ざんするように，本質的部分に変更を加えたような場合には，

新たな文書の作出として，公文書偽造罪と解される（最決昭35・1・12刑集14巻1号9頁）。

4　詔書偽造罪（154条）

本罪は，行使の目的で，偽造した御璽(ぎょじ)（天皇の印章）・国璽（日本国の印章）・御名(ぎょめい)（天皇の署名）を使用して詔書その他の文書を偽造した場合などである。刑罰は，無期懲役または3年以上の懲役。

5　公文書偽造罪（155条）

(1) 趣　旨　本罪は，行使の目的で，公文書を偽造・変造した場合などである。

(2) 成立要件　1項前段は，①行使の目的で，②公務所・公務員の印章・署名を使用して，③公務所・公務員の作成すべき文書・図画を，④偽造したときに，成立する。1項後段は，①行使の目的で，②偽造した公務所・公務員の印章・署名を使用して，③公務所・公務員の作成すべき文書・図画を，④偽造したときに，成立する。刑罰は，1年以上10年以下の懲役。

2項は，①行使の目的で，②公務所・公務員が押印・署名した文書・図画を，③変造したときに，成立する。刑罰は1項と同様。

3項は，1項・2項の場合で，印章・署名を使用しないときに，成立する。刑罰は，3年以下の懲役または20万円以下の罰金。

1項・2項が有印偽造であり，3項が無印偽造であって，無印偽造の方が刑罰は軽い。

(3) 公文書　公文書とは，公務所・公務員が職務上作成するべき文書である。たとえば，判決原本・土地登記簿・パスポート・郵便貯金通帳・運転免許証などである。

実在しない公務所名義の文書でも，その形式外観において，一般人をしてそのような公務所が実在し，その職務権限内において作成した公文書であると誤信させるに足りると認められるときは，公文書偽造罪が成立する。現実に存在する官庁は「法務省人権擁護局」であるが，「司法局別館人権擁護委

員会会計課」名義を使用した場合がある（最判昭 36・3・30 刑集 15 巻 3 号 667 頁）。

例11—(6)

村役場書記の退職願は，職務の執行につき作成すべきものではないから，公文書にあたらない（大判大10・9・24刑録27輯589頁）。

(4) 偽　造　　公文書の偽造とは，作成権限のある公務員以外の者が，一見して有効な公文書と誤認されるような形式・外観をそなえた文書を作成することである。したがって，犯罪主体となる可能性があるのは，一般の民間人と，当該事項について権限のない公務員ということになる。

例11—(7)

公務員であっても，自己に作成権限のない文書を作成すれば，公文書偽造罪が成立する（最判昭25・2・28刑集4巻2号268頁）。

　公文書の作成については，作成名義人から代決権を与えられている代決者が上司名義で証明書等を作成するのは偽造ではない。では，代決権限はなく，事務上の補助者の場合はどうか。事例は，市民課調査係長が手続料を納付せずに，自己および妻の印鑑証明書を作成したものであり，判例は，代決権限を有しない補助公務員の場合でも，公文書の正確性は確保されており，申請手続を欠くにすぎないとして，公文書偽造罪を否定している（最判昭51・5・6刑集30巻4号591頁）。

6　虚偽公文書作成罪（156条）

(1) 趣　旨　　本罪は，文書を作成する権限のある公務員が，内容的に虚偽の文書を作成する場合である。刑罰は，前2条の例による。

(2) 成立要件　　本罪は，①公務員が，②その職務に関し，③行使の目的で，④虚偽の文書・図画を作成し，または，⑤文書・図画を変造したときに，成立する。

(3) 虚偽公文書作成罪の間接正犯　　虚偽公文書作成罪の間接正犯の態様

について処罰するべきかどうか，という問題がある。問われる理由は，虚偽公文書作成の間接正犯的な態様は，一応，157条に規定されているが，そこに掲げられている文書の種類が限られており，一方では，そこに掲げられていない文書に関して間接正犯的な形で惹起されることがあるからである。

判例では，私人が村長に内容的に誤った証明書を出させた場合に関して不可罰とされ（最判昭27・12・25刑集6巻12号1387頁），県の地方事務所の建築係が，所長に作成権限のある建築物の現場審査合格書を起案するにあたり，虚偽の報告を記載して，内容虚偽の現場審査合格書を作らせた場合に可罰的とされ（最判昭32・10・4刑集11巻10号2464頁），分かれている。ただし，両判決は矛盾ではない。私人と公務員の違い，とくに，後者は作成権限者に起案をする立場であり，利用しやすいという点を考慮すると，虚偽公文書作成罪の間接正犯については，利用者と被利用者の関係や利用者の実質的影響力を勘案して可罰性の有無を判断すべきであろう。

(4) 虚偽の文書　公立高校の校長が，生徒の単位認定に関し，履修していないにもかかわらず，履修していると記載するのは虚偽の文書の作成である。

7　公正証書原本不実記載罪（157条）

(1) 趣　旨　本罪は，公務員に虚偽の申立てをして，権利・義務に関する公正証書の原本に不実の記載をさせる場合である。

本罪は，公務員に本当のことは明かさず，虚偽の申立てをして，内容的に不実の記載をさせた場合であり，虚偽公文書作成の間接正犯的な形態を規定したものにほかならない。

(2) 成立要件　1項前段は，①公務員に対し，②虚偽の申立てをして，③登記簿・戸籍簿その他の権利・義務に関する公正証書の原本に，④不実の記載をさせたときに，成立する。1項後段は，①公務員に対し，②虚偽の申立てをして，③権利・義務に関する公正証書の原本として用いられる電磁的記録に，④不実の記録をさせたときに，成立する。刑罰は，5年以下の懲役または50万円以下の罰金。

2項は，①公務員に対し，②虚偽の申立てをして，③免状・鑑札・旅券に，④不実の記載をさせたときに，成立する。刑罰は，1年以下の懲役または20万円以下の罰金。

(3) **客 体** 権利・義務に関する公正証書とは，条文に書いてある登記簿（不動産登記簿・商業登記簿）・戸籍簿のほか，土地台帳・家屋台帳・住民票などがある。免状とは，医師免許証・運転免許証などである。

例11—(8)

> 不動産の所有者が，他人から売渡しを受けた事実がないのに，その旨登記申請をし，登記簿原本に記載をさせたときは，本条1項に該当する（最決昭35・1・11刑集14巻1号1頁）。

8　偽造公文書行使罪（158条）

本罪は偽造・変造された公文書などを行使した場合である。刑罰は，それぞれの文書の偽造罪などと同一の刑である。

判例では，盗んだ運転免許証の写真の部分を貼りかえて使用していた者が，交通取締の警察官から呈示を求められた場合に，表示の有効期間を3か月経過していたとしても，偽造公文書の行使にあたるとされている（最決昭52・4・25刑集31巻3号169頁）。

9　私文書偽造罪（159条）

(1) **趣　旨**　本罪は，行使の目的で，権利・義務または事実証明に関する私文書を偽造する場合である。

(2) **成立要件**　1項前段は，①行使の目的で，②他人の印章・署名を使用して，③権利・義務・事実証明に関する文書・図画を，④偽造したときに，成立する。1項後段は，①行使の目的で，②偽造した他人の印章・署名を使用して，③権利・義務・事実証明に関する文書・図画を，④偽造したときに，成立する。刑罰は，3月以上5年以下の懲役。

2項は，①他人が押印・署名した，②権利・義務・事実証明に関する文

書・図画を，③変造したときに，成立する。刑罰は，3月以上5年以下の懲役。

3項は，①前2項に違反するもののほか，②権利・義務・事実証明に関する文書・図画を，③偽造・変造したときに，成立する。刑罰は，1年以下の懲役または10万円以下の罰金。

(3) **客 体**　本罪は公共の信用を保護するものであるから，「事実証明に関する文書」は，社会生活上の利害に関係あるものでなければならない。したがって，詩歌・小説などの文芸作品は，本罪の保護する対象に含まれない。ただし，書画が真筆である旨記載した箱書などは，事実証明に関する文書にあたる（大判大14・10・10刑集4巻599頁）。

なお，私立大学の入試答案は，志願者の学力の証明に関するものであって，「社会生活に交渉を有する事項」を証明する文書にあたり，**替え玉受験**は私文書偽造罪を構成する（最決平6・11・29刑集48巻7号453頁）。

例11—(9)

> 自動車登録事項等証明書交付請求書は，誰々という請求者が情報の入手を請求する意思を表示したことを証明するものとして，実社会生活に交渉を有する事項を証明するに足りる文書であるから，「事実証明に関する文書」にあたる（東京高判平2・2・20高刑集43巻1号11頁）。

(4) **偽 造**　AがBという通称を用いていたとしても，BがAとは別人格を示すならば，Aが再入国許可申請書の作成名義にBを用いれば，私文書偽造・偽造私文書行使罪を構成する（最判昭59・2・17刑集38巻3号336頁）。

私文書に関しては，名義人が予め承諾を与えていれば，文書偽造罪にはならないのではないか，という問題がある。というのは，作成名義人の予めの承諾があるならば，作成名義の冒用にはあたらない，とも解されるからである。しかし，本罪が公共の信用の保護にあることからすると，私文書であったとしても，それがどのように使われるかを抜きに判断することはできない。判例は，交通事件原票中の供述書に関して，「その文書の性質上，作成

名義人以外の者がこれを作成することは法令上許されないものであって，右供述書を他人の名義で作成した場合は，あらかじめその他人の承諾を得ていたとしても，私文書偽造罪が成立する」としている（最決昭56・4・8刑集35巻3号57頁）。

> **例11—(10)**
>
> CがDの偽名を用いて就職しようと考え，Cの顔写真をはり付けた押印のあるD名義の履歴書および虚偽の氏名等を記載した押印のあるD名義の雇用契約書を作成して提出した場合，「たとえ被告人の顔写真がはり付けられ，あるいは被告人が右文書から生ずる責任を免れようとする意思を有していなかったとしても，これらの文書に表示された名義人は，被告人とは別人格の者であることが明らかであるから，名義人と作成者との人格の同一性にそごを生じさせたものというべきである」から，有印私文書偽造罪・同行使罪が成立する（最決平11・12・20刑集53巻9号1495頁）。

(5) **代理・代表の冒用** 代理・代表名義の冒用は，次のような事例に関して問題となる。

Eは実在する甲学校法人の議事録署名人として，Eが理事長として選任された事実がないにもかかわらず，Eが理事長として選任された旨の理事会決議録を作成し，学校法人の変更登記をしたというものである。

Eは，はたして私文書偽造罪にあたるか，ということが問われる。

問題は，代理・代表名義の私文書の作成名義人は，代理人・代表者として意思表示をしている者（＝E）か，それとも，代理・代表される本人（＝甲学校法人）か，ということである。

作成名義人が代理人・代表者として意思表示をしている者ならば，いわば虚偽文書作成＝無形偽造ということになり，私文書の無形偽造は160条以外は不処罰であるから，無罪である。これに対し，作成名義人が代理・代表される本人であるとすれば，権限なく偽りの文書を作成した有形偽造ということになり，Eは私文書偽造罪が成立することになる。

判例は，こうした文書は，「その文書によって表示された意思内容に基づ

く効果が，代表もしくは代理された本人に帰属する形式のものであるから，その名義人は代表もしくは代理された本人である」として，私文書偽造罪の成立を認めている（最決昭45・9・4刑集24巻10号1319頁）。

10 虚偽診断書作成罪（160条）

本罪は，医師の診断書等が，私法上・公法上の権利・義務に関連したとくに重要な文書であるところから，私文書の無形偽造ではあるが，とくに処罰することにしている。刑罰は，3年以下の禁錮または30万円以下の罰金。

11 偽造私文書行使罪（161条）

偽造私文書・虚偽診断書を行使した場合であり，偽造・虚偽診断書作成罪と同一の刑に処する。

12 電磁的記録不正作出罪（161条の2）

本罪は，人の事務処理を誤らせる目的で，その事務処理の用に供する権利・義務または事実証明に関する電磁的記録を不正に作った場合である（1項）。刑罰は，5年以下の懲役または50万円以下の罰金。それが，公務所または公務員により作られるべき電磁的記録のときは加重処罰を受けることになる（2項）。刑罰は，10年以下の懲役または100万円以下の罰金。さらに，不正に作られた権利・義務または事実証明に関する電磁的記録を1項の目的をもって人の事務処理の用に供した者を処罰する趣旨である（3項）。刑罰は5年以下の懲役または50万円以下の罰金。

5　印章偽造の罪

1　印章偽造が問われる場合

印章の偽造は，文書偽造の手段の一部としてなされるので，通常は，有印文書の偽造罪に吸収される。

したがって，印章の偽造が独立して問題とされるのは，文書偽造の前段階

で，事情を知って印章偽造を行う場合のように限られた場合である。

2　印章・署名

印章については，物体上に表彰された印影とともに，印形（印鑑）を含むと解される（最決昭32・2・7刑集11巻2巻530頁）。

署名には，自署と記名が含まれる。

例11—⑾

　文書に押捺して証明の用に供するものは印章であり，産物・商品等に押捺するものは記号であるから，選挙用ポスターに押捺すべき選挙管理委員会の検印は印章にあたる（最判昭30・1・11刑集9巻1号25頁）。

3　犯罪類型

御璽等偽造罪（164条），公印偽造罪（165条），公記号偽造罪（166条），私印偽造罪（167条）が置かれている。

例11—⑿

　かつて某市の市長であったが，犯行前に落選した甲の名を刻した印章と「某市長印」なる印章とを作成したときは，両印章は不可分の関係に立ち，某市長甲の印章と誤信されうるから，公印偽造罪が成立する（最決昭32・2・7刑集11巻2号530頁）。

第12章　社会生活感情を侵す罪

　従来，この分野は「風俗犯罪」と呼ばれていたが，現在，フーゾクという言葉に代表されるようにやや特殊の領域に特化された使い方が一般化している。そこで，私達の社会生活上の感情を侵す罪という呼び方に変えた。

1　性的感情を害する罪

1　公然わいせつ罪（174条）
　(1) 趣　旨　本罪は，公然とわいせつな行為をした場合である。刑罰は，6月以下の懲役もしくは30万円以下の罰金，または拘留もしくは科料。
　本罪ならびに次条のわいせつ物頒布罪については，①いわゆる**被害者のない犯罪**であること，②刑法が特定の性的道徳観を強制することは控えるべきと思われること，③表現の自由にかかわり，さらに，「わいせつ」概念が明確とはいえないこと，などから，**非犯罪化**＊の対象として採り上げられている。とくに，今日のように価値多元的な社会においては，国民的なコンセンサスの得にくい領域である。ただし，性的感情に関する環境として，一般国民が見たくないという気持も十分に保護する必要のあるものであり，今日ではなお，規制範囲を明確にした上で，存続させる必要があると思われる。ちなみに，とくに少年に対する関係では，性について偏った情報を与える危険性にも注意が必要であろう。
　(2) 成立要件　本罪は，①公然と，②わいせつな行為をしたときに，成立する。
　(3) 公　然　公然とは，不特定または多数の人が認識することのできる状態をいう，とするのが判例の立場である（最決昭32・5・22刑集11巻5号

　＊非犯罪化　立法的に犯罪のカタログから削るべきとのことである。非刑罰化ともいわれる。逆の場合を，犯罪化・刑罰化と呼ぶ。

1526頁)。しかし，不特定と多数とは異なる概念であり，多数であっても見たい者のみが集まるような密閉した場所なら公然性を否定すべきとの見解(西原春夫『犯罪各論』〔筑摩書房・1983〕185頁)には説得力がある。いわゆるストリップ・ショウは，40名なら本罪にあたり(前掲最決昭32・5・22)，お座敷で4名ならあたらないとされる(静岡地沼津支判昭42・6・24下刑集9巻

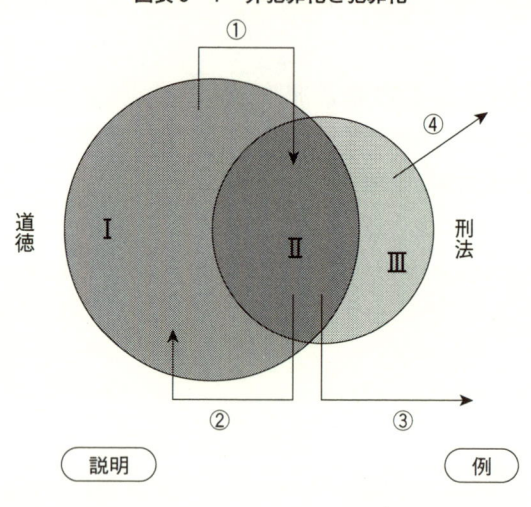

図表3-4　非犯罪化と犯罪化

	説明	例
Ⅰ	道徳のみが許さない。	約束の時間に遅れる。
Ⅱ	道徳も刑法も許さない。	他人の財布を盗む。
Ⅲ	刑法は許さないとするが，道徳上は関係ないか，むしろ，そのような刑法を道徳は許さない。	治安維持法，禁酒法，生類憐れみの令

刑法の動態		例
①	犯罪化	ストーカー行為規制法（平成12年11月24日施行）
②	非犯罪化	人工妊娠中絶（かつての優生保護法，現在の母体保護法）
③	非犯罪化	仮に，淫行勧誘罪（182条）が廃止されたとき。
④	非犯罪化	治安維持法廃止

6号851頁）が，不自然ではなかろうか。解釈論として，多数でも特定の人なら公然性は否定される，との立場もあろう。

2 わいせつ物頒布罪（175条）

(1) **趣　旨**　本罪は，わいせつな文書などを販売などした場合である。刑罰は，2年以下の懲役または250万円以下の罰金もしくは科料。ちなみに，罰金は刑法の中で一番重い（なお，198条，96条の3も同額）。

(2) **成立要件**　本罪は，①わいせつな，②文書・図画・その他の物を，③頒布・販売・公然と陳列したときに，成立する（前段）。①販売の目的で，②これらの物を所持したときに，成立する（後段）。

(3) **わいせつ**　わいせつの意義について，判例は，「徒らに性欲を興奮または刺激せしめ且つ普通人の正常な性的羞恥心を害し善良な性的道義観念に反するもの」としている（最大判昭32・3・13刑集11巻3号997頁＝チャタレイ事件）。なお，判例の傾向として，わいせつ性の有無は，作品全体から判断するべきとする全体的考察方法が定着している（最判昭55・11・28刑集34巻6号433頁＝四畳半襖の下張事件）。

ところで，判例における定義そのものに変更はないが，「わいせつ」概念はもともと価値的評価の問題であるから，性表現に関する社会通念が変化すれば，具体的判断について影響を受けざるをえない。写真類について，警察当局が，今日，ヘアーが写っているだけではわいせつとはしないという具体的基準を打ち出しているのは，このような社会通念の変化を反映したものといえよう。

さて，本罪におけるわいせつ概念が議論の対象となるのは，一方で**表現の自由**との関係があるからである。なぜ，性に関する表現について，表現の自由の視点が必要か，考えてみよう。

「性」は，人間の生の源泉でもあり，大事に取り扱われるべきことがらである。一方で，理屈では説明しえない動物的な衝動に結びつき，他方で，性を通して男女が互いに癒され，理解し合う境地も存在する。しかも，夫婦の継続的な性的結びつきが，子どもの社会的成長に役立つ機能を有してい

とも指摘されていることである（ラッセル著，安藤貞雄訳『結婚論』〔岩波書店・1996〕165頁以下）。ただし，性については多くのタブーも存在するだけに，社会的・政治的抑圧の対象とされやすい。歴史をふりかえると，性に関する取締りが政治的弾圧の発端であった例は枚挙にいとまがない。ところで，性に関して的確な表現者を得られれば，その面から人間社会の建前と本音が浮かびあがってきて，それらの社会のかかえている問題の本質に接近することができる場合もあるといえよう。このように考えてくると，性表現は，人間の本質や社会問題に対する手がかりとなる場合があるのであり，その意味で表現の自由の中でも重要な位置を占めているといえよう。

(4) **客　体**　本罪の客体としての「図画(とが)」には，絵画のほか，写真，映画フィルム，ビデオテープが含まれる。未現像の映画フィルムも含まれる（名古屋高判昭41・3・10高刑集19巻2号104頁）。「その他の物」とは，レコード，録音テープなどがある。ダイヤルQ^2の電話回線を利用して聞くことができる「わいせつな音声を録音したもの」がその他の物にあたると解されている（大阪地判平3・12・2判時1411号128頁）。

> 例12―(1)
>
> 　パソコンネットの開設，運営者が，所有・管理するホストコンピュータのハードディスク内にわいせつ画像データを記憶・蔵匿して，電話回線の使用により不特定多数の顧客にわいせつ画像が閲覧可能な状況を設定し，わいせつ画像の情報にアクセスしてきた不特定多数の者に右データを送信して再生閲覧させた。この場合，わいせつ画像データが記憶・蔵置されたハードディスクがわいせつ物にあたり，本罪が成立する（京都地判平9・9・24判時1638号160頁）。

(5) **行　為**　販売とは，不特定多数または多数人に対する有償の譲渡のことであり，頒布とは，それ以外の交付のことである。公然と陳列するとは，不特定または多数人の観覧しうる状態に置くことである。陳列には，映画の映写，録音テープの再生が含まれる。ダイヤルQ^2の場合は，「誰でも，いつでも，どこからでも，所定の電話番号のところに電話をかけることによって，本件録音再生機に記憶された録音内容を聞くことができる状態にした

のである」として，公然陳列として認められている（前掲大阪地判平3・12・2）。

175条後段にいう「販売の目的」とは日本国内において販売する目的をいうから，国外で販売する目的であった場合には，販売の目的があったとはいえない（最判昭52・12・22刑集31巻7号1176頁）。

なお，本罪はわいせつな図画を買う者など，必ず受け手がいる態様の犯罪であるが，受け手については処罰対象として取り上げられていない。したがって，対向犯ではなく，対向犯的規定ということになり，受け手は取調べを受けることはあっても，処罰されることはない。

3 淫行勧誘罪（182条）

本罪は，売春の常習のない女子を売春に勧誘することを禁ずる趣旨と解される。しかし，女性に関して，淫行の常習のある女子と淫行の常習のない女子とを区別するという感覚自体が，女性に対する偏見・差別に基づくものであり，立法として妥当性が疑われる。削除されるべきであろう。

4 重婚罪（184条）

本罪は，前の婚姻も後の婚姻も法律上の婚姻であることを要すると解されるから，法律婚主義を採る現行法制では，稀にしか生じない。いわゆる不倫や妾（めかけ）を持つことを規制対象としていない。判例では，偽造した離婚届を提出した後に再度婚姻届を提出した場合に本罪にあたるとされた（名古屋高判昭36・11・8高刑集14巻8号563頁）。刑法においてわざわざ1か条を置いて規制の対象とする必要があるか，疑問である。

5 売春と買春

刑法自体は，売春についても買春（かいしゅん）についても何ら規定を設けず，これまで特別法として売春防止法（昭和32年4月1日施行）を置くのみであった。

ところで，売春防止法は，「売春が人としての尊厳を害し，性道徳に反」する（1条）との認識を示しながら，売春自体については処罰規定を設けな

かった（3条）。規制対象としたのは，売春のための勧誘（5条）・周旋（6条），困惑させて売春をさせる行為（7条）など，売春の周辺にある営業的行為である。そのため，いくつかの問題が積み残されたのである。その1つが，いわゆる**少女売春**の問題である。

　少女売春については，その相手方の処罰が必要とされ，その点を解決するため，地方自治体がそれぞれ，青少年保護育成条例の中に，いわゆる**淫行処罰規定**を設けて，相手の男性を処罰する取組みを展開してきたのである。ただし，その間，淫行処罰規定の明確性や非広汎性に関して疑義も唱えられ（最大判昭60・10・23刑集39巻6号413頁は問題なしとした），それに伴い，地方自治体ごとにばらばらに規定していることへの批判も浮上したのであった。

　そのような中で，1999年11月から，「児童買春，児童ポルノに係る行為等の処罰及び児童の保護等に関する法律」が施行されることになった。この法律によると，金銭などを与えて18歳未満の児童と性交したりする行為を「児童買春」として，3年以下の懲役または100万円以下の罰金に処するとされている。また，児童が関係した性交などの写真やビデオテープ，インターネット画像を「児童ポルノ」と定め，これらの頒布や製造・販売をした者は，3年以下の懲役または300万円以下の罰金に処するとされている。なお，児童ポルノの製作過程では，子どもに対する悲惨な性的虐待が行われ，さらに，児童ポルノが児童に対する性的搾取・性的虐待を助長するおそれのあることが指摘されている（園田寿『《解説》児童買春・児童ポルノ処罰法』〔日本評論社，1999〕4頁）。いずれも非親告罪で，国外犯も処罰されることになっている（同法10条）。この国民の国外犯として処罰されるということは，日本人男性による海外（とくに東南アジア）での児童買春行為を処罰する趣旨である。

2 賭博・富くじに関する罪

1 賭博罪（185条）

(1) 趣　旨　本罪は，複数人が金品を賭けて，偶然の勝敗によって買った者が得る賭博(とばく)を処罰するものである。刑罰は，50万円以下の罰金または科料。判例は，賭博を処罰する理由として，①国民に怠惰，浪費の弊風を生じさせ，勤労の美風を害すること，②暴行その他の副次的犯罪を誘発すること，③国民経済の機能に重大な障害を与えるおそれすらあること，を挙げている（最大判昭25・11・22刑集4巻11号2380頁）。

(3) 成立要件　本罪は，①賭博をした場合で，②一時の娯楽に供する物を賭けたものでないときに，成立する。

(3) 賭　博　賭博は，偶然の勝敗によって財物が移転するような賭けをすることである。そこで，当事者の技量の優劣が影響するようなマージャンの場合も，偶然の要素があるかぎり，偶然の勝敗といえる。したがって，端(はな)から賭けになっていないのに，賭けのように見せかける詐欺賭博は，偶然性を欠くため賭博罪にはならない。欺いた側が詐欺罪（246条1項）になる（大判昭9・6・11刑集13巻730頁）。

賭博と富くじとの差異は，①賭博は偶然の勝敗によって財物の得喪を決するが，富くじは抽せんによる，②賭博では財物の所有権は勝負の決定まで留保されるが，富くじでは直ちに発売者に帰属する，③賭博では胴元と勝者はともに危険を負担するが，富くじでは発売者は何ら危険を負担しない，ということである（大判大3・7・28刑録20輯1548頁）。

賭銭を場に出し，花札を配布すれば，その時点で賭博は既遂となる（最判昭23・7・8刑集2巻8号822頁）。

(4) 一時の娯楽に供する物　「一時の娯楽に供する物」を賭けたときは，可罰性を欠くので，処罰の対象から外したのである。一時の娯楽に供する物とは，関係者が即時に娯楽のために費消する飲食物などをいい，判例では，金銭のときはわずかでも賭博にあたると解されている（大判大13・2・9刑集

3巻95頁)。

2 常習賭博罪（186条1項）

(1) 趣旨　本罪は，常習として賭博をした場合である。刑罰は，3年以下の懲役。

(2) 常習性　賭博常習者について，判例は，「賭博を反復累行する習癖あるもの」であって，必ずしも博徒または遊び人の類のみを指称するものではない，としている（最判昭23・7・29刑集2巻9号1067頁）。なお，本罪は，刑法典が**常習犯**[*]を処罰する唯一の規定である。

常習性のある者が賭博を犯すときは，1回でも常習賭博罪にあたる。なお，本罪は集合犯であるから，賭博行為が数回なされても1個の常習賭博罪が成立する。

常習性の意義について争われた事例がある。Aはそれまで賭け事に手を出すことなく鋳造業を営んでいたが，5,200万円という多額の資金を投下して，米国製スロットマシン34台を設置した遊技場を取得し，警察による摘発を受けるまでわずか3日間の営業をした。来場した客は約140名，売上利益は約70万円であった。Aは常習賭博罪で起訴され，第1審は，わずか3日では賭博の習癖は形成されたとはいえないとして単純賭博にとどまるとした。これに対し，第2審は，多額の投下資金に拘束されて止めるに止められないという「資本的もしくは経済活動上の依存性もまた習癖の一内容をなし得る」として常習性を認め，最高裁も是認したのである（最決昭54・10・26刑集33巻6号665頁）。この判例については，常習性と営業犯とはもともと別個の観念であるという批判があるし（団藤・各論353頁），むしろ実体は賭博場開張（186条2項）にあるとの見解もある。判例が打ち立てた「習癖」

＊**常習犯**　刑法典以外で常習犯を処罰する規定として，盗犯ノ防止及処分ニ関スル法律における常習特殊強窃盗（2条）・常習累犯強窃盗（3条）・常習強盗傷人・常習強盗強姦（4条），暴力行為等処罰ニ関スル法律における常習的傷害・暴行・脅迫・毀棄（1条の3）・常習的面会強請・強談威迫（2条2項）などがある。なお，基本的な問題としては。常習犯はなぜ重く処罰することができるか，という根本課題の1つがある。

にこだわって，通常の用語の範囲を超えた用い方をする点で疑問が残る。

(3) **共　犯**　賭博常習者Bが非常習者Cに賭博の教唆をし，賭博がなされた場合，法の適用はどうなるか，という問題がある。まず，非常習者Cについて，通常の賭博罪（185条）が成立することは疑問がない。次に，常習者Bが教唆犯にあたることも異論がない。結局，問題となるのは，Bは，賭博罪の教唆になるか（I説），それとも，常習賭博罪（186条1項）の教唆になるのか（II説），という点である。I説は，正犯であるCが185条なら，教唆犯はそれとの関係で認められるべきとする立場である。II説は，共犯関係にある者がどの罰則で処罰されるかは本人自身の罪責によって定まるのであるから，常習者は常習犯として処罰され，正犯が非常習犯だからといって，それに影響されることはないとする。判例は，「賭博犯を反覆継続する習癖ある者は賭博の常習者なりとす」として（大判大12・2・22刑集2巻107頁），II説の立場に立っている。より実質的な観点からすれば，賭博常習者はいままで賭博に手を染めたことのない素人を引きずり込む危険性があるところに，重く処罰される根拠の1つがあるのであるから，II説が妥当であると思われる。

3　賭博場開張図利罪（186条2項）

(1) **趣　旨**　本罪は，賭博場を開張して利益を図ったり，博徒を結合して利益を図った場合である。刑罰は，3月以上5年以下の懲役。

(2) **成立要件**　本罪は，①賭博場を開張し，または博徒を結合して，②利益を図ったときに，成立する。

開張の意義について，判例は，賭博者を一定の場所に集合させることを要せず，電話で申込みを受け付ける方式の「野球賭博」がこれにあたるとしている（最決昭48・2・28刑集27巻1号68頁）。

利益を図るとは，賭博者から，寺銭・手数料等の名義で，賭場開設の対価として不法な財産的利得をしようとする意思のあることである（最判昭24・6・18刑集3巻7号1094頁）。

(3) **違法性阻却**　本来，競馬や競輪の開催は本罪に該当するはずである

が，競馬法や自転車競技法によって法令行為（35条）として違法性が阻却される。

4 富くじ発売罪（187条）

本罪は，富くじの発売・取次ぎ・授受をした場合に成立する。富くじとは，発売者があらかじめ番号札ないし番号券を発売し，金銭を集め，その後，抽せんその他の偶然的方法によって，当選者だけが利益を得る方式である。要するに宝くじがその例であるが，宝くじは当せん金附証票法で公認されている。その他の公認賭博（競馬法，自転車競技法など）と合わせて，賭博・富くじに関する罪全体の処罰の意義を弱めることを助長している。こういう分野に規範意識を弱める効果があり，社会全体に悪影響を及ぼしている点を政策的な視点から検討する必要がある。

3　礼拝所・墳墓に関する罪

1　礼拝所・墳墓に関する罪の保護法益

刑法第2編第24章に規定されている罪の保護法益は何であろうか。

法の視点からすれば，死体にはもはや守られるべき法益はないという見方もある。しかし，死体や墳墓を敬わない行為は，社会の一般の人々の気持や感情を大きく損うことは異論がない。特定の宗教を信仰しているか否かにかかわらず，死体や墳墓を敬うのは，人間らしさの重要な要素といえる。ネアンデルタール人の時代においてさえ，死者に花が手向けられたという（これは花粉分析で明らかにされた）。したがって，刑法は，それを損う乱暴な行為に対して刑罰をもって臨むことにしているのである。

2　礼拝所不敬罪（188条1項）

（1）**趣　旨**　本罪は，墓所などに対し，公然と不敬な行為をした場合である。刑罰は，6月以下の懲役もしくは禁錮または10万円以下の罰金。

（2）**成立要件**　本罪は，①神祠・仏堂・墓所・その他の礼拝所に対し，

②公然と，③不敬な行為をしたときに，成立する。

(3) 公 然 　礼拝所不敬罪における公然の意義については，不特定または多数の人の認識しうる状態のもとにおける行為をいい，行為当時，不特定または多数の人がその場に居合わせることは必要でない。そこで，午前2時頃，共同墓地内の墓石を押し倒す行為は，本罪を構成する（最決昭43・6・5刑集22巻6号427頁）。

(4) 不敬な行為 　不敬な行為とは，墓所などの尊厳または神聖を害するような行為である。判例は，「たとえ現実には放尿しなくとも，放尿するがごとき格好をすること自体，見る者をしてその墓所に対する崇敬の念に著しく相反する感を与える」として，そのような格好をすれば，動作と放言が「相まって一層これを見る者の宗教的感情を傷つけるに十分」であるとして，本罪の成立を認めている（東京高判昭27・8・5高刑集5巻8号1364頁）。

3　説教妨害罪（188条2項）

本罪は，宗教的行事のうち，説教・礼拝・葬式に限定して，その平穏な遂行に支障を与えた場合である。刑罰は，1年以下の懲役もしくは禁錮，または10万円以下の罰金。

4　墳墓発掘罪（189条）

(1) 趣　旨 　本罪は，墳墓を発掘した場合である。刑罰は，2年以下の懲役。発掘の意義について，判例は，墳墓の覆土の全部もしくは一部を除去し，または墓石等を破壊解体して，墳墓を損壊する行為をいい，かならずしも墳墓内の遺骨などを外部に露出させることを要しない，としている（最決昭39・3・11刑集18巻3号99頁）。

(2) 違法性阻却 　鑑定のために，裁判所の許可を受けて墳墓を発掘することは許されている（刑訴168条1項）。

> **例12—(2)**
> すでに祭祀・礼拝の対象でなくなった古墳は、墳墓に当たらない（大判昭9・6・13刑集13巻747頁）。

5 死体損壊罪（190条）

(1) **趣　旨**　本罪は、死体などを損壊などした場合である。刑罰は3年以下の懲役。

本罪は、死体に対する一般的な宗教的感情を保護するものであるから、殺人罪を犯した者が、死体を現場に放置するだけで死体遺棄を構成するわけではない。ただし、殺人犯が、死体の一部を切断すれば、死体損壊罪にあたる。

(2) **成立要件**　本罪は、①死体・遺骨・遺髪・棺に納めてある物を、②損壊・遺棄・領得したときに、成立する。

(3) **臓器移植との関係**　臓器移植法が制定されたことにより、医師が一定の要件の下に、、脳死した者の死体から臓器を摘出することは、そもそも死体損壊罪を構成しない、と解される。ただし、構成要件に該当し、違法性阻却事由（法令行為）として捉える見解もある。

(4) **客　体**　死体・遺骨・遺髪・棺内に納めてある物である。

(5) **行　為**　損壊・遺棄・領得である。

損壊とは、物理的な損壊のことである。いわゆる**屍姦***は、死体損壊にあたらない（最判昭23・11・16刑集2巻12号1535頁）。

遺棄とは、客体となる物を移動する場合を指す。死体を土中に埋没したとしても、殺人を犯した者が「犯跡を隠蔽」するためになした行為は、遺棄にあたる（大判昭20・5・1刑集24巻1頁）。なお、とくに死体については、法

＊屍姦　これは、死体に対して行う性的行為であり、一般的な宗教的観点からみて、あるいは倫理的にみて、許しがたいことである。ただし、条文の解釈から処罰範囲に組み込むことはできない。屍姦が犯罪類型として掲げられなかった理由は、わが国ではきわめて稀にしか行われないからであろう。刑法は、ある程度なされる行為を犯罪のカタログとして、載せているのである。

令または慣習により葬祭をなすべき義務のある者が，葬祭の意思なく死体を放置してその所在場所から離去する場合には，本罪が成立する。これに対して，葬祭の義務のない者が死体を放置しただけでは死体遺棄罪にはならない（大判大 13・3・14 刑集 3 巻 285 頁）。

6 墳墓発掘死体損壊罪（191条）

(1) 趣　旨　本罪は，墳墓発掘罪を犯し，死体を損壊した場合などである。刑罰は，3 月以上 5 年以下の懲役。

(2) 成立要件　本罪は，①墳墓を発掘して，②死体・遺骨・遺髪・棺に納めてある物を，③損壊・遺棄・領得したときに，成立する。

例12—(3)

> 弁護士が，警察の拷問によって死亡したと思われる被疑者の頭部を鑑定してもらうため，独断で，死体を墓から掘り起こし，頭部を切断して持ち去ったという事例がある（首なし事件）。その後の頭部の鑑定から，拷問の事実が浮かび上がり，警察官は特別公務員暴行陵虐致死罪（196条）に問われたが，弁護士は起訴されなかった。弁護士については正当業務行為（35条）として評価されたものといえる。

7 変死者密葬罪（192条）

(1) 趣　旨　本罪は，検視を経ないで変死者を葬った場合である。刑罰は，10 万円以下の罰金または科料。

(2) 成立要件　本罪は，①検視を経ないで，②変死者を，③葬ったときに，成立する。

(3) 変死者　検視を必要とする変死者とは何をさすか。犯罪による死亡の疑いがある場合には，刑事訴訟法（229条）により検視をしなければならないとされている。このような司法検視が本条の予定するところであることは異論がない。

問題となるのは，食中毒による死亡の疑いのある場合になされる行政検視

も含まれるかである。学説上争いのあるところである。本罪が，犯罪捜査目的あるいは警察目的による一種の行政刑罰法規であることと，刑罰が比較的軽いことから，行政検視も含むと解すべきである。

第IV編

公務に関する犯罪

第13章　公務員による罪

1　国家機関による個人に対する犯罪

1　汚職の罪は国民に対する犯罪

(1) 国家的法益に対する罪か　刑法第2編第25章の「汚職の罪」については，一般の教科書では，国家的法益に対する罪として捉えられているが，以下に述べる通り，疑問である。

(2) 国民に対する犯罪　第1に，たとえば，警察官が捜査の段階で被疑者から自白を引き出すための**拷問**（195条に該当する）を，国家的法益に対する犯罪とする捉え方の根拠は，この種の行為が公務に対する信用を失わせ，ひいては国家の機能を害するというところにある。しかし，公務員による拷問は，公務を笠に着て国民をいじめる卑劣な行為であり，「**国家機関による国民（個人）に対する犯罪**」として弾劾されるべきである。

第2に，頻繁に繰り返される**賄賂犯罪**は，公務員が公僕（全体の奉仕者－憲15条2項）として国民に対して負っている責任を自覚しない，破廉恥犯である。国家に対する罪ではなく，国の本来の主人である国民に対する背信行為と理解すべきである。

「汚職の罪」というネーミング自体，職務を汚すから怪しからんという思考が背景に見え隠れするが，そのような考え方があるかぎり，表面上職務を汚さなければ構わないという，卑怯な権力行使を助長するきらいがある。是正する必要がある。

2　職権濫用にする対策

(1) 拷問に対する法制度　職権濫用罪（193〜196条）のうち，拷問に関しては，法制度としての整備がなされている。(イ)国の最高法規である憲法

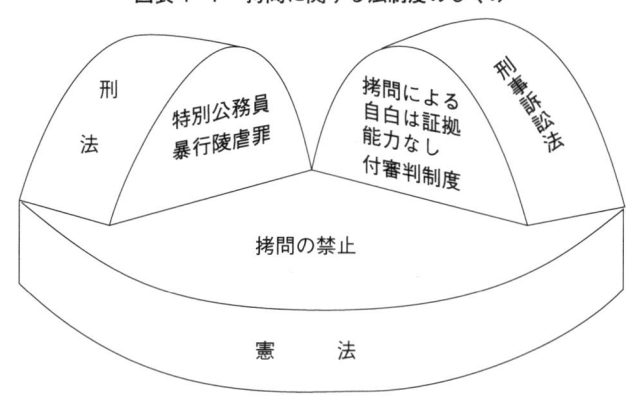

図表 4-1 拷問に関する法制度のしくみ

（刑法／特別公務員暴行陵虐罪／拷問による自白は証拠能力なし 付審判制度／刑事訴訟法／拷問の禁止／憲　法）

が，「公務員による拷問」を**絶対に禁ずる***と明言している（憲36条）。(ロ)刑法が，裁判・検察・警察の職務を行う者またはこれらの職務を補助する者による「暴行・陵辱・加虐」を処罰対象として採り上げている（195条）のは，拷問がれっきとした犯罪であることを物語っている。(ハ)刑法がいかに拷問を犯罪として位置づけたとしても，検察官がそれを取り上げなければ絵にかいた餅になってしまうことを慮って，刑事訴訟法は公訴を担保する制度を用意している。これが，準起訴手続ないし**付審判制度**といわれるものである（刑訴262～269条）。(ニ)拷問によって得られた自白について**証拠能力**が否定されているのは（刑訴319条1項），裁判規範としてだけでなく，捜査規範としても意味があることに注意したい。

(2) 今後の課題　以上のように，法は，憲法・刑法・刑事訴訟法を動員して拷問撲滅を目指している。それにもかかわらず，十分に機能していないのが実情である。問題は，付審判制度をも含めて，拷問抑止のためにどうしたら法制度を活用できるかということになる。

なお，付審判制度に対する地方裁判所の決定は極めて少ない。平成18年

***絶対に禁ずる**　憲法が同じ条文の中で「絶対に禁ずる」としているもう一つは，残虐な刑罰であり，憲法自体がこのような表現を用いているのは，過去にそのような悲惨な歴史があったり，今後も気をつけないと繰り返される危惧が強いからである。

の付審判請求の受理人員は243人，処理人員は476人であり，付審判決定件数は0件であった（平成19年犯罪白書）。

2　職権濫用の罪

1　公務員職権濫用罪（193条）

(1)　**趣　旨**　本罪は，公務員が，一応は職務権限に属する行為をしながら，実質的に違法な措置をした場合である。刑罰は，2年以下の懲役または禁錮。今日においても，一般の国民は必ずしも法律に精通しているわけではなく，そのために強制を受けやすく，不利益を受けることも少なくない。いわば，職権濫用罪は，悪賢い公務員から国民を守るための1つの規定と解される。

(2)　**成立要件**　本罪は，①公務員がその職権を濫用して，②人に義務のないことを行わせ，または権利の行使を妨害したときに，成立する。

(3)　**義務のないことを行わせる**　人に義務のないことを行わせるとは，違法に義務を課したり，いやいやながら従わせることである。

警察官は警察官職務執行法に基づいて**職務質問**をすることが認められているが（2条1項），国民はその意に反して交番等に連行されることはないと規定されている（2条2項・3項）。したがって，たとえば，警察官Aが，通行人Bに対し，路上で質問をする場合，これがBに不利であるような理由もないのに，Bを交番に連れて行くとすれば違法に義務を果たさせたことになり，本罪が成立する。

判例では，刑法193条にいう「職権の濫用」とは，「公務員が，その一般的職務権限に属する事項につき，職権の行使に仮託して実質的，具体的に違法，不当な行為をすることを指称するが，右一般的職務権限は，必ずしも法律上の強制力を伴うものであることを要せず，それが濫用された場合，職権行使の相手方をして事実上義務なきことを行わせ又は行うべき権利を妨害するに足りる権限であれば，これに含まれるものと解すべきである」と判示して，裁判官が，正当な目的による調査行為であるかのように仮装して，身分

帳簿の閲覧・その写しの交付等を求め，刑務所長らをしてこれに応じさせた事例につき，本罪の成立を認めている（最決昭57・1・28刑集36巻1号1頁＝宮本身分帳事件）。また，裁判官が私的な交際を求める意図で，自己の担当する窃盗被告事件の女性被告人に対し，夜間，電話で被害弁償のことで会いたいなどと言って喫茶店に呼び出し，喫茶店内に同席させる行為は，人に義務のないことを行わせることにあたる（最決昭60・7・16刑集39巻5号245頁）。

例13─(1)

納税の申告をした者が，その後自分で修正申告をすることは認められているが，税務署職員がむりやり修正申告させるのは，修正申告の強要として，職権濫用罪にあたると解される。

(4) **権利の行使の妨害**　権利の行使を妨害するとは，私法上の権利・公法上の権利の行使ができない状態を作り出すことである。判例によると，執行官がみだりに，ある土地に「本職之を占有保管する」旨の虚偽の記載をした公示札を立てた場合，本罪にあたる（最判昭38・5・13刑集17巻4号279頁）。

権利の行使の妨害に関して争われたのは，警察官の**電話盗聴行為**が本罪にあたるかどうかである。最高裁は，「終始何人に対しても警察官による行為でないことを装う行動をとっていた」盗聴行為については，職権の濫用があったとはいえないと判示した（最決平1・3・14刑集43巻3号283頁＝共産党幹部宅盗聴事件）。最高裁の法理を支える見解は，職権濫用罪を個人法益に対する罪と捉えると，個人法益に対する罪である強要罪（223条）と同様に，相手を従わせるような外観がなければならないとする，いわゆる強要罪モデルである。しかし，強要罪はあくまで個人が個人の自由を侵す場合であるのに対し，職権濫用罪は国家権力に携わる公務員が個人の自由を侵すのであるから，両者をパラレルに構成する必然性はない。しかも，職権濫用罪は強要罪と異なり，その手段・方法として「脅迫または暴行」が要求されていない点についても着目すべきである。問題の焦点は，職権の行使が個人のプライ

バシーという個人的自由の基礎部分にあたる権利を侵害したかどうかであり，被害者が法益を侵害された時点でそれを認識しうるかどうかではない。盗聴設備の設置について警察官であることを示して行うことはありえないのであるから，判旨はナンセンスといわねばならない。こういう判断のしかたに専門法曹の非常識さが示されている。しかも，その後，盗聴を正当化するために「犯罪捜査のための通信傍受に関する法律」（平成12年より施行）を制定しており，何をか言わんや，といわざるをえない。

2 特別公務員職権濫用罪（194条）

(1) **趣　旨**　本罪は，逮捕権限を有する検察官・警察官などが，職権を濫用して逮捕・監禁行為をした場合に，それを重く処罰することを通して，一般国民の人権擁護を図ろうとするものである。刑罰は，6月以上10年以下の懲役または禁錮。

(2) **成立要件**　本罪は，①裁判・検察・警察の職務を行う者と，これらの職務を補助する者が，②職権を濫用して，要件がそなわっていないのに，③逮捕したり，それに引続き，相手の身柄を拘束するときに，成立する。

(3) **不真正身分犯**　犯罪の主体は，裁判官・検察官・司法警察員（巡査部長以上）と，裁判所書記官・検察事務官・司法巡査などである。このような身分があることによって，一般国民が行う逮捕監禁罪（220条）に比べて刑が加重される場合である。本罪は**不真正身分犯***の1つである。

3 特別公務員暴行陵虐罪（195条）

(1) **趣　旨**　本罪の趣旨は，本章の1の1の記述から明らかであろう。刑罰は，7年以下の懲役または禁錮。

典型例は，警察官や検察官が捜査の段階で，被疑者に対して自白強要のために行う拷問である。

(2) **成立要件**　1項は，①裁判・検察・警察の職務を行う者と，これら

＊**不真正身分犯**　身分の有無にかかわらず犯罪は成立するが，身分の有無が刑の違いとなる場合である。加減的身分犯ともいわれる。

の職務を補助する者が，②職務を行うに当たり，③被告人・被疑者その他の者に対して，④暴行・陵辱・加虐の行為をしたときに，成立する。2項は，①法令により拘禁された者を看守・護送する者が，②拘禁された者に対して，③暴行・陵辱・加虐の行為をしたときに，成立する。

1項の客体の「その他の者」には，証人・参考人が含まれる。2項の「拘禁された者」としては，受刑者・逮捕状により逮捕されている者・少年院に収容されている者・精神保健及び精神障害者福祉に関する法律に基づく措置入院により収容されている者などがある。

例13—(2)

少年補導員は，警察の職務を補助する職務権限を何ら有するものではないので，本条1項にいう警察の職務を補助する者にあたらない（最決平6・3・29刑集48巻3号1頁）。

(3) **暴行・陵辱・加虐**　暴行は，人に向けられた有形力の行使を意味するが，直接に身体に向けられたものに限定されない。たとえば，着衣を引き裂くなども含まれる。陵辱は，はずかしめることを意味する。たとえば，わいせつな行為をしたり，裸体にする行為である。加虐は苦しめいじめることを意味する。たとえば，警察において被疑者から自白を得るために，被疑者が疾病を患っているのを知りながらあえて堅い椅子に長時間すわらせて取調べをするなどである。

例13—(3)

看守者が，その実力的支配下にある被拘禁者に，姦淫行為のような精神的・肉体的苦痛を与えると考えられる行為に及んだ場合は，被拘禁者がこれを承諾し，精神的・肉体的苦痛を被らなかったとしても，陵辱もしくは加虐の行為に当たる（東京高判平15・1・29判時1835号157頁）。

4　特別公務員職権濫用等致死傷罪（196条）

(1)　**趣　旨**　本罪は，194条・195条を犯し，その結果として人を傷害

	〔結果〕	〔結果的加重犯の刑の幅〕
194条を犯して	傷　害	15年〜6月　懲役
	致　死	20年〜3年　懲役
195条を犯して	傷　害	15年〜1月　懲役
	致　死	20年〜3年　懲役

したり，死亡させた場合に，傷害罪と比較して，上限・下限とも重い方をとるというものである。

(2) 法定刑　刑の上限・下限を比較する場合，傷害罪・傷害致死罪に禁錮刑は用いられていないので，**結果的加重犯**の刑の幅を設定するにあたって，禁錮刑は含まれない。

3　賄賂の罪

1　賄賂罪の基本

(1) 公務員犯罪　収賄罪は，公務員が職務に関して金銭を受け取ったり，饗応を受けたりするのが基本的な犯罪類型（197条1項前段）である。

収賄罪は**公務員犯罪**であるから，たとえば，国立大学の学生が試験の単位をもらえるように教官に依頼して10万円を渡せば，教官は受託収賄罪（197条1項），学生は贈賄罪（198条）になるが，同じことが私立大学の学生と教員の間でなされても，賄賂罪が成立するわけではない。

なお，賄賂罪は，賄賂を受け取る側と贈る側が両方存在することによって成立する。**必要的共犯**＊の中でも，相対する行為があって成立する**対向犯**といわれる。通常，公務員自身が賄賂を受け取る態様が予定されているが，第三者が受け取る場合（第三者供賄罪—197条の2）もある。

ちなみに，197条には，197条の2から197条の5というように，いわゆる「枝番号」のついた条文があるが，これらのうち，197条の4までは，収賄形態が巧妙に変化するのを追って処罰範囲を拡張していったものである。

(2) 賄　賂　**賄賂**とは，公務員の職務に関する，行為の対価となる不正の報酬のことである。公務員が役得として報酬を受けること自体が許されないし，さらに，それによって不正な職務がなされた場合は可罰性が高まる。

＊**必要的共犯**　そもそも2人以上いなければ犯罪にならないものである。1人でもできるが，2人以上でなされる任意的共犯と対比される。

図表4-2　共犯の種類

```
                          〔例〕
              ┌ 集団犯……内乱罪（77条），
      ┌ 必要的共犯 │（多衆犯）　騒乱罪（106条）
      │       └ 対向犯……収賄罪（197条〜197条の4）
共　犯 ┤                 と贈賄罪（198条）
      │       ┌ 共同正犯（60条）
      └ 任意的共犯 │〔共謀共同正犯〕
              │ 教唆犯（61条）
              └ 幇助犯（62条）
```

　報酬には，金銭・物品・金融の利益・地位の供与など，およそ人の欲望を満たすに足りる一切の有形・無形の利益が含まれる。判例は，警部が窃盗の現行犯である女性を取り調べるにあたって，情交を承諾すれば釈放してやると告げて，承諾させ，情交した場合に，異性間の情交も賄賂にあたるとしている（大判大4・7・9刑録21輯990頁）。

例13—(4)

　株式の新規上場に先立つ公開に際し，上場時には価格が確実に公開価格を上回ると見込まれ，一般人には公開価格で取得することが極めて困難な株式を，公開価格で取得できる利益は，それ自体が賄賂罪の客体になるとして捉えられている（最決63・7・18刑集42巻6号861頁＝殖産住宅事件）。

　判例は，賄賂と政治献金との区別に関して，次のような判断基準を示している。すなわち，「資金の贈与が，政治家が公務員として有する職務権限の行使に関する行為と対価関係に立つと認められる場合，換言すれば，職務権限の行使に関して具体的な利益を期待する趣旨のものと認められる場合においては，上記の政治献金の本来の性格，贈収賄罪の立法趣旨ないし保護法益に照らし，その資金の賄賂性は肯定されることになる」（大阪高判昭58・2・10判時1076号3頁）。

　(3)　**対価性と社交儀礼**　　賄賂にあたるかどうかの判断にあたって考慮すべき要素として，ⓐ職務との対価性と，ⓑ社交（的）儀礼の範囲を超えてい

るかどうか，がある。賄賂が職務に対する不正な報酬という意味を有することから，仮に公務員に対して贈与がなされたとしても，職務に関係なくなされたとすれば賄賂とはいえない。ただし，贈与の額が社交儀礼の範囲を超えるときは，名目は社交儀礼であったとしても，対価性を否定することは困難であろう。

　裁判で争われた事例として，国立大附属中学校教諭が時間外の学習指導に関し，生徒の父母9名から贈答用小切手12万円を受け取った事件がある。最高裁判所は，当該供与は，「被告人の職務行為を離れた，むしろ私的な学習上生活上の指導に対する感謝の趣旨と，被告人に対する敬慕の念に発する儀礼の趣旨に出たものではないかと思われる余地がある」として，賄賂性を否定した（最判昭50・4・24判時774号119頁）。つまり，①時間外の学習指導が公的職務といえないこと，②金銭的にも社交儀礼の範囲内にあることから，賄賂性が否定されたものと解される。

　(4) 職務に関し　　職務関連性が認められなければ賄賂ではない。「**職務**」とは，当該公務員の一般的職務権限に属せば足り，現に具体的に担当している事務であることを要しない（最判昭37・5・29刑集16巻5号528頁）。

　「**職務に関し**」とは，公務員の職務執行行為だけでなく，職務と密接な関係のある行為を含むと解される。判例の傾向としては，公選の議員，市長，内閣総理大臣等に関して，職務関連性を積極的に認める方向にある。(イ)国会議員が，自分が所属しない委員会の法案審議にあたり，他の議員に働きかけるのは，国会議員の職務に関する行為にあたる（最決昭63・4・11刑集42巻4号419頁）。(ロ)市長が，任期満了の前は現に市長としての一般的職務権限に属し，再選された場合に担当すべき具体的職務の執行につき，請託を受けて賄賂を収受すれば，受託収賄罪が成立する（最決昭61・6・27刑集40巻4号369頁）。(ハ)総理大臣が民間航空会社に働きかけるのは，運輸大臣への指揮監督権行使と密接な関係のある準職務行為である（最大判平7・2・22刑集49巻2号1頁＝ロッキード事件丸紅ルート）。

例13―(5)

　Aは、警視庁警部補として甲警察署地域課に勤務し、犯罪の捜査等の職務に従事していたものであるが、Bが乙警察署長に対し提出していた告発状に関し、告発状の検討・助言、捜査情報の提供、捜査関係者への働き掛けなどの有利かつ便宜な取り計らいを受けたいとの趣旨の下に供与されるものであることを知りながら、3回にわたり、現金の供与を受けた。この場合、警視庁警察官の犯罪捜査に関する職務権限は、同庁の管轄区域である東京都の全域に及ぶと解されるから、Aが上記事件の捜査に関与していなかったとしても、その職務に関し賄賂を収受したものといえるので、197条1項前段の収賄罪が成立する（最決平17・3・11刑集59巻2号1頁）。

　そのほか、判例では、大学設置審議会とその歯学専門委員会の委員が、教員予定者の適否を予め判定し、または同委員会の中間的審査結果を正式通知前に知らせた行為は、右審議会と委員会の委員としての職務に密接な関係のある行為であり、収賄罪の職務行為にあたるとされている（最決昭59・5・30刑集38巻7号2682頁）。また、文部事務次官が、ある業者の進学情報誌事業について教育関係者から問題が指摘されている状況において、これを知りながら、当該業者の事業の遂行に支障を及ぼす行政措置をあえて採らないことは、収賄罪の職務行為にあたるとされる（最決平14・10・22刑集56巻8号690頁）。

　次に、最高裁が内閣官房長官の職務権限について初めて判示した事例がある。事例は、内閣官房長官が、リクルートの代表取締役から、就職協定が存続・遵守されなければ、リクルート社の事業に多大の支障を来すので、国の行政機関において、就職協定の趣旨に沿った適切な対応をするように尽力願いたい旨の請託を受け、合計2000万円の小切手を受け取り、登録後確実に値上がりの見込まれていたリクルートコスモス社の未公開株1万株を譲り受けたというものである。最高裁は、次のように判示して、有罪を言い渡した。「内閣官房長官は、内閣法13条3項により、『内閣官房の事務を統轄』するものとされ、内閣官房は、同法12条2項により、『閣議に係る重要事項

に関する総合調整その他行政各部の施策に関するその統一保持上必要な総合調整に関する事務を掌る』ものとされているところ，前記請託の内容は，国家公務員の採用という国の行政機関全体にわたる事項について適切な措置を採ることを求めるものであって，内閣官房の所掌する右事務に当たり，内閣官房長官の職務権限に属するということができる」というのである（最決平11・10・20刑集53巻7号641頁＝リクルート政界ルート事件）。

2 単純収賄罪（197条1項前段）

(1) 趣　旨　本罪は，公務員が，その職務に関し，特別な依頼を受けずに，賄賂を収受・要求・約束した場合である。刑罰は5年以下の懲役。

(2) 収受・要求・約束　収受とは，その物が職務行為の対価として贈られたことを知りながら受け取ることである。要求とは，公務員が賄賂の供与を要求することである。約束とは，公務員と相手方との間で，賄賂の授受について合意がなされることである。

3 受託収賄罪（197条1項後段）

(1) 趣　旨　本罪は，請託を受けたことによって，単純収賄罪より重く罰せられる。刑罰は，7年以下の懲役。収賄罪の中でもっとも基本的な犯罪形態である。

(2) 請　託　請託とは，特定の職務行為を行うことを依頼することである。「請託を受けて」とは，公務員が依頼を承諾することを意味する。請託の内容は，不正な職務行為の依頼か正当な職務行為の依頼か関係がない。このような，正当な職務行為の依頼であっても本条にいう「請託」として捉えられる理由は，公務員の職務というものが賄賂によって買収されるようなことがあってはならないからである（最判昭27・7・22刑集6巻7号927頁）。

> **例13―(6)**
> 市長が，任期満了前に，現に市長としての一般的職務権限に属する市庁舎の建設工事の入札等に関して，再選された場合に担当すべき具体的職務の執行につき請託を受けて賄賂を収受したときは，受託収賄罪が成立する（最決昭61・6・27刑集40巻4号369頁）。

　(3)　**恐喝と収賄**　公務員が，職務執行に名を借りて，人を恐喝して財物を交付させたときは，何罪が成立するのか。考え方としては，恐喝罪（249条）と収賄罪とが成立するとするものもある。ただし，賄賂行為は本来，任意になされるものであるから，両罪は相容れないといえよう。恐喝罪のみの成立を考えればよい。

> **例13―(7)**
> 警察官が，その意思がないのに，検挙を行うと申し向け，容疑者を畏怖させて金員を提供させたときは，恐喝罪のみが成立する（大判昭2・12・8刑集6巻512頁）。

4　事前収賄罪（197条2項）

　(1)　**趣　旨**　本罪は，公務員になろうとする者が，請託を受けて，賄賂を収受・要求・約束した場合に，行為者が当該役職に就任したときに処罰される。刑罰は，5年以下の懲役。

　(2)　**行　為**　本罪が成立するためには，請託を受けたことが必要である。請託のない場合にまで事前収賄を認めると，職務との対価性がゆるやかになりすぎるおそれがあるため，処罰範囲に枠をはめているのである。

　公務員になることは，犯罪成立要件とは別の**処罰条件**と解するのが通説である。これに対し，公務員になった場合にはじめて本罪が成立するという趣旨から，構成要件要素と解すべきとの見解がある。

5 第三者供賄罪（197条の2）

(1) 趣 旨 本罪は，公務員自身が賄賂を受け取らず，第三者のところへ持って行かせるような巧妙な手段を禁ずるために規定されている。多くの場合，話しをつけた公務員がまわりまわって利益を受けるだろうが，その立証は必要とされていない。刑罰は，5年以下の懲役。

(2) 第三者 第三者とは，当の公務員以外の者である。たとえば，議員の後援会・官庁の外郭団体である。

> **例13—(8)**
>
> 行為者から，警察署長が，町等に寄附金をするから寛大に取り扱われたいとの依頼を受けて承諾し，町等に寄附金名義で金員を供与させ，被疑事件を検察庁に送致しなかったときは，第三者供賄罪が成立する（最判昭29・8・20刑集8巻8号1256頁）。

6 加重収賄罪（197条の3第1項・2項）

(1) 趣 旨 1項は，単純収賄罪・受託収賄罪・事前収賄罪・第三者供賄罪を犯して，その結果，不正な行為をし，または相当な行為をしないという職務違反をした場合である。2項は，職務違反をしたことを，いわばだしに使って賄賂を受け取るような場合である。1項・2項を合わせて加重収賄罪と称するほか，法を枉げるということで，枉法収賄罪とも呼ばれる。刑罰は，1年以上の有期懲役。

(2) 行 為 不正な行為とは，違法な行為のことである。相当な行為をしないとは，職務としてする義務のある行為を怠ることである。相当の行為をしなかった例としては，議員が請託を受けて議場を欠席する行為がある（大判大5・11・10刑録22輯1718頁）。

7 事後収賄罪（197条の3第3項）

(1) 趣 旨 本罪は，公務員が退職後賄賂を受け取ることによって処罰を免れようとするのを，許さないために規定されたものである。刑罰は，5

年以下の懲役。

(2) 行　為　処罰範囲を明確にするため，公務員が請託を受けて，不正の行為をしたり相当の行為をしなかったことを必要としている。

> 例13—(9)
>
> 公務員Aは，在職中に建設業者Bの入札に便宜をはかった謝礼として，退職後，Bからマンションの一室をもらった。事後収賄罪が成立する。

8　あっせん収賄罪（197条の4）

(1) 趣　旨　本罪は，いわゆる「顔をきかせる行為」を処罰するために，昭和33（1958）年に設けられた。当該公務員の職務に関するものでないものについて賄賂罪の成立を認める点で，他の収賄罪とは性質を異にする。刑罰は，5年以下の懲役。

(2) あっせん　あっせんという行為に関して，成立要件は二重に絞りがかけられている。第1に，条文そのものが本罪の犯罪主体を公務員に限定している。第2に，判例は，少なくとも公務員としての立場であっせんすることを必要としている。すなわち，公務員という身分を有する場合でも，単なる私人として行う場合には本罪にあたらない。一方，公務員が積極的にその地位を利用してあっせんすることは要件とされない（最決昭43・10・15刑集22巻10号901頁）。

例13 ― ⑽

土木建築工事請負業の甲会社の代表取締役副社長Aは，参議院議員Bに対し，公正取引委員会が，S県内の公共工事を受注する建設会社の営業責任者らにより組織されていた「S土曜会」の会員による独禁法違反の事実があるとして調査を続けていたことに関し，公取委が告発をしないよう公取委員長Cに働きかけてもらいたい旨のあっせん方の請託をし，これを承諾したBに，その報酬として現金1,000万円を供与した。この場合，「公務員が請託を受けて，公正取引委員会が同法違反の疑いをもって調査中の審査事件について，同委員会の委員長に対し，これを告発しないように働き掛けることは，同委員会の裁量判断に不当な影響を及ぼし，適正に行使されるべき同委員会の告発及び調査に関する権限の行使をゆがめようとするものであるから」，あっせんに当たる（最決平15・1・14刑集57巻1号1頁）。

9　贈賄罪（198条）

本罪は，公務員でない者が公務員に対し，賄賂を供与・申込み・約束する罪である。刑罰は，3年以下の懲役または250万円以下の罰金。収賄の必要的共犯であり，対向犯である。

10　没収および追徴（197条の5）

(1) 趣　旨　本条は，収賄者等に不正な利益を保有させないために，19条・19条の2の例外として，必要的没収・追徴を規定したものである。本条の適用を受けるのは，本人または事情を知っている第三者である。ここでいう「第三者」は第三者供賄罪（197条の2）における第三者にほかならない。

なお，賄賂が収賄者によって他の物に変換されたときは，本条ではなく，19条による任意的没収を適用すべきである。

(2) 追徴額の算定　追徴価額の算定基準については，賄賂の授受があった当時の価額によるとするもののほか，裁判時説や没収不能の事実が発生した時とする見解などがある。金銭とのつりあいを考えて，賄賂の授受があっ

た当時の価額と解するのが妥当である（最判昭43・9・25刑集22巻9号871頁）。

> **例13―(11)**
> ゴルフクラブ会員権は、債権的法律関係であり、性質上没収できず、また、入会保証金預託証書は、ゴルフクラブ会員権を表章する有価証券ではなく没収できないから、収受時の時価を追徴すべきである（最決昭55・12・22刑集34巻7号747頁）。

(3) 共同収受した賄賂 収賄された賄賂を犯人等から必要的に没収、追徴する趣旨は、収賄犯人に不当な利益の保有を許さず、これを剥奪して国庫に帰属させるという点にある。

そこで、追徴が没収に代わる処分である以上、その全員に対し重複してその全部につき執行することが許されるわけではない。

> **例13―(12)**
> 北茨木市長Aと、その支援者で非公務員であるBは、共謀の上、ゴルフ場開発業者Cから現金1億5,000万円の賄賂を収受したが、A・B間におけるその分配・保有・費消の状況が不明である。
> 裁判所は、共犯者らに追徴を命じるに当たって、「相当と認められる場合には、裁量により、各人それぞれ一部の額の追徴を命じ、あるいは一部の者にのみ追徴を科することも許される」（最決平16・11・8刑集58巻8号905頁）。

11 あっせん利得処罰法

平成12年11月22日、特別刑法として「あっせん利得処罰法」が成立した（13年2月施行）。この法律は、政治家が公務員に口利きをして報酬を得ることを規制するものであり、賄賂犯罪を実質的に拡張する意味がある。

あっせん利得処罰法が規制の中核として採り上げているのは、国会議員、地方自治体の首長、地方議員が、国や地方自治体が締結する契約、または特定の者に対する処分に関し、請託を受けて、その権限に基づく影響力を行使して公務員にその職務上の行為をさせるようにあっせんし、報酬として財産

上の利益を収受する行為である。法定刑は3年以下の懲役。なお，国会議員の公設秘書が同様の行為をしたときは2年以下の懲役。

　ところで，この問題は，有権者が選挙の際の支援を盾に取って政治家の口利きに期待するという政治風土に背景を求めることができ，国民の側の自覚が要求される課題である。

第14章　公務を害する罪

1　公務の執行を妨害する罪

1　保護法益

(1) 公務の執行を妨害する罪の存在理由　公務の執行を妨害する罪（刑法第2編第5章）は，なぜ存在するのか，公務執行妨害罪（95条1）を手がかりに考えてみよう。

人が他人に暴行を加えたり，脅迫をした場合には，それぞれ暴行罪（208条），脅迫罪（222条）が用意されている。いずれも，刑罰の最高は2年の懲役である。ところが，相手が公務員ということになると公務執行妨害罪（95条1項）という別の罪が成立し，しかも，最高刑は1.5倍の3年の懲役となる。これは，なぜであろうか。

公務執行妨害罪という犯罪類型が用意されていることについての疑問点がいくつかある。(イ)公務員も人である以上，公務員に対して暴行・脅迫がなされれば暴行罪・脅迫罪に当たるとするので十分ではないのか。公務員なるが故に厚く保護されるということは，公務員が威張ることを助長することにならないか。(ロ)たとえば，警察官と民間人が協力して現行犯をつかまえようとするとき，犯人が警察官と民間人に暴行を加えたとすると，警察官に関しては公務執行妨害罪が成立し，民間人に対しては暴行罪が成立することになる。これは，同一の事実について法律の適用に差があることになり，法の下の平等という憲法14条に違反することにならないか。(ハ)公務執行妨害罪の暴行の意義は本来の文理（言葉の意味）よりかなりゆるやかに解されている。たとえば，警察官が証拠品として押収した覚せい剤入りアンプルを被疑者が踏みつけて損壊する行為のように，暴行が公務員の身体に直接加えられる必要はないと解されている。これを一般に**間接暴行**と称しているが，「暴行」

という言葉に含ませようとすることには無理があるのではなかろうか。

以上のようないくつかの疑問があるにもかかわらず、公務執行妨害罪の存在を必要とするのはなぜであろうか。

(2) 公務員の役割の視点から ところで、今日では、別の観点から論拠づけも可能である。それは、日本国憲法下の公務員とはどのような役目をもっているか、ということからの考察である。すなわち、日本国憲法において、国政による福利を享受するのは国民であり（憲法前文第1段）、その権利増進のために働くのが、国民の「全体の奉仕者」である公務員にほかならない（憲15条2項）。そうであるとすれば、刑法は、公務のような重要性に鑑みて職務を厚く保護しているとも解される（小暮ほか編・各論495頁〔江口三角〕）。判例によると、公務執行妨害罪の立法趣旨は、「公務員を特別に保護する趣旨の規定ではなく公務員によって執行される公務そのものを保護するものである」ことが確認されている（最判昭28・10・2刑集7巻10号1883頁）。すなわち、憲法の趣旨と合わせて考えると、国民に奉仕するための公務であるがゆえに厚く保護されると解されるのである。

さて、以上のような解釈を是認してもさしつかえないと思うが、そのためには、次のような条件が充たされなくてはならないはずである。第1に、公務員は公務が誰のためのものかということをよく認識して、威張ったりしないという基本的な姿勢である。第2に、国民をいわばひっかけるような形で公務執行妨害罪を用いてはならないということである。

つまり、公務執行妨害罪の存在理由をつきつめてゆくと、つまりは国民個々人の尊重というところに辿り着くはずである。その意味で、従来、公務執行妨害罪を安易に国家的法益に対する罪として位置づけていたのは形式的理解にほかならない。

2 公務執行妨害罪（95条1項）

(1) 趣 旨 本罪は、適法な職務の執行に対する暴行・脅迫が、公務という国家的法益に対する妨害になるとして処罰するものである。刑罰は、3年以下の懲役もしくは禁錮または50万円以下の罰金。保護法益は、公務、

すなわち，国または地方公共団体の作用の円滑かつ公正な遂行であり，その客体は公務員である。平成18年改正により罰金刑が加えられたのは，軽微事犯に対する対応を考慮したものである。

(2) 成立要件 本罪は，①公務員が職務を遂行するにあたって，②これに対して暴行または脅迫を加えることによって，③職務を妨害する可能性がある場合に，成立する。

(3) 職務行為の適法性 保護されるべきは，公務員による適法な職務行為である。公務員は公務なるがゆえに保護されるのではなく，公務が国民の福利につながるがゆえに尊重されるのであるから，公務員の職務行為は適法でなければならないことになる。

これに対し，適法性を要するというような要件は，刑法上明文の規定がなく，いやしくも公務員の職務執行行為と認むべきものがあれば，その行為はすでに本条の保護に値するとの見解もある。

しかし，職務行為としてなされるならどんなものでも刑法で保護するべきだという考え方は，今日の民主主義社会では許されないことである。この点は，憲法31条が適正な手続（デュー・プロセス）なしに国民の法益を奪うことはできない，としていることに明確に示されている。また，刑法自体が，公務員がその職権を濫用して，人に義務のないことを行わせ，または権利の行使を妨害したときは公務員職権濫用罪（193条）にあたるとしている。したがって，職権濫用罪にあたるような公務の執行がなされたとすれば，それに対して国民は，急迫・不正な侵害として，正当防衛（36条1項）で対処できるはずである。以上のことから明らかなように，95条1項の「職務」というためには，適法な職務であることが必要と解される。

下級審判例であるが，職務行為の適法性を明確に謳ったものがある。警察官Aは巡回連絡に際し，ペンションの住人Bから「警察は来なくていい」などと言われて言い争いになった。そして，AがBのこめかみに拳銃を突きつけ，「くるくるぱー」の格好をしてBを愚弄する態度を示した場合，公務の執行は違法であるから，Bがモップを手にして暴言を吐き，Aの胸を押したりしても，公務執行妨害罪を構成しないとされた（鹿児島地判平2・3・

16 判時 1335 号 156 頁)。

〔職務行為の適法性についての要点〕

> ① 職務行為は適法でなければならないか。
> ② 適法性の要件
> ③ 適法性の判断基準
> ④ 適法性はどの時点を基準に判断すべきか。

(4) 職務行為の適法性の要件　職務行為が適法であると認められるためには，①抽象的職務権限（一般的職務権限）に属すること，②その職務行為をする具体的職務権限があること，③法律上の重要な要件・方式をそなえていること，の3つの要件が充たされていなければならない。それぞれの要件について，具体例を考えてみよう。①警察官は税務事務を扱う抽象的職務権限がないから，警察官が所得税などを徴収することは認められない。②裁判所の執行官が適法に強制執行を行いうるのは，自己に委任された事件に限られる。また，警察官が武器を使用するについては，警察官職務執行法7条により，犯人の逮捕・逃走の防止，自己もしくは他人にたいする防護，公務執行に対する抵抗の抑止のため，必要であると認める相当な理由のある場合で，合理的限度において許されているから，それ以外の場合には，具体的職務権限がないことになる。③逮捕状により被疑者を逮捕するには，逮捕状を被疑者に示さなければならないとされている（刑訴201条1項，憲33条）。これは，被疑者の防御権を保障するために必要なことであるから，この手続を欠いているときには違法逮捕ということになる。

　ところで，判例では，①の抽象的職務権限があれば，それでも足りる，とするものがある。すなわち，県議会議員Cは，県議会において県議会議長DがCに対して提出された懲罰動議を先議せず，質疑打切り，上程議案一括採決をしようとしたため，それを阻止しようとして，議長席に詰めより，Dの着席していた椅子を揺り動かすなどした。裁判において，Cは，議長の職務執行は県議会会議規則に違反すると主張したが，最高裁は，(a)議長のとった措置が，議長の抽象的権限の範囲内に属すること，(b)仮に当該措置が

会議規則に違反するものである等，法令上の適法要件を完全に充たしていなかったとしても，具体的な事実関係のもとにおいて妨害から保護されるに価することを理由に，公務執行妨害罪の成立を認めている（最大判昭42・5・24刑集21巻4号505頁）。思うに，県議会議長は，上述の，②具体的職務権限，および，③法律上の重要な要件・方式に違反しており，職務行為の適法性の要件を充たしていないといえよう（なお，刑法判例百選Ⅱ（第5版）222頁[城下裕二]）。

例14─(1)

> 収税官吏が税務調査に際し検査章を携帯すべき旨の規定は，単なる訓示規定ではないから，相手方が要求したのに呈示しないときは，検査を拒む正当な理由があるが，相手方が呈示を求めたという事情が存しない場合は，検査章を携帯していなかった一事をもって右収税官吏の行為が公務の執行でないとはいえない（最判昭27・3・28刑集6巻3号546頁）。

適法性の判断基準については，(イ)公務員の立場を基準とする主観説，(ロ)一般人の見解を基準とする折衷説，(ハ)裁判所が法令を基準として判断する客観説がある。適法性はもともと客観的なものであるから，(ハ)の客観説が妥当である。

適法性について，どの時点を基準に判断すべきかに関しては，行為当時の状況に基づいて客観的に判断されるべきとの見解と，事後的に純客観的に判断されるべきとの見解がある。これは，次のような事例の場合に，犯罪の成否を分けることになる。警察官E・Fは，日本刀の仕込杖を所持していたGを銃砲刀剣類所持等取締法違反の現行犯人として逮捕しようとしたが，GがHに何かを手渡したように察知されたので，FがGとHの間に割り込んだところ，Hの腹のあたりから拳銃が落ちたので，Hをも銃刀法違反の現行犯人として逮捕しようとした。それに対し，GとHは，EとFに体当りや殴打をしたというのである。その後，Hについては，Gから拳銃を受け取ったものの約30秒足らずという短い時間であったところから，銃刀法にいう所持に当たらないとして無罪を言い渡されたのであった。つまり，警察

官のHに対する逮捕行為は事後的に純客観的に判断すれば，違法な逮捕行為になるから，それに対する暴行は公務執行妨害罪を構成しないことになる。この事例について，判例は，控訴審が，「職務行為の適否は事後的に純客観的な立場から判断されるべきでなく，行為当時の状況にもとづいて客観的，合理的に判断されるべき」と判示したのを是認している（最決昭41・4・14判時449号64頁）。判例の立場が妥当である。

(5) 「職務を執行するに当たり」　公務執行妨害罪は，単に公務員に対してなされた場合を処罰するのではなく，職務として執行されている場合を捉えたものである。したがって，職務が終了していれば本罪は成立しない。県議会の委員長は，休息宣言後も，委員会の秩序を保持し，紛議に対処するための職務を現に執行していたものと認められるから，委員会室を退出しようとした委員長に暴行を加えれば，公務執行妨害罪が成立するのが判例である（最決平1・3・10刑集43巻3号188頁）。

例14――(2)

> 　交代制当直勤務中の警察官について，当直室で休憩中の場合および休憩のため当直室に赴こうとしていた場合は，たとえ勤務時間内であっても，公務の執行中にあたらない（大阪高判昭53・12・7高刑集31巻3号313頁）。

(6) 暴行・脅迫　公務執行妨害罪の手段は暴行と脅迫である。暴行とは有形力を行使することであり，脅迫とは恐怖心をおこさせるために害悪を告知することである。

　公務執行妨害罪における暴行については，本罪独自の捉え方がなされている。というのは，暴行は公務員に加えられるのであるが，刑法が守ろうとしているのは公務そのものの保護であるから，暴行の意義も，職務執行の妨害となるかどうかの視点から判断されるためである。

　(イ)暴行は，職務執行の妨害となるべき程度のものであればよいのであって，現実に妨害の結果を生じる必要はない。警察官に対する投石行為はただ1回でも本罪が成立するとしている（最判昭33・9・30刑集12巻13号3151頁）。丸めた紙を相手方（県職員）の顔面付近に突きつけてその尖端をあごに

触れさせる行為も，本罪の暴行といえる（最判平 1・3・9 刑集 43 巻 3 号 95 頁）。これらは，本罪を抽象的危険犯と解することによる結論といえる。㈡暴行は，公務員に向けられていればよいのであって，直接に公務員の身体に加えられることは必要ではない。いわゆる**間接暴行**が認められる。判例では，警察官が覚せい剤取締法違反の現行犯人を逮捕する際，証拠物として差し押さえられた覚せい剤注射液入りアンプルを足で踏みつけて破損する行為は，本罪の暴行にあたるとする（最決昭 34・8・27 刑集 13 巻 10 号 2769 頁）。㈢暴行・脅迫は積極的なものでなければならない。検挙にやってきた警察官に対し，積極的な抵抗をせず，単にスクラムを組み労働歌を高唱して気勢を挙げただけでは，本罪は成立しない（最大判昭 26・7・18 刑集 5 巻 8 号 1491 頁）。㈣公務員の補助者に対する暴行・脅迫も本罪を構成する場合がある。判例では，裁判所の執行官の指揮下で，強制執行を補助している労務者を殴打し，「殺すぞ」と庖丁を突きつけた行為のように，「当該公務員の指揮に従いその手足となりその職務の執行に密接不可分の関係において関与する補助者」に対してなされた場合に，本罪の成立が認められている（最判昭 41・3・24 刑集 20 巻 3 号 129 頁）。㈤公務執行妨害罪における暴行は，それが暴行にとどまるかぎり，本罪の構成要件によって評価し尽くされるから，別に暴行罪にあたらない。ただし，公務員を傷害ないし殺害すれば，傷害罪（204 条）ないし殺人罪（199 条）が成立する。なお，その場合，罪数関係は，1 個の行為が 2 個以上の罪名に触れるのであるから，公務執行妨害罪とそれらの罪とは**観念的競合**＊（54 条 1 項）になる。

＊**観念的競合** まず，行為が 1 個かどうかは，法的評価をはなれ構成要件的観点を捨象した自然的観察のもとで，行為者の動態が社会的見解上 1 個のものと評価を受けるかどうかによって判断し（最大判昭 49・5・29 刑集 28 巻 4 号 114 頁），次に，結果に関して構成要件的観点から捉えて 2 個以上の罪名に触れる場合のことである。

> **例14—(3)**
> 収税官吏が差し押さえた密造酒入りの瓶を自動車に積載した際，鉈でこれを破砕する行為は，直接公務員の身体に対するものでなくても，本罪の暴行にあたる（最判昭33・10・14刑集12巻14号3264頁）。

3　職務強要罪（95条2）

(1)　趣　旨　本罪は，公務員に対する強要行為と辞職をさせようとする行為を処罰するものである。刑罰は，3年以下の懲役もしくは禁錮または50万円以下の罰金。本罪は，将来の職務執行に向けられた犯罪である。

(2)　成立要件　本罪は，①公務員に，②ある処分をさせ，もしくはさせないため，またはその職を辞させるために，③暴行または脅迫を加えた場合に，成立する。

(3)　処　分　処分とは，公務員が職務上なすことができる行為をすべて含むと解される。

では，公務員に職務権限外の行為を強要することは，はたして，ここでいう処分に含まれるかどうか。たとえば，法令上の根拠なく税の減免を税務署長に要求する場合である。判例は，本罪が「公務員の正当な職務の執行を保護するばかりでなく，広くその職務上の地位の安全をも保護しようとするものである」との立場から，職務権限外の処分についても本罪の成立を認めている（最判昭28・1・22刑集7巻1号8頁）。しかし，「公務員だけがその地位の安全を刑法により特別に保護される理由はない」（小暮ほか編・各編506頁［江口三角］）から，本罪は成立しないと解すべきである。

また，公務員に作為の処分をするよう強要する場合に，その内容が適法なときはどうか。公務は法に基づき適正な手続に従ってなされるべきとの見地からすれば，違法な処分を強要する場合はもとより，適法な処分でも強要すれば本罪を構成するとの見解にも一理ある。しかし，わが国においては，公務員が本来なすべき行為を怠っている場合が少なくないこと，請願権に関する憲法16条は，たしかに「平穏に」という言葉を用いているが，基本的に

国民には主権者として請願権があることを合わせて考えると、行為のなされた具体的状況によっては本罪の成立が否定されるべきである。

4 封印破棄罪（96条）

(1) 趣 旨　本罪は、国家の作用としての強制執行の機能を保護するために規定されたものである。刑罰は、2年以下の懲役または20万円以下の罰金。

(2) 成立要件　本罪は、①公務員が施した封印もしくは差押の表示を、②損壊し、またはその他の方法で無効にした場合に、成立する。

(3) 封印・差押えの表示　封印とは、公務員が職務上ほどこしたもので、物に対する任意の処分を禁止するために、その物の外装に封緘その他の物的設備をしたものである。

例14—(4)

> 封印は印章を用いたもののみに限定されず、穀類差押えのために執達吏（執行官）が俵に縄張りをし、これに必要事項を記入した紙片を巻き付けた場合も、封印を施したといえる（大判大6・2・6刑録23輯35頁）。

差押えの表示とは、公務員が職務上、自己の保管に移すべき物に対し、占有取得の旨を明示するために標示したものであり、たとえば立札などがそれにあたる。なお、いったん差押えの標示がなされても、行為の時点で現存していなければ、保護の対象とならない（最判昭33・3・28刑集12巻4号708頁）。他方、執行官が立てた場所に外見上も立札とわかるように立っていれば、包装などによって見えにくくなっていても、差押えの表示として有効である（最決昭62・9・30刑集41巻6号297頁）。

(4) 行 為　損壊とは、物理的に壊して事実上の効力を失わせることであり、その他の方法で無効にすることは、事実上、封印・差押えを無意味にすることである。無効にする行為の例として、税法上の犯則物件として差し押さえられ、封印をほどこされた密造酒在中の桶から、密造酒を漏出させた行為がある（大判明44・7・10刑録17輯1409頁）。

例14—(5)

仮処分の執行により執行官の占有に移った家屋に入居する行為は，本罪を構成する（最決昭42・12・19刑集21巻10号1407頁）。

5 強制執行妨害罪（96条の2）

(1) 趣 旨 本罪の主眼は債権者の債権保護にあたり，そのために，強制執行が適正に行われることを担保するのである（最判昭35・6・24刑集14巻8号1103頁）。刑罰は，2年以下の懲役または50万円以下の罰金。

(2) 成立要件 本罪は，①強制執行を免れる目的で，②財産を隠匿・損壊・仮装譲渡し，または，仮装の債務を負担した場合に，成立する。

(3) 債務名義の存在 強制執行を免れる目的で財産の仮装譲渡をした場合に，それだけで本罪の成立とみるか，それとも，強制執行の可能性がなければならないかは，議論のあるところである。

裁判において争われたのは，次のような事例であった。Aは，Bより貸金110万円の連帯保証債務について訴訟を提起されていたが，右債権に基づく強制執行を免れる目的をもって，妻Cと共謀のうえ，A所有の土地および建物を長女Dに移すことを企て，司法書士に所有権移転登記申請関係書類を作らせ，不動産をD名義に仮装譲渡した。

この事例について，Aは強制執行妨害罪で起訴されたのであるが，保証債務についてはBの敗訴が確定したのであった。

最高裁は，本条が成立するためには，「単に犯人の主観的認識若しくは意図だけでは足らず，客観的に，その目的実現の可能性の存することが必要であって，同条の罪の成立がためには現実に強制執行を受けるおそれのある客観的な状態の下において，強制執行を免れる目的をもって同条所定の行為を為すことを要する」とし，「本件のように，何らの執行名義も存在せず単に債権者がその債権の履行請求の訴訟を提起したというだけの事実をもっては足らず，……刑事訴訟の審理過程において，その基本たる債権の存在が肯定されなければならないものと解すべきである」として，2審の有罪判決

を破棄し，差し戻したのである（前掲最判昭35・6・24）。これは，本条の主眼を債権者の債権保護にあるとする立場の結論であり，池田（克）裁判官の反対意見のように，本条の趣旨を強制執行を免れる目的でなされる行為を規制するところにあるとする立場では，いやしくも強制施行を免れる目的をもってその対象となるべき財産の仮装譲渡等をなしたときは，本罪が成立することになる。

　思うに，条文の位置づけにとらわれず，本罪の保護法益の重点は私人の権利行使の実効性の保護に置いて捉えるべきであり，判例（多数説）を支持したい。したがって，たとえば企業家が，事業の失敗に備え，あらかじめ財産を他人名義としておく行為が本罪を構成するわけではない（藤木・各論32頁）。

6　競売入札妨害罪（96条の3第1項）

(1) 趣　旨　本条は，公の競売・入札の公正さを偽計・威力から守ろうとする規定である。刑罰は，2年以下の懲役または250万円以下の罰金。

(2) 成立要件　本罪は，①偽計または威力を用いて，②公の競売または入札の公正を害すべき行為をした場合に，成立する。

(3) 公の競売・入札　「公の」とは，国または地方公共団体が行うことを意味する。競売とは，売主が，多数の者に対し口頭で買受けの申し出をすることを促し，最高価額の申出人に売却する売買方法である。要するにオークションである。入札とは，契約内容について2人以上の者を競争させ，原則として最も有利な申し出をした者を相手方として契約する競争契約であって，文書によって申し込ませるものである。

(4) 偽計・威力　偽計とは，他人の判断を誤らせるような謀略のことである。威力とは，人の自由意思を制圧するような勢力のことである。判例では，市発注の電気工事の請負にかかる指名競争入札に関し，自己の経営する会社において落札するため，他の指名業者に対し自社を落札者とすることの談合を持ちかけ，これに応じなかった会社の代表取締役に対し，「談合に応じなければその身体等に危害を加えかねない気勢を示し」た場合に，威力に

よる入札妨害罪が認められている（最決昭58・5・9刑集37巻4号401頁）。

> **例14―(6)**
>
> 　弁護士Ａが，裁判所に対して，競売開始決定のあった土地建物につき賃貸借契約があるかのように装って，取調べを求める上申書および競売開始決定前に短期賃貸借契約の締結があった旨の内容虚偽の賃貸借契約書写しを提出する行為は，偽計による競売入札妨害罪にあたる（最決平10・7・14刑集52巻5号343頁）。

7　談合罪（96条の3第2項）

(1)　趣　旨　本罪は，談合行為が，業者を競わせることによって，できるだけ安く工事が行われるように意図されている入札制度の意味もなくさせることに着目し，規制するものである。刑罰は，2年以下の懲役または250万円以下の罰金。

(2)　成立要件　本罪は，①公正な価格を害し，または不正な利益を得る目的で，②談合した場合に，成立する。

(3)　犯罪となる談合　本罪の行為は談合である。談合とは，競売・入札の競争に加わる者が，互いに通謀して，ある特定の者を競落者・落札者とするために，他の者は一定の価格以上または以下に付値，入札をしないよう申し合わせをすることをいう。談合は公務の執行を妨害する抽象的危険犯である。そこで，その危険があるような談合である以上，入札参加者の一部によると全部によるとを問わず，談合罪が成立する（最判昭32・12・13刑集11巻13号3207頁）。

　ただ，談合は，わが国では古くから行われている慣行であるし，業者間でのある程度の協定は許されることである。そこで，刑法は，「公正な価格を害し又は不正な利益を得る目的で」なされた談合のみを可罰的なものとして，限定しているのである。

　さて，「公正な価格」とは，公正な自由競争が行われたならば，すなわち，談合が行われなかったならば形成されたであろう競落・落札価格である。判

例では，談合が行われても，入札施行の結果が自由な競争により到達したと同一の結果に帰着する場合は，右談合は公正な価格を害する目的でなされたものということはできないとしている（東京高判昭27・8・18高刑判時34巻148頁）。

「不正な利益」とは，不正な談合によって取得される金銭その他の経済的利益である。たとえば，はじめから工事を施行する意思などなく，いわゆる談合金を得る目的で談合に参加した場合，その利益が社会通念上のいわゆる「祝儀」の程度を超えていれば，不正な利益になる（最判昭32・1・22刑集11巻1号50頁）。また，落札者が自己の採算を無視し，公正な価格の範囲内で利潤を削減して談合金を捻出し，分配するような場合には，これを収受する意思をもって談合しても，不正な利益を得る目的があるとはいえない（大阪高判昭29・10・30高刑裁特1巻追録759頁）。

本罪は，これらの目的で談合が行われただけで既遂に達し，談合に従って行為することは必要とされない。

2　逃走の罪

1　単純逃走罪（97条）

(1)　**趣　旨**　逃走の罪は，刑事司法作用としての拘禁を保護法益とする。

本罪は，いわゆる脱獄の中で，たとえば刑務所の塀を乗り越えて逃亡するような単純な形態を予定している。刑罰は，1年以下の懲役。

脱獄は，拘禁作用に対する挑戦であるばかりでなく，近隣住民に不安を与えることになり，また，地域社会に根ざした矯正処遇（施設内処遇）を推進させるためにも規制の必要がある。ただし，拘禁されている者が逃走したいという心情を抱くことは当然であるところから，期待可能性が弱まる。そこで，法定刑が軽く抑えられている。

(2)　**成立要件**　本罪は，①裁判の執行により拘禁された既決または未決の者が，②逃走した場合に，成立する。

(3) 主　体　「裁判の執行により拘禁された」とは，単に逮捕されただけでは足りない，という趣旨である。「既決」の者とは，拘禁を内容とする有罪判決（懲役，禁錮，死刑の執行まで拘置）が確定し，その執行によって刑事施設に拘禁されている者である。「未決」の者とは，裁判官の発した勾留状（刑訴62条・207条）の執行によって拘置所またはいわゆる代用監獄（受刑者処遇法15条1項）に拘禁されている者である。

(4) 既　遂　未決者が施設外へ逃走したが，看守者が直ちに発見して追跡し，間もなく600メートル離れた家屋内で発見した場合，いまだ看守者の実力的支配を完全に脱出したとはいえないから本罪の未遂にとどまる（福岡高判昭29・1・12高刑集7巻1号1頁）。

2　加重逃走罪（98条）

(1) 趣　旨　本罪は，逃走手段が悪質化する一方，犯罪主体は拡張している。刑罰は，3月以上5年以下の懲役。

(2) 成立要件　本罪は，①裁判の執行により拘禁された既決・未遂の者，または勾引状の執行を受けた者が，②拘禁場もしくは拘束のための器具を損壊し，暴行もしくは脅迫をし，または2人以上通謀して，③逃走した場合に，成立する。

(3) 主　体　「勾引状の執行を受けた者」とは，勾引状（裁判官が一定の場所に引致するために発する令状）により留置された者（被告人，証人）を指す。ただし，刑法施行当時の刑事訴訟法（明治刑訴）における「勾引状」が逮捕状の役割を有していたところから，逮捕状により逮捕された被疑者を含むと解される（東京高判昭33・7・19高刑集11巻6号347頁）。したがって，逮捕状によって逮捕された者は加重逃走罪の主体となるが，現行犯で逮捕された者はその主体に含まれない。

なお，「執行を受けた者」に引致中の者を含むとの見解（団藤・各論75頁）もあるが，逃走罪の実体を脱獄犯罪と捉えるかぎり（藤木・各論36頁），逮捕状により逮捕された者が警察署に連行される途中，逃走しても，本罪は成立しない。

(4) 手　段　「損壊」とは，物の実質に対する物理的損壊を意味するものと解される。判例によると，列車で護送中の被告人が，逃走に際し，手錠および捕縄を外し，かつ，手錠を車外に投棄したとしても，損壊にあたらないとされている（広島高判昭31・12・25高刑集9巻12号1336頁）。また，未決の者が逃走の目的をもって，拘禁場内の換気孔周辺のモルタル部分を損壊したときは，脱出可能な穴を開けることができなかった場合でも，本罪の実行の着手があったといえる（最判昭54・12・25刑集33巻7号1105頁）。

3　被拘禁者奪取罪（99条）

(1) 趣　旨　本罪の客体は，法令により拘禁された者であり，98条の「主体」よりさらに広くなっている。刑罰は，3月以上5年以下の懲役。

(2) 成立要件　本罪は，①法令により拘禁された者を，②奪取した場合に，成立する。

(3) 客　体　法令により拘禁された者とは，法令の根拠によって身体の自由を拘束された者のことである。97条・98条に該当する者のほか，現行犯として逮捕された者，緊急逮捕された者も含まれる。

客体に含まれるかどうか問題となるのは，少年法による保護処分（少24条1項）として少年院に収容された少年，観護措置（少17条）として少年鑑別所に収容された少年である。逃走の罪全体が刑事司法における拘禁を保護する点と，少年院による拘束が基本的に保護処分であることに着目して，こ

図表4-3　逃走の罪の主体・客体

裁判の執行により拘禁された既決・未決の者	勾引状の執行を受けた者	（その他）法令により拘禁された者
97条		
98条		
99条・100条・101条		

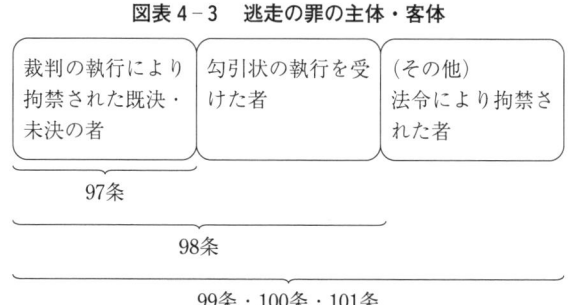

れらは含まれないとの見解もある（西田・各論417頁）。しかし，その中核はたしかに刑事司法作用であろうが，法令により拘禁された者を字義通りに解してさしつかえないはずである。

4 逃走援助罪（100条）

(1) 趣 旨 本罪は，逃走の幇助行為を独立に処罰するものである。刑罰は，1項は3年以下の懲役，2項は3月以上5年以下の懲役。

(2) 成立要件 本罪は，①法令により拘禁された者を，②逃走させる目的で，③器具を提供し，その他逃走を容易にすべき行為をした場合に，成立する（1項）。また，①法令により拘禁された者を，②逃走させる目的で，③暴行または脅迫をした場合に，成立する（2項）。

5 看守者逃走援助罪（101条）

(1) 趣 旨 本罪は，看守者・護送者が法令により監禁された者を逃走させる罪である。刑罰は1年以上10年以下の懲役。

(2) 成立要件 本罪は，①法令により拘禁された者を，②看守または護送する者が，③その拘禁された者を逃走させた場合に，成立する。不真正身分犯である。

3 犯人蔵匿・証拠隠滅罪

1 犯人蔵匿罪（103条）

(1) 趣 旨 本罪は，犯人をかくまうような行為が，犯罪捜査・刑事裁判の遂行・刑の執行という刑事司法作用の妨害になるとして，規制の対象とする。刑罰は，2年以下の懲役または20万円以下の罰金。

(2) 成立要件 本罪は，①罰金以上の刑にあたる罪を犯した者，または，拘禁中に逃走した者を，②蔵匿・隠避させた場合に，成立する。

(3) 客 体 本罪の客体は，罰金以上の刑にあたる罪を犯した者，または，拘禁中に逃走した者である。「罰金以上の刑にあたる罪」とは，法定刑

に罰金以上の刑（9条参照）を含む罪のことである。

　問題となるのは，罪を犯した者の意義である。文言上は実際に罪を犯した者と読むことができるし，無罪の推定の法理から，裁判が確定するまでそのような人はいないことを考えあわせると，真犯人に限定する多数説は，捜査段階における本罪の適用を事実上否定することになる。判例（最判昭24・8・9刑集3巻9号1440頁）は，本条は司法に関する同様の作用を妨害する者を処罰しようとするのであるから，真犯人ばかりでなく，およそ犯罪の嫌疑を受けて捜査・裁判の対象となっている者も含まれるとする。というのは，そうなると，犯人でないことを確信する合理的な根拠に基づいて，偏見にみちた捜査の手から無辜（罪を犯していない人）をかくまおうとする基本的人権の擁護者を弾圧することになりかねないからである。そこで，私は，「罪を犯した者」とは，真犯人および行為の時点で合理的な根拠に基づいて真犯人であると疑われている人に限定すべきであると解する。

　(4)　行　為　　蔵匿とは，警察官による発見・逮捕を免れるべき場所を提供して，かくまうことである。隠避とは，蔵匿以外の方法である。逃走のための旅費を支給したり，捜査の状況を知らせて逃走の便宜をはかることである。

> **例14―(7)**
>
> 　県警本部長Aらは，警部補Bに覚せい剤を使用した疑いがあることを知ると，事件が公けになって警察の威信が失墜することを恐れ，同事件を秘匿しようと企てた。Aは部下に指示して，Bをホテルに宿泊させて，その尿から覚せい剤が検出されなくなって，初めて覚せい剤を使用した旨の申告を受けたことにして，Bの尿を採取し，これに覚せい剤成分が含有されないとの検査結果を得るなどしてBの検挙を見合わせたのである。この場合，Aらは覚せい剤取締法違反事件の被疑者であるBを隠避させたといえる（横浜地判平12・5・29判時1724号171頁）。

　隠避の意義について争われたのは，すでに犯人と思われる者が逮捕勾留されている場合に，真犯人として名乗りでること（身代わり犯人）が，それに

あたるか，ということである。すでに逮捕勾留されている者がいる場合は隠避はありえないとする根拠としては，(イ)他の行為との比較と，(ロ)隠避「させた」という文言にある。すなわち，(イ)「蔵匿」については，すでに逮捕勾留されていることは考えられず，「拘禁中に逃走した者」が現に身柄を拘束されていない者を指すことは明らかである。(ロ)隠避「させた」というためには，警察がだまされて逮捕勾留を解く必要があるのではないか，という疑問がある。しかし，本罪が刑事司法作用を妨害する行為を規制しようとするものである以上，逮捕勾留されている者の身柄の拘束を免れさせるために，身代わり犯人を警察に出頭させる行為は，隠避させたといえる（最決平1・5・1刑集43巻5号405頁）。

例14—(8)

　Aと他の4名が同乗していた自動車が起こした事故により，運転者を含む2名が死亡した。A以外の4名はいずれも飲酒していたので，Aは，運転者が酒気帯び運転をしていたことの発覚を恐れて，警察官に自分が運転していた旨虚偽の事実を述べた。
　Aは犯人隠避罪で起訴されたが，弁護人は，Aが警察官に自らが犯人である旨虚偽の事実を述べた時点では，酒気帯び運転の犯人である運転者はすでに死亡していて，刑法103条にいう「罪を犯した者」に死者は含まれないと解すべきであるから，無罪であると主張した。

　上の例について，判例は，以下のように述べて，有罪を認めている（札幌高判平17・8・18判時1923号160頁）。
　刑法103条は，「捜査，審判及び刑の執行等広義における刑事司法の作用を妨害する者を処罰しようとする趣旨の規定である。そして，捜査機関に誰が犯人か分かっていない段階で，捜査機関に対して自ら犯人である旨虚偽の事実を申告した場合には，それが犯人の発見を妨げる行為として捜査という刑事司法作用を妨害し，同条にいう『隠避』に当たることは明らかであり，そうとすれば，犯人が死者であってもこの点に変わりはないと解される。」

　(5) **犯人自身の蔵匿・隠避**　　犯人・逃走者自身が蔵匿・隠避しても本罪

を構成しない。その理由は、犯人・逃走者に隠れないよう、逃走を継続しないよう期待することは困難だからである。

さて、本罪が成立する場合に、それを犯人・逃走者が依頼していたとき、はたして教唆犯が成立するであろうか。この問題については、共犯の処罰根拠に関する考え方が反映するとの見解がある。

そこで、共犯の処罰根拠に関する考え方を略説する。責任共犯論は、他人(正犯)を堕落させて犯罪者におとしいれたところに共犯の処罰根拠を求める。因果的共犯論は、共犯が正犯を通じて因果的に結果を惹起したところに共犯の処罰根拠を求める。さて、因果的共犯論の立場からは、次のように説明される。他人に犯人蔵匿を犯させてまでその目的を遂げるのはもはや期待可能性がないとはいえない（可罰的である）とするのは、他人を犯罪にまきこんだところに処罰根拠を求める責任共犯論だからというのである。そして、因果的共犯論からすれば、犯人に正犯として期待可能性がないのに、それより軽い犯罪形式である共犯の場合にはなおさら期待可能性がないはず（不可罰）というのである（西田・各論423頁）。

しかし、そのような枠組みで捉えるのが妥当かどうか疑問である。それよりは、責任共犯論に位置づけられている藤木英雄博士が、問題を別の観点から整理されているのに魅力を感じる。すなわち、可罰的かどうかは、犯人自身が蔵匿ないし隠避を依頼することが一般に多いかどうかによって区別すべきだとする。つまり、犯人蔵匿は一般に犯人からの依頼によって成立するが、犯人隠避は必ずしもそのような関係はないという、法社会学的認識に立つ。したがって、「犯人自身がかくまうよう依頼しても、通常の依頼程度では、共犯を構成せず、通常の依頼を超えて執拗に」せまった場合にはじめて可罰的となるが、隠避のときは、犯人が隠避を依頼すれば、犯人隠避の教唆犯が成立するというのである（藤木・各論40頁）。

なお、判例では、暴力団員Cが、自己の道交法違反（指定速度違反）の刑罰を免れようとして、配下のDに身代わり犯人として警察に出頭するよう依頼し、これを承諾したDが警察官に対し自分がやったと虚偽の申告をした場合について、Cに犯人隠避罪の教唆犯の成立が認められている（最決昭

60・7・3 判時 1173 号 151 頁)。

(6) 故 意 本罪の故意は，罰金以上の刑に当たる犯人であることを認識して蔵匿・隠避させることにより成立する。その犯人が何罪を犯したものかは関係がないから，窃盗犯人を汚職犯人と誤信していても，本罪が成立する（大判大 4・3・4 刑録 21 輯 231 頁)。

2　証拠隠滅罪 (104条)

(1) 趣 旨　本罪は，刑事事件の捜査や裁判が適正に行われるようにするための規定であり，証拠裁判主義を担保するものである。本条が「他人の」刑事事件に限定し，犯人自身が自分のかかわった事件の証拠を隠滅しようとする行為を処罰の対象からはずしているのは，一般に期待可能性がないからである。刑罰は，2 年以下の懲役または 20 万円以下の罰金。

(2) 成立要件　本罪は，①他人の刑事事件に関する証拠を，②隠滅・偽造・変造するか，または偽造・変造の証拠を使用した場合に，成立する。

(3) 共犯者の証拠　何を「他人の」刑事事件の証拠と捉えるかに関して，自己と共犯者に共通の証拠が本罪の対象となるか，という問題がある。もちろん，共犯者のみについての証拠が他人の刑事事件の証拠であることに異論はない。

学説は，(イ)本罪の成立を全面的に肯定する見解，(ロ)本罪の成立を全面的に否定する見解，(ハ)もっぱら共犯者の利益のために隠滅した場合には本罪の成立を肯定する見解，に分かれる。共犯事件については，証拠が共犯者と共通なのが通常であるから，(イ)説をとると酷である。(ロ)説は本罪の趣旨を活かしているようにもみえるが，共犯者のための方に重心が置かれている場合に不可罰とすることには疑問がある。ちなみに，(ロ)説を支持する立場が，(ハ)説について，主観的な面を重視することは基準として不明確と批判する（西田・各論 427 頁)。しかし，行為者の主観面についても刑事裁判は客観的に判断することが可能である。(ハ)説を妥当と解する。

(4) 証 拠　本罪にいう証拠とは，犯罪の成否，態様，刑の軽重に関係を及ぼすべき情状を決定するに足るべき一切の証拠である（大判昭 7・12・11

刑集 11 巻 1817 頁)。

例14―⑨

> 捜査段階の参考人も，本罪にいう証拠にあたり，これを隠匿すれば証拠隠滅罪が成立する（最決昭36・8・17刑集15巻7号1293頁）。

(5) 捜査段階での虚偽供述　たとえば，参考人が捜査官に虚偽の供述をし，捜査官をしてこれに基づいて供述調書を作成させる行為が証拠隠滅罪にあたるか。

このような行為が，適正な捜査・裁判を阻害するおそれがあることは疑いない。しかし，物的証拠の捏造に比べると，人の供述は必ずしも証拠として力が強いものではない。というのは，人の供述には移ろいやすい面があり，真実と虚偽が綯い交ぜにされることもあり，逆に，それを評価する捜査官側も，供述のこのような性格を十分にわきまえて取り組んでいると思われるからである。したがって，法廷で宣誓した上で，うそをついたら偽証罪（169条）で処罰されることを覚悟で供述している場合は別として，いったん捜査当局に虚偽の供述をしたら直ちに刑事司法作用が危機にさらされるとはいえない。つまり，刑法が明示的に虚偽供述を処罰対象としているものに限って可罰的に捉えるべきである。

図表 4-4　虚偽の供述と可罰性

		虚偽供述を手段とする刑事司法作用への妨害の可罰性
捜査より前	虚偽告訴	虚偽告訴罪（172条）
捜査段階	第三者の虚偽供述	不可罰 （104条にあたらず）
	犯人の身柄の確保を妨害することによって刑事司法作用を害する犯人隠避	犯人隠避罪（103条）
公判段階	宣誓した証人の偽証	偽証罪（169条）
	宣誓した鑑定人・通訳人の虚偽鑑定・虚偽通訳	虚偽鑑定罪（171条）

裁判で争われたものに，次のような事例がある。Aは覚せい剤の使用で逮捕され，検察庁の留置場にいるとき，たまたま同房になったBに対し，「新宿の○○の前で俺にカプセルに入れた覚せい剤を風邪薬だと言って渡した」と検事の取調べのときに話してほしいと依頼した。Bは，Aの依頼に応じて，担当検察官に対し，その旨の虚偽の事実を供述して，内容虚偽の検察官調書を作成させたというものである。判例は，Bの行為は犯罪とならないから，その教唆者であるAにも犯罪は成立しないとして，無罪を言い渡している（千葉地判平8・1・29判時1583号156頁）。

3　親族による特例（105条）

(1)　趣　旨　本条は，犯人蔵匿や証拠隠滅が親族間で行われた場合に，適法行為の期待可能性が乏しいことを考慮し，責任が減少する場合もあるとして，任意的に刑が免除されることを規定したものである。

(2)　親　族　親族とは，6親等内の血族・配偶者・3親等内の姻族である（民725条）。恋人や親友はこれに含まれないが，期待可能性が乏しいことにかわりはないから，超法規的に刑の任意的免除を認めるべきである。

4　証人威迫罪（105条の2）

(1)　趣　旨　本罪は，いわゆるお礼参りを規制する規定である。刑罰は，1年以下の懲役または20万円以下の罰金。

(2)　成立要件　本罪は，①自己もしくは他人の刑事事件の捜査もしくは審判に必要な知識を有すると認められる者またはその親族に対し，②当該事件に関して，③正当な理由がないのに面会を強請し，または強談威迫の行為をした場合に，成立する。

(3)　抽象的危険犯　本条のねらいは，証人等に安心して真実を供述させようとするところにあるから，強談威迫行為は供述に影響を及ぼす抽象的危険が必要である。そこで，たとえば再審の予想される場合には，再審開始前であっても本罪を構成する。また，電話・ファックスによる場合でも，執拗に行われて不安を及ぼすときには本罪にあたる。

(4) 面会の強請 面会の強請とは，直接相手方の住居・事務所等において行うことを要する。なお，書信・電話等によって間接に行われるものは，その威圧の程度により，脅迫罪・強要罪・恐喝罪が成立することはあっても，本罪を構成しない（福岡高判昭38・7・15下刑集5巻7＝8号653頁）。

4 偽証の罪

1 偽証罪（169条）

(1) 趣 旨 刑法第3編第20章の保護法益は，国の審判作用の適正な運用である。偽証罪は，証人の供述の真実性を担保するところにねらいがある。刑罰は，3月以上10年以下の懲役。

(2) 成立要件 本罪は，①法律により宣誓した証人が，②虚偽の陳述をした場合に，成立する。

(3) 主 体 法律により宣誓した証人に限られる。わが国では，被告人は証人になることは許されない。また，宣誓させてはならない者に誤って宣誓させたときには，法律により宣誓した証人とはいえない（最大判昭27・11・5刑集6巻10号1159頁）。

(4) 虚偽の意義 虚偽の陳述とは何をいうかについて，(イ)陳述の内容が客観的事実に反する場合とする客観説と，(ロ)証人の記憶に反する場合とする主観説とが対立する。証人が記憶に反する証言をすれば，裁判または懲戒処分を誤らせる抽象的危険があるから，主観説によるべきである。

なお，裁判確定前・懲戒処分前に行為者が自白をしたときは，刑を軽減し，または免除することができる（170条）。

ちなみに，裁判員裁判の導入（平成20年5月21日）に伴い偽証犯罪が増えるのではないかという懸念も伝えられている。

(5) 共 犯 被告人に黙秘権があるといっても，自己の被告事件について，他人に虚偽の陳述をするよう教唆したときは，偽証教唆が成立する（最決昭28・10・19刑集7巻10号1945頁）。

2 虚偽鑑定罪（171条）

(1) 趣　旨　虚偽の鑑定等が裁判を誤らしめることを規制するものである。刑罰ならびに自白による刑の減免は前2条と同じ。

(2) 成立要件　本罪は，①法律により宣誓した鑑定人・通訳人・翻訳人が，②虚偽の鑑定・通訳・翻訳をした場合に，成立する。

外国人犯罪の多発に伴い，法廷通訳の機会も多くなっており，今後，虚偽通訳の問題が浮かび上がる可能性もある。

5　虚偽告訴の罪

1　虚偽告訴罪（172条）

(1) 趣　旨　本罪の保護法益に関しては議論があるが，第1次には国の裁判作用の適正な運用，第2次には個人の私生活の平穏というように二重に捉えられる。平成7年の改正前は誣告罪と呼ばれた。刑罰は，3月以上10年以下の懲役。

(2) 成立要件　本罪は，①人に刑事または懲戒の処分を受けさせる目的で，②虚偽の告訴・告発・その他の申告をした場合に，成立する。

(3) 自己虚偽告訴　犯罪を犯していないにもかかわらず犯罪を犯したと「自首」をしたような場合，本罪は成立するだろうか。本人が納得してのことだからとりたてて罪に問う必要がないとの見解もある。しかし，本罪の保護法益は，私人の平穏な生活ばかりでなく，国の刑事司法作用にもあるのであるから，本罪の成立を認めるべきである。

(4) 故　意　虚偽告訴罪が成立するためには，申告者が申告事実の虚偽であることにつき，確定的な認識を要せず，未必的な認識があれば足りる。

> **例14—(10)**
>
> 「公務員某が賄賂を収受したそうだがはっきり分からない」との知人の話を聞き，その真偽を調査しないまま告発をしたときは，虚偽告発罪が成立する（最判昭28・1・23刑集7巻1号46頁）。

2　狂言強盗

　犯罪が存在しない場合で，他人に刑事処分を受けさせる目的ではなく，被害を届出たりする場合がある。たとえば，狂言強盗がその例である。虚偽告訴罪の問題ではない。ただし，軽犯罪法1条16号がいう「虚構の犯罪または災害の事実を公務員に申し出た者」にあたる可能性がある。

第Ⅴ編

国家的法益に対する罪

第15章　国家の存立を危うくする罪

1　内乱に関する罪

1　内乱罪（77条）

(1) 趣旨　本罪は，暴力で国の統治機構を破壊しようとするなどの行為について，国家的法益に対する罪の1つとして規制しようとするものである。しかし，その目的が達成されてしまえば，犯人は一転して新政権の中核的存在として英雄になるのである。したがって，内乱罪という規定は，犯罪現象としては，基本的に未遂形態なのである。

(2) 成立要件　本罪は，①国の統治機構を破壊し，またはその領土において国権を排除して権力を行使し，その他憲法の定める統治の基本秩序を壊乱することを目的として，②暴動をしたときに，成立する。

(3) 集団犯罪と処罰の特色　内乱罪は，多人数が関与する犯罪形態で，**多衆犯**と呼ばれている。必要的共犯の1つである。**組織犯罪**であるから，中心的役割を担う者は全体に与える影響が強いので重く罰し，現場の参加者は集団心理に影響されて乱暴な行為に加担することが少なくないことを考慮して軽く処罰するのがふさわしい。

77条1項が，関与者の立場を大きく3つに分け，法定刑を死刑から3年以下の禁錮まで段階を設けているのは，集団犯罪の特色を考慮したことによる。

刑罰に関して，内乱罪が，自由刑としては禁錮刑のみで懲役刑を予定していない理由については，内乱行為がいわば政治犯罪であり，確信犯であることに求められる。また，懲役と禁錮の区別に関して，破廉恥犯と非破廉恥犯とに対応させて説明されることもある。しかし，①恥ずかしい犯罪だから労働を課するとするのは労働蔑視として許されないし，②暴力で政治体制をわ

がものにするような非民主的なやり方が恥ずかしくないとはいえないであろう。むしろ，今日では，**懲役と禁錮の区別**は合法的意味がないといえる。

(4) **目的犯**　本罪は目的犯であり，「憲法の定める統治の基本秩序を壊乱する」目的が必要であり，その点で，騒乱罪（106条）と区別される。したがって，「国の統治機構を破壊」するというためには，制度としての政府組織の破壊を意味し，個々の政府の打倒では足らない。そこで，5・15事件も内乱罪とはされなかったのである（大判昭10・10・24刑集14巻1267頁＝5・15事件）。なお，憲法の定める統治の基本秩序を壊乱する目的（平成7年の平易化の前は「朝憲の紊乱」）は，直接の目的である必要があり，その暴動をきっかけとして新たに発生するであろう他の暴動をあてにするのは内乱罪とならない。

2　内乱の予備・陰謀・幇助（78条・79条）

内乱罪は，その重要性から，予備・陰謀・幇助が独立に処罰されている。**予備**とは，内乱の実行を目的とする準備行為であり，兵器の調達がその例であり，**陰謀**とは，2人以上の者が内乱の実行に合意することである。

予備・陰謀・幇助の罪については，暴動の発生前に自首したときは，刑が免除される（80条）。一般の自首が任意的減軽（42条1項）であるのに対して，特別な恩典を与えて暴動を未然に防止しようとする政策的規定である。

ちなみに，内乱罪の周辺の行為に関して，破壊活動防止法（破防法）の規定がある。たとえば，破防法38条1項には，内乱罪の教唆が独立罪として規定されている。刑法の教唆と異なり，被教唆者が実行に出ることは要件とされていない。

＊**懲役と禁錮の区別**　禁錮を言い渡される例が少なく，さらに，禁錮刑を受けた者の大半が自ら申し出て作業をする（受刑者処遇法93条），いわゆる請願作業に就いていることから，実質的にも差がみられなくなっている。

2　外患に関する罪

1　外患誘致罪（81条）

(1) 趣　旨　本罪は，国家の対外的存立ないし安全を保護法益とする規定である。刑罰は死刑。死刑のみしか規定されていない絶対的法定刑である。

(2) 成立要件　本罪は，①外国と通謀して，②日本国に対し武力を行使させたときに，成立する。

本罪は，国民の祖国に対する裏切り行為について，他に選択の余地のない死刑を用意したものである。通謀と武力の行使との間に因果関係が必要である。

2　その他の外患罪

刑法は，そのほか，外患援助罪（82条）や外患予備・陰謀罪（88条）を規定している。

3　国交に関する罪

1　外国国章損壊罪（92条）

(1) 趣　旨　本罪は，外国の利益を侵害する行為に関して，良好な国際関係が損なわれることを防止しようとするものである。刑罰は，2年以下の懲役または20万円以下の罰金。

(2) 成立要件　本罪は，①外国に対して侮辱を加える目的で，②その国の国旗その他の国章を破損・除去・汚損したときに，成立する。

(3) 目的犯　本罪は，外国に対して侮辱を加える目的を必要とする目的犯である。また，本罪は危険犯であって，現にそれによって当該国家が名誉感情を害したか否かは関係がない。外国政府の請求が訴訟条件である。

(4) 客　体　本罪の客体は，外国の国旗その他の国章である。外国は，

わが国の承認・未承認を問わず，また，わが国との外交関係の有無にも関係がない。客体は，大使館などの外国機関が公的に掲揚・設置したものであることに異論がないが，私人が私的に掲揚したものが含まれるかは，議論のあるところである。国際関係に影響を及ぼすかどうかが重要な点であるから，私人の場合は含まれないと解される。したがって，たとえば，運動会の万国旗を破ったような場合は，器物損壊罪（261条）は別として，外国国章損壊罪にはあたらない。

本罪の行為は，国旗などを損壊・除去・汚損することである。損壊とは，破壊・毀損などの物質的侵害を意味する。除去に関する判例がある。すなわち，除去とは，国章自体に損壊を生ぜしめることなく，場所的移転・遮蔽等によって，国章が現に所在する場所において果たしている，外国の威信・尊厳・表徴の効用を減失・減少させることであるとされる（最決昭40・4・16刑集19巻3号143頁＝中華民国国章遮蔽事件）。

2　国交に関するその他の罪

私戦予備・陰謀罪（93条）は，日本国民の一部が外国に対して戦闘行為をする目的で予備・陰謀した段階の行為を捉えて処罰するものである。たとえば，外国との間で領有権の争いのある島に上陸するに際し，外国軍隊との遭遇を予期して兵器・弾薬を用意すれば，本罪の可能性がある。

中立命令違反罪（94条）は，外国が交戦している際，国際法上一定の義務を負う中立国において，国民が，交戦国のいずれにも味方せず，国際法上中立の立場に立つことに関する国家の命令に違反した場合に，処罰するものである。局外中立命令の内容は，それが発せられなければわからない点で，本条は白地刑罰法規（構成要件の内容が，政令以下の命令・規則などに委ねられているもの）といえる。

学習の手引

1　刑法各論を学ぶ視点をどこにおくか

　刑法各論は，つまるところ，具体的事例において，どのような犯罪が成立するかどうかを明らかにすることです。そのためには，当然のことかもしれませんが，全体としてどのような犯罪が用意されているかを知った上で，検討に入るのがふさわしいのです。この場合に，次の3点に関して注意する必要があります。

　(1)　犯罪の成否の全体的評価は，各論だけでは判断できないのです。総論の中心的課題である「犯罪成立要件」を踏まえておかなければなりません。そのため，本書では，通常の各論の教科書より詳しく「犯罪成立要件」について説明しています。

　(2)　犯罪の成否を単なる印象で判断するのは控えねばなりません。というのは，刑法では，罪刑法定主義や責任主義という刑法の基本原則を大切にしており，各論はその応用場面だということです。たとえば，他人から金を借りて返さない場合でも，詐欺罪（246条1項）として犯罪となるときと，民法上の債務不履行になるときとがあります。この違いはどこからくるか，考えて下さい。

　(3)　刑法は，要するに，犯罪となる場合とならない場合の基準を示すものですが，単に，ベルトコンベアーのように右から左に処理していくような機械的なものではないのです。一見すると堅苦しい条文の中にも，よくよく見ると人間性の断片を見い出すことができるでしょう。

2　学習の手がかり

　各章ごとに設問を用意しておきましたので，学習に際しての手がかりにして下さい。

ちなみに，刑法各論にかぎりませんが，結論だけでなく，どのような理由によるかが大切です。

第1章　刑法総論とその関係

〔1〕 犯罪成立要件を簡潔に述べ，その中で刑法各論がどのような役割を果たしているか，説明しなさい。

〔2〕 ラスベガス（ネバダ州）で，日本人Ａが賭博行為をし，その際，アメリカ人Ｂと喧嘩になり，ＡがＢをピストルで射殺したとする。

Ａの行為には，日本の刑法が適用されるか。

第2章　犯罪の分類

〔3〕 現代社会において，住居侵入罪の保護法益はどのように捉えられるか。

〔4〕 刑法典の犯罪を3つに区分することのメリットはどのようなものか。また，その限界についても論及せよ。

第3章　生命・身体を害する罪

〔5〕 Ａは，Ｂ女が自分の言うことを聞くのをよいことにして，本当はその意思がないのに心中しようともちかけ，それを信じたＢ女の承諾を得て，Ｂ女の首を絞めて殺害した。

Ａの罪責はどうなるか。

〔6〕 Ａは，Ｂ女が酒に酔って深く眠っているとき，かってにＢ女の頭髪をカミソリで根本から全部切断した。

Ａの罪責を検討するにあたり，学説によってどのように結論が異なるかを明らかにし，自説を述べなさい。

〔7〕 ＡとＢがＣを殴打して，Ｃは鼻骨を骨折し，全治3か月であった。ところで，その傷を負わせたのはＡかＢか，わからないとする。

ＡとＢに関して，同時犯の場合と共同正犯の場合とで罪責に違いがあらわれるか。理由を示して説明しなさい。

〔8〕 過失致死罪，重過失致死罪，業務上過失致死罪の違いを明らかにし，

それぞれ具体例を示しなさい。

第4章 人身の自由を侵す罪

〔9〕 逮捕監禁罪には，条文に「不法に」という言葉が用いられている。それは，なぜか。

〔10〕 Aはサラ金からの借金が800万円にふくれ，とても返せそうになくなったため，身の代金を得ようと考え，甲建設会社の社長Bを自動車で拉致し，甲社の専務取締役Cに電話をかけ，1000万円を銀行の指定口座に振込むよう指示した。

Aの罪責はどうなるか。

第5章 精神的自由・生活の平穏を害する罪

〔11〕 法人に対して，脅迫罪，名誉毀損罪，侮辱罪が成立するか，検討しなさい。

〔12〕 不退去罪に該当する具体例を示し，かつ，その要件を明らかにしなさい。

〔13〕 看護師が患者の家庭内のいざこざを，友人に携帯電話で話した。秘密漏示罪は成立するか。

〔14〕 刑法230条の2が「罰しない」としている法的性格について，3つの学説の概略を示した上で，検討せよ。

〔15〕 県議会の委員会に乱入して，委員会の条例審議をストップさせた場合，何罪が成立するか。

第6章 性犯罪

〔16〕 強制わいせつ罪と強姦罪について，それぞれ，①加害者，②被害者，③犯行態様に関して，比較して説明せよ。（場合によっては，比較する表を作成してもよい。）

〔17〕 強姦罪の成立要件のうち，「暴行・脅迫」を高いレベルにしている判例について，批判せよ。

〔18〕 A子は男友達のBとドライブに出かけたが、途中で停車した際、Bがむりやり A子を姦淫しようとした。A子は難を避けるため自動車から飛び出し、一目散に逃げたが、途中で足を踏み外し、崖から転落して死亡した。
　　Bの罪責はどうなるか。

第7章　財産犯罪

〔19〕 財産犯罪において、「財物」と「財産上の利益」について、①意義、②具体例、③適用される条文（3つ以上）、のそれぞれに関して説明せよ。
〔20〕 財産罪の保護法益に関する3つの学説を概説し、具体例を用いつつ、自説を展開せよ。
〔21〕 使用窃盗は処罰されるか。判例を踏まえて検討せよ。
〔22〕 1項強盗罪、2項強盗罪、事後強盗罪、居直り強盗の違いを、具体例を用いつつ、説明しなさい。
〔23〕 債務者が債権者を殺害した場合、2項強盗罪になる要件を示しなさい。
〔24〕 Aはレストランで食事後、代金を払わないで逃げようと思い、レジ係のすきを狙って逃亡した。
　　Aの罪責はどうなるか。
〔25〕 Aは、友人Bが海外に1月ほど遊びに行っている間、B所有の自動車を借りて運転していた。ところで、Aは、使っている間に、その自動車はBが駐車中の他人のものを盗んだものであることがわかったが、依然として運転していた。
　　AとBの罪責はどうなるか。
〔26〕 Aは投石して犬を殺害した。Aの行為が犯罪となる要件はどのようなものか。条文上の論拠を示しつつ説明しなさい。
〔27〕 Aは、パチンコ店で、周波数を狂わせてパチンコ台を誤作動させる電波発信機を使い、パチンコ玉約1万発を出させた。
　　Aの罪責はどうなるか。

第8章　公共の平穏を害する罪

〔28〕　Aは，Bの住居に放火して困らせようと思い，B一家が数日旅行に行っている間に，Bの住居に近接するCの物置に放火した。ところが，たまたま通りかかったDが119番に通報して消防車が来，物置を全焼したのみで，Bの住居には燃え移らなかった。

　　　Aの罪責はどうなるか。

〔29〕　業務上失火罪における業務と業務上過失致死傷罪における業務とはどこが違うか。

〔30〕　Aは線路上にコンクリートブロックを置いたため，それに乗り上げた電車が脱線・転覆し，乗客10名が死亡し，200名が重軽傷を負った。

　　　Aの罪責はどうなるか。

第9章　国民の健康を害する罪

〔31〕　Aは，サッカー・チームの皆が飲む可能性のある共用のポットに毒物の亜砒酸を入れた。ただし，当日は，たまたま誰も飲まず，捨てられた。

　　　Aの罪責はどうなるか。

〔32〕　公害罪法は，どのような犯罪に有効か。また，今後，いわゆる四大公害のような事件が発生した場合に，公害罪法が適用できるか，検討せよ。

第10章　経済犯罪

〔33〕　粉飾決算はどのような特色のある犯罪現象であり，また，どのような犯罪として処罰が可能であるか。

〔34〕　銀行の支店長による無担保貸付は何罪を構成するか。

第11章　偽造犯罪

〔35〕　偽造通貨であることを，つり銭として取得した後に知り，それを使用した場合，どのような犯罪が成立するか。

〔36〕　有形偽造と無形偽造を区別することに，どのような意味があるか。

〔37〕「私文書に関しては，名義人が予め承諾を与えていれば，文書偽造罪にならない」との見解について，論評を加えよ。

第12章　社会生活感情を侵す罪

〔38〕　常習賭博罪はどのような場合に成立するか。

〔39〕　死体損壊罪の保護法益はどのようなものか。なお，殺人犯が死体を現場に放置することが死体損壊罪を構成するか，また，それは場所によるか，検討せよ。

第13章　公務員による罪

〔40〕　公務員職権濫用罪（193条）の罪質を明らかにし，さらに，具体例を2つ紹介せよ。

〔41〕　賄賂の意義。

〔42〕　警察官Aは，デパートで万引犯Bを見つけ，10万円を出せば見逃してやるが，そうでなければ直ちに警察署に連行すると脅した。Bは致し方なく財布の中にあった3万円だけをAに渡して，釈放してもらった。

　　　AとBの罪責はどうなるか。

第14章　公務を害する罪

〔43〕　公務執行妨害罪が成立するためには，職務行為の適法性が必要とされている。①適法性が必要とされる理由，②適法性の要件，③適法性の判断基準，に分けて説明せよ。

〔44〕　殺人事件の犯人Aは，サラ金から借金を5千万円負って困っているBに，身代りに警察に出頭してくれたら借金は肩代りしてやろうと申入れ，BはAの要請に基づいて警察に「自首」した。

　　　AとBの罪責はどうなるか。

〔45〕　捜査段階で，参考人Aは，知人Bの事件に関して，捜査官Cに対し虚偽の供述をし，Cはこれに基づいてAの供述調書を作成した。

　　　Aの罪責はどうなるか。

第15章 国家の存立を危うくする罪

〔46〕 内乱罪と騒乱罪の違いを，要件を整理して説明しなさい。

〔47〕 Aは，イタリア料理店でパスタを食べたが，値段のわりにおいしくなかったので，店を出た後，その店の前に掲げてあった小さなイタリア国旗を取り外し，道路に投げ捨てた。

　Aの罪責はどうなるか。

3　具体例で学ぶ

〔設問1〕　Aは，アパートの隣室のBがよく鍵をかけずに一寸買物に出かけるのを知っていた。Aは，おりしもBが出かけるのを見て，金目の物を盗むつもりでBの部屋に入った。Aは，Bの机の引出しをあけたところ，B名義の郵便貯金通帳と印鑑があったので，それを盗み出した。そして，Aは隣の市の郵便局に行って，窓口で，B名義の払戻し証を作成しBの印鑑を押して，Bの郵便貯金通帳とともに，係員Cに示した。Cは，AをB本人だと思って，Aの請求通り，20万円をAに手渡した。

　Aの罪責はどうなるか。

（設問のねらい）　本問では，Aがいくつかの行為をしており，時間の順序に従って検討すればよいですが，問題となるのは，郵便貯金通帳・印鑑を盗む行為と，それを利用して金をおろした行為との関係である。

（検　討）　1　第1に，AがBの部屋に金目の物を盗むつもりで入ったことが住居侵入罪（130条）を構成するかどうかである。アパートの場合は，一部屋一部屋が「住居」と解され，しかもAはBの部屋に盗みの目的で入っているのであるから，Aの行為は正当な理由がなく住居に侵入したといえるので，明らかに住居侵入罪の成立が認められる。

　2　第2に，AがBの机の引出しをあけて，勝手にBの郵便貯金通帳と印鑑を盗み出した点は，他人の財物を窃取したことにあたるので，窃盗罪（235条）が成立する。

　ところで，窃盗罪はいわゆる状態犯であるから，行為者が行為後に行う処

分行為は，窃盗行為の予想するものであるかぎり，別罪を構成しないと解される。不可罰的事後行為といわれる。それでは，本問はどうであろうか。

3　ある行為が不可罰的事後行為にあたるかどうかは，新たな法益の侵害があるか否かによる。本問では，Aは郵便局員Cをだまして金を引出しているから，詐欺罪（246条1項）の成立が考えられる。

Aが，Cに対して，B名義の郵便貯金通帳とBの印鑑を押した払戻し証を示す行為は，①人を欺く行為といえ，CがAをBだと思い込んで点で，②錯誤におちいったことになり，ついで，CがAに20万円を渡す行為が，③被害者の財産の処分行為にあたり，AがBに成りすまして20万円を受取った点で，④財物をだまし取ったことにあたる。

このように，Aは，Bとは別の被害者C（実際は郵便局）に新たな法益侵害行為をしているから，もはや不可罰的事後行為ではない。

4　本問では，もう一点，見逃してはならない問題がある。それは，AがCに対して，払戻し請求をするために行っている手段である。

Aには，B名義の払戻し証を作成する権限はないのであるから，Aが勝手に払戻し証を作成し印鑑を押している行為は，有印私文書偽造罪（156条1項）にあたり，さらにCに示した時点で，偽造私文書行為罪（161条）が認められる。

（結　論）　以上，Aの行為についてまとめると，住居侵入罪，窃盗罪，有印私文書偽造罪，偽造私文書行使罪，詐欺罪の5罪が成立することになる。

これらの罪数関係を整理すると，①住居侵入罪と窃盗罪が牽連犯になり，②有印私文書偽造罪と偽造私文書行使罪が牽連犯になり，③偽造私文書行使罪と詐欺罪が牽連犯になる，という関係がみられる。

〔設問2〕 Aは，駅の自動券売機の前に置き忘れられた財布を勝手に持ち去った。Aが数日後，使おうとして中身を見たところ，手触りが普通と違う1万円札が入っていた。そこでよく見ると，偽札であることがわかった。Aはコンビニエンスストアで弁当を買って受け取り，お釣9,500円を手にしようとした。ところが，店員Bは，1万円札の手触りとAの落ち着かぬそぶりから偽札だと気づいた。そこで，BがAに声をかけると，Aは一目散に逃げ出したので，BがAを追いかけ肩に手をかけたところ，AはBを殴り倒した。Bのけがは全治2週間であった。
　Aの罪責はどうなるか。

【解答例】

1 問題の所在

本問において、Aの罪責を明らかにするためには、次の諸点の解明が必要となる。(イ)Aが置き忘れられた財布を持ち去る行為は何罪にあたるか。(ロ)Aが偽貨であることを知って使おうとした行為は何罪を構成するか。(ハ)AはBに全治2週間のけがを負わせているが、それは弁当代を免れるためのものであるので、財産犯罪としても評価すべきではないか。以下、順次検討する。

2 財布を持ち去る行為

Aが駅の自動券売機の前に置き忘れられた財布を勝手に持ち去る行為については、所有者との関係で窃盗罪(235条)を構成しないことは明らかである。ただし、駅長の管理下に置かれたものと評価するべきか、という問題がある。駅の自動券売機の前は往来と変わらず、その前に置かれている状態でただちに駅長の管理下に属したとはいえないので、他人占有物とはいえない。したがって、Aのこの段階での行為については遺失物横領罪(254条)に該当する。

3 偽札と知って使った行為

(1) Aは、最初から偽札と知って1万円を取得したわけではないから、偽札を真正のように装って行使したとしても、偽造通貨行使罪(148条2項)にあたるわけではない。Aは、遺失物横領の客体中から事後に偽札を見つけたのであるから、それを使ってコンビニで弁当を買って釣を得ようとする行為は収得後知情行使罪(152条)を構成すると解される。この点に関し、収得行為が正当なものでなければならないとの見解もあるが、そのように限定するのは、偽札を使用する意図がない段階での行為に対する評価を不当に拡大するものであり、刑罰法規の謙抑性の面からも許されない。

(2) ところで、偽札と知りつつ相手をだまし、財物と釣を受取ろうとする行為は、収得後知情行使罪とは別に詐欺罪(246条1項)を構成しないであろうか。

この点については、収得後知情行使罪が偽造通貨行使罪と比べて極めて軽く処罰されている理由を考えてみる必要がある。それは、たまたま手にした通貨が偽札であると知って、それを他者へ移転して損害を転嫁させようとする気持が湧くのは一般人としてやむをえない、という理解に基づくものにほかならない。すなわち、期待可能性が弱いことを前提に名目的な刑罰にとどめたものといえよう。このように刑罰を低いところに抑えることに本条の立法趣旨があるとすれば、常に詐欺罪の成立

を認めてしまったのでは、何のために軽い処罰にしたのか、意味が失われてしまうといわざるをえない。したがって、収得後知情行使罪が成立する場合には、詐欺罪の適用は排除されると解するべきである。

4 2項強盗罪の成否
(1) AがBにつかまるのを恐れて殴り倒した行為は暴行にあたり、それによって全治2週間のけがを負わせているから、Aには暴行罪の結果的加重犯としての傷害罪(204条)が成立すると解される。

(2) 問題となるのは、Aのこの行為が500円の弁当代を免れるためになされている点で、これが財産犯罪に結びつけて評価されるかである。仮に2項強盗罪(236条2項)が成立するとすれば、ひいては強盗致傷罪(240条前段)の適用にも結びつき、法定刑の上限は無期懲役になるだけに、重要な意味を有している。

さて、Aは弁当を取得しながらその代価を正当な貨幣で支払っているわけではないから、債務は残っている。しかも、その債務の支払を暴力によって免れるとすれば、暴行によって「財産上不法の利益を得」たことになるので、当然、2項強盗罪の成立を考えてよさそうである。ちなみに、2項強盗罪については被害者の処分行為は不要とするのが一般である。

しかし、そう捉えてよいかは一考を要する。というのは、われわれは、収得後知情行使罪という通貨に対する社会の信用を確保しようとする犯罪の成否に関してではあるが詐欺罪という財産犯罪の成立を否定しているからである。詐欺罪を否定しておいて、それより重い強盗罪の成立を考えるのは背理ではないか、という疑問である。

ここでわれわれが2項強盗罪の成立を検討するのはなぜか。それは、あらたに強度の暴行がなされ、それが債務支払を免れるためになされていることによる。前半で詐欺罪を否定したのは収得後知情行使罪の特殊性によるのであり、ここであらためて2項強盗罪を考慮するのは、財産上不法の利益を確保するためになされた暴行について、身体と財産の両方を保護法益とする強盗罪として評価する必要があるためである。Aの暴行の程度も、相手方の反抗を抑圧する程度のものといえる。したがって、2項強盗罪にあたる。

5 結論
Aには遺失物横領罪、収得後知情行使罪、2項強盗罪に基づく強盗致傷罪が成立し、それぞれの行為は別々になされたものであるから、3罪は併合罪の関係になる。

以上

4 より進んで学ぶために

　本書は，内容的には最新のものになるよう心がけましたが，分量的に限界があるため，十分でない部分があることを否定いたしません。
　そこで，より進んで学びたい人は，次の4つの方法に取り組んでみて下さい。

① 凡例に掲げた「文献略語表」に掲げた教科書は，本書中でも引用させて頂きましたが，いずれも標準的なしっかりしたものです。その中のいくつかを御自分で繙(ひもと)いた上で，読み進めてみて下さい。

② 刑法各論は事例が大切ですから，『刑法判例百選Ⅱ各論〔第6版〕』（有斐閣・別冊ジュリスト）なども参考にされるとよいでしょう。

③ 毎日，私達のまわりで生起している生の事件にこそ，生きた材料というべきです。新聞やテレビを「刑法各論」の目で見て下さい。そこには汲めども尽きぬ「犯罪の泉」があるはずです。しかも，事件の背景についても触れられている場合がありますから，参考にしましょう。

④ 裁判の傍聴に行かれることをお薦めします。傍聴は，憲法が認める国民の権利ですから，開廷されているかぎり，申込みなどせず，いつでも誰でも傍聴できるのです。なお，メモを採ることも認められていますから，ノートと筆記具をもって，あなたの身近の裁判所の法廷の扉をしずかに開けてみましょう。まだ見ぬ新しい世界がそこにあるかもしれませんよ。なお，その経験は，当然のことながら，刑法総論・刑事訴訟法の勉強にも役立つこと請合いです。

主な犯罪・早わかり

- およそどのような行為がどのような犯罪にあたる可能性があるかを示すものであり、めやすを示すにすぎません。具体的には、教科書本文と条文を見て、詳細に検討して下さい。また、すべての犯罪を網羅しているわけではありません。

〔結果・意図・行為態様〕　　　　　　　　　　　　〔罪名（条文）〕

(1)人を殺す
- 殺意をもって……………………………………殺人罪（199条）
- けがをさせた結果として………………………傷害致死罪（205条）
- 強盗犯人が殺意をもって………………………強盗殺人罪（240条）
- 強姦の結果として………………………………強姦致死罪（181条）
- 交通事故で………………………………………自動車運転過失致死罪（211条2項本文）
- 電車を転覆・破壊した結果として……………列車転覆致死罪（126条3項）
- 保護責任を怠った結果として…………………保護責任者遺棄致死罪（219条）
- ふつうにできる注意を怠って…………………重過失致死罪（211条1項後段）

(2)人にけがをさせる
- 傷害の意図をもって……………………………傷害罪（204条）
- 暴行の結果として………………………………傷害罪（204条）
- 交通事故で………………………………………自動車運転過失致傷罪（211条2項本文）
- ふつうにできる注意を怠って…………………重過失致傷罪（211条1項後段）

(3)性犯罪
- 暴行・脅迫して姦淫する………………………強姦罪（177条）
- 暴行・脅迫してわいせつ行為をする…………強制わいせつ罪（176条）

- 逮捕・監禁する…………………………………逮捕監禁罪（220条）
- 人を脅迫する……………………………………脅迫罪（222条）
- 脅迫・暴行して義務のないことをさせる……強要罪（223条）

(4)人の自由を侵す	身の代金目的で略取・誘拐する………………	身の代金目的拐取罪（225条の2）
	営利・わいせつ目的で略取・誘拐する………	営利目的拐取罪（225条）
	未成年者を略取・誘拐する……………………	未成年者拐取罪（224条）
(5)人の名誉を毀損する	公然と事実を摘示して…………………………	名誉毀損罪（230条1項）
	公然と侮辱して…………………………………	侮辱罪（231条）
(6)プライバシーの侵害	住居に侵入して…………………………………	住居侵入罪（130条）
	信書を開封して…………………………………	信書開封罪（133条）
	業務上知った秘密を漏らす……………………	秘密漏示罪（134条）
(7)信用・業務を妨害	虚偽の風説の流布・偽計で信用毀損…………	信用毀損罪（233条前段）
	虚偽の風説の流布・偽計で業務妨害…………	偽計業務妨害罪（233条後段）
	威力で業務妨害…………………………………	威力業務妨害罪（234条）
(8)人の物を取る	人が置き忘れた物を……………………………	遺失物横領罪（254条）
	人が所持している物を…………………………	窃盗罪（235条）
	人をおどして……………………………………	1項恐喝罪（249条1項）
	人をだまして……………………………………	1項詐欺罪（246条1項）
	人の抵抗を抑圧する暴行・脅迫をして………	1項強盗罪（236条1項）
	人から預った物を横領して……………………	横領罪（252条）
	人から業務として預った物を横領して………	業務上横領罪（253条）
(9)人から財産上不法の利益を得る	人をおどして……………………………………	2項恐喝罪（249条2項）
	人をだまして……………………………………	2項詐欺罪（246条2項）
	人の抵抗を抑圧する暴行・脅迫をして………	2項強盗罪（236条2項）
	事務処理者が図利加害目的で任務違背をして……………	背任罪（247条）
(10)盗品を	無償で譲り受ける………………………………	盗品無償譲受け罪（256条1項）
	運搬………………………………………………	盗品運搬罪（256条2項）
	保管………………………………………………	盗品保管罪（256条2項）
	有償で譲り受ける………………………………	盗品有償譲請け罪（256条2項）
	有償で処分のあっせん…………………………	盗品処分あっせん罪（256条2項）

(11)文書の毀棄	公用の文書・電磁的記録	公用文書毀棄罪（258条）
	私用の文書・電磁的記録	私用文書毀棄罪（259条）
(12)損壊	建造物	建造物損壊罪（260条）
	器物	器物損壊罪（261条）
(13)不動産に対して	侵奪	不動産侵奪罪（235条の2）
	境界損壊	境界損壊罪（262条の2）
(14)一地方の公共の平和を害する	多衆集合して暴行・脅迫	騒乱罪（106条）
	暴行・脅迫のため集合して解散しない	多衆不解散罪（107条）
(15)放火	現住建造物に	現住建造物等放火罪（108条）
	他人所有の非現住建造物に	他人所有の非現住建造物等放火罪（109条1項）
	自己所有の非現住建造物に	自己所有の非現住建造物等放火罪（109条2項）
	建造物以外の物に	建造物等以外の放火罪（110条）
(16)失火	不注意で	失火罪（116条）
	業務上必要な注意を怠って	業務上失火罪（117条の2前段）
	重大な過失によって	重過失失火罪（117条の2後段）
(17)往来の妨害	陸路・水路・橋を損壊・閉塞して	往来妨害罪（124条）
	鉄道・その標識を損壊して	往来危険罪（125条）
	列車を転覆・破壊して	列車転覆罪（126条）
	鉄道・その標識を損壊して，列車を転覆・破壊	往来危険列車転覆罪（127条）
	過失により往来の危険を生じさせ，列車を転覆・破壊	過失往来危険罪（129条）
(18)通貨偽造	通貨の偽造・変造	通貨偽造罪（148条）
	外国通貨の偽造・変造	外国通貨偽造罪（149条）
	行使目的で偽造・変造通貨を収得	偽造通貨収得罪（150条）
	収得後，偽造・変造を知って行使	収得後知情行使罪（152条）

(19)有価証券偽造	偽造・変造のため器械を準備………	通貨偽造準備罪（153条）
	有価証券の偽造・変造………………	有価証券偽造罪（162条）
	偽造・変造の有価証券の行使………	偽造有価証券行使罪（163条）
(20)文書偽造	公文書の偽造………………………	公文書偽造罪（155条）
	公務員が虚偽の公文書を作成………	偽造公文書作成罪（156条）
	公務員に虚偽の申立てをし公正証書の原本に不実の記載をさせる	公正証書原本不実記載罪（157条）
	偽造公文書の行使…………………	偽造公文書行使罪（158条）
	私文書の偽造………………………	私文書偽造罪（159条）
	医師が公務所に提出すべき診断書に虚偽の記載	虚偽診断書作成罪（160条）
	偽造私文書の行使…………………	偽造私文書行使罪（161条）
	人の事務処理を誤らせる目的で電磁的記録を不正に作る	電磁的記録不正作出罪（161条の2）
(21)印章偽造	公印偽造・不正使用………………	公印偽造罪（165条）
	公記号偽造・不正使用……………	公記号偽造罪（166条）
	私印偽造・不正使用………………	私印偽造罪（167条）
(22)性的感情を害する	公然とわいせつな行為をする………	公然わいせつ罪（174条）
	わいせつな本を販売する……………	わいせつ物販売罪（175条）
(23)射倖心をあおる	賭博をする………………………	賭博罪（185条）
	常習的に賭博をする………………	常習賭博罪（186条1項）
	賭博場を開張する…………………	賭博場開張罪（186条2項）
	富くじを販売する…………………	富くじ販売罪（187条）
(24)礼拝所や墓をけがす	礼拝所に公然と不敬な行為をする…	礼拝所不敬罪（188条）
	墳墓を発掘する……………………	墳墓発掘罪（189条）
	死体を損壊する……………………	死体損壊罪（190条）
	墳墓を発掘して死体を損壊する……	墳墓発掘死体損壊罪（191条）
	変死者を密葬する…………………	変死者密葬罪（192条）
	公務員が職権濫用して人に義務のないことをさせる	公務員職権濫用罪（193条）

主な犯罪・早わかり　299

㉕公務員の職権濫用
- 特別公務員が職権濫用して人を逮捕したりする……特別公務員職権濫用罪（194条）
- 特別公務員が暴行陵虐する……特別公務員暴行陵虐罪（195条）

㉖賄賂犯罪
- 公務員が賄賂を受け取る……単純収賄罪（197条1項前段）
- 公務員が請託を受け賄賂を受け取る……受託収賄罪（197条1項後段）
- 公務員になろうとする者が請託を受け賄賂を受け取る……事前収賄罪（197条2）
- 公務員が請託を受け第三者に賄賂を供与させる……第三者供賄罪（197条の2）
- 公務員が請託を受け賄賂を受け取って，不正な行為をする……枉法収賄罪（197条の3第1項）
- 公務員が退職後，在職中の請託を受けて職務上不正な行為をしたことで賄賂を受け取る……事後収賄罪（197条の3第3項）
- 公務員が請託を受け他の公務員に不正な行為をさせ賄賂を受け取る……あっせん収賄罪（197条の4）
- 公務員に賄賂を供与する……贈賄罪（198条）

㉗公務の執行を妨害
- 公務員が職務を執行するにあたり暴行・脅迫を加える……公務執行妨害罪（95条1項）
- 公務員にある処分をさせるために暴行・脅迫を加える……職務強要罪（95条2項）
- 公務員のした封印を損壊する……封印破壊罪（96条）
- 強制執行を免れる目的で財産を隠匿する……強制執行妨害罪（96条の2）
- 偽計・威力で競売を害する……競売妨害罪（96条の3第1項）
- 公正な価格を害する目的で談合……談合罪（96条の3第2項）

㉘脱獄
- 裁判の執行による拘禁された既決・未決の者が逃走……逃走罪（97条）
- 裁判の執行による拘禁された既決・未決の者，勾引状の執行を受けた者が，拘禁場を損壊して逃走……加重逃走罪（98条）
- 法令により拘禁された者を奪取する……被拘禁者奪取罪（99条）

| | 法令により拘禁された者を逃走させる目的で器具提供 ……… | 逃走援助罪（100条） |
| | 法令により拘禁された者を看守する者が逃走させる ……… | 看守者逃走援助罪（101条） |

⑳刑事司法作用を妨害
- 犯人を蔵匿し隠避させる……………………犯人蔵匿罪（103条）
- 他人の刑事事件の証拠を隠滅……………証拠隠滅罪（104条）
- 証人をおどす………………………………証人威迫罪（105条の2）
- 法律により宣誓した証人が偽造陳述………偽証罪（169条）
- 法律により宣誓した鑑定人が偽造の鑑定……偽造鑑定罪（171条）
- 虚偽の告訴…………………………………偽造告訴罪（172条）

㉚国家的法益を侵す
- 国の統治機構を破壊する目的で暴動………内乱罪（77条）
- 外国と通謀して日本国に武力を行使させる…外患誘致罪（81条）
- 外国の国旗を損壊する……………………外国国章損壊罪（92条）

事項索引

あ

開ける …………………79
欺く …………………148
あっせん ………………247
あっせん収賄罪 ………247
あっせん利得処罰法 …249
あへん煙 ………………189
あへん煙に関する罪 …189
暗数 ……………………14
安全な場所 ……………66
アンパン ………………190
安否を憂慮する者 ……65
安楽死 …………………30

い

家 …………………17, 73
遺棄 ………………54, 230
遺棄罪 …………………53
遺棄致死傷罪 …………56
意思決定の自由 ……69, 71
意思的要素 ………………2
遺失物 …………………155
イタズラ電話 …………98
移置 ……………………56
一故意犯説 ……………143
一時の娯楽に供する物
 ……………………225
一地方 …………………169
一部露出説 ……………26
一般的職務権限 …242, 254
居直り強盗 ……………139
囲繞地 …………………74
違法性 ……………………4
違法性推定機能 …………4
違法性阻却事由 …4, 7, 23
違法性の錯誤 …………110
違法性の本質論 …………5
違法逮捕 ………………254

違法配当罪 ……………196
医療情報 ………………25
威力 ………………99, 261
威力業務妨害罪 …93, 96, 184
因果関係 …7, 31, 113, 114, 118
因果的共犯論 …………269
淫行勧誘罪 ……………223
淫行処罰規定 …………224
インサイダー取引の罪
 ……………………197
印章 ……………………218
印章偽造の罪 …………217
隠避 ……………………267
陰謀 ……………………279

う

浮かぶ領土 ………………9
丑の刻参り ……………32
疑わしきは検察官の不利益に ………………192
疑わしきは罰せず …89, 192
疑わしきは被告人の利益に ………………38, 192
運搬 ……………………162

え

営業犯 …………………226
エイズ …………………35
営利拐取罪 ……………63
エネルギー ……………120
エレベーターのかご …174
延焼罪 …………………178

お

枉法収賄罪 ……………246
公の競売・入札 ………261
往来危険罪 …………183, 186

往来危険電車転覆罪 …186
往来の妨害 ……………183
往来妨害罪 ……………182
横領 ……………………156
横領罪 ……………154, 198
大須事件 ………………169
大槌郵便局事件 ………73
置き石 …………………184
置き去り ………………54
汚職の罪 ………………234
お礼参り ………………272

か

外患援助罪 ……………280
外患予備・陰謀罪 ……280
外患誘致罪 ……………280
外国国章損壊罪 ………280
外国人犯罪 ……………274
外国政府の請求 ………280
外国通貨偽造罪 ………201
外国通貨変造罪 ………201
解散命令 ………………170
拐取 ……………………61
買春 ……………………223
開張 ……………………227
解放 ……………………66
買戻約款付自動車売買事件
 ……………………123
カウンセリング ………47
替え玉受験 ……………215
火炎びんの使用等の処罰に関する法律 ………181
加害の告知 ……………69
加虐 ……………………239
架空人の名義 …………210
確信犯 …………………276
覚せい剤犯罪 …………189
拡大解釈 ………………187
拡張解釈 ………………187

事項索引

加減的身分犯 …………238
貸倒れ ………………198
過失 …………………48
過失往来危険罪 ………187
過失激発物破裂罪 ……181
過失傷害罪 …………48
過失致死罪 …………49
加重収賄罪 …………246
加重逃走罪 …………264
ガス漏出罪 …………181
ガソリン・カー事件 …185
家庭内暴力 …………47
可罰的違法性 ……76, 129
貨幣 …………………200
仮釈放 ………………11
姦淫 …………………110
監禁 …………………59
看護師 ………………80
看守者逃走援助罪 ……266
間接正犯 ………72, 108
間接暴行 ………251, 257
艦船 ………72, 75, 185
官庁の証券 …………205
観念的競合 …12, 114, 257
管理可能性説 ………120
管理の可能なもの ……118

き

起臥寝食 …………74, 175
企業犯罪 ……………194
危惧感説 ……………49
偽計 ……………59, 98, 261
偽計業務妨害罪 ……93, 98
危険運転致死傷罪 ……46
既決の者 ……………264
危険犯 ……………19, 280
器質死 ………………24
汽車 …………………187
偽証教唆 ……………273
偽証罪 …………271, 273
規制的機能 …………18
起訴猶予 …………11, 126
偽造 ……201, 205, 209, 210,
212, 215

偽造外国通貨使用罪 …201
偽造公文書行使罪 ……214
偽造私文書行使罪 …210,
217
偽造通貨行使罪 …200, 202
偽造通貨収得罪 ………202
偽造有価証券行使罪 …206
期待可能性 …56, 163, 203,
263, 269, 270, 272
機能死 ………………24
規範的責任論 ………203
器物損壊罪 …165, 186, 281
基本的人権の尊重 ……16
基本法は補充法を排除する
……………………12
機密資料 ……………120
義務のないことを行わせる
……………………71, 236
欺罔 …………………148
客殺し商法 …………148
救護義務 ……………54
吸収関係 ……………12
境界損壊罪 ………132, 164
恐喝 …………………153
恐喝罪 ………135, 147, 153
凶器 …………………45
凶器準備結集罪 ………43
凶器準備集合罪 ………43
狂言強盗 ……………275
共産党幹部宅盗聴事件
……………………237
強制執行妨害罪 ………260
強制わいせつ罪 ………105
強制わいせつ致死傷罪
……………………112
共同意思 ……………168
共同加害の目的 ………44
共同正犯 …28, 38, 108, 160
脅迫 …63, 71, 104, 107, 109,
134, 140, 168, 256
脅迫罪 ………70, 169, 251
共犯 …………………160, 227
共犯者の証拠 ………270
共犯の処罰根拠 ………269

共謀 …………………168
業務 ……50, 94, 95, 158, 179
業務上横領罪 ………158
業務上過失致死傷罪 …50,
191
業務上失火罪 ………179
業務性 ………………52
業務に従事する者 ……187
業務の要保護性 ………96
業務妨害罪 …………93, 98
強要罪 ……………71, 237
虚偽鑑定罪 …………274
虚偽公文書作成罪 ……212
虚偽公文書作成罪の間接正
犯 ………………212
虚偽告訴罪 …………273
虚偽告発罪 …………273
虚偽診断書作成罪 …209,
217
虚偽の情報 ………100, 152
虚偽の陳述 …………273
虚偽の文書 …………213
虚偽の風説の流布 ……97
虚偽文書作成 ………201
虚偽有価証券報告書提出罪
……………………196
局外中立命令 ………281
挙証責任 …………38, 89
御璽 …………………211
虚名 …………………85
御名 …………………211
禁制品 ………………122

く

具体的危険 …………185
具体的危険犯 …19, 55, 171
具体的符合説 ………143
口利き ………………249
国の審判作用 ………273
国の統治機構 ………278
首なし事件 …………231
熊本水俣病事件 ………35
群集心理 ……………168

事項索引　303

け

経営上の権益 …………138
傾向犯 ……………106
経済刑法 …………194
経済的財産説 …………159
経済的用法 …………128
経済犯罪 …………194
警察官職務執行法 …170, 236, 254
刑事学的 …………142
刑事裁判 ……………9
刑事裁判の基本原則 …192
刑事司法過程 ……………9
刑事司法作用 ……263, 266, 274
刑事政策 …………64, 138
刑事未成年 ……………5
継続犯 ………18, 58, 76, 163
競売 …………261
競売入札妨害罪 ………261
刑罰の適用 …………10
競馬法 …………228
軽犯罪法 …………99, 275
激発物破裂罪 ……179, 181
結果回避措置 …………49
結果的加重犯 ………34, 240
結果の無価値的側面 ……5
結果無価値論 ……………5
月刊ペン事件 …………90
検案書 …………209
検挙率 …………64
権限のある公務員 ……170
権限濫用説 …………158
現住建造物等放火罪
　…………………170, 175
建造物 …………74, 173
建造物以外の放火罪 …177
建造物損壊罪 ……164, 169
建造物の一部 …………174
建造物の一体性 ………176
現代型犯罪 …………194
現場助勢罪 …………37
権利・義務に関する公正証書 …………214
権利の行使 …………71
権利の行使を妨害する
　…………………72, 237
権利の化体性 …………204
牽連犯 ……………12

こ

5・15事件 …………279
故意の個数 …………143
行為 ……………2
行為の無価値的側面 ……5
行為無価値論 ……………5
拘引状 …………264
拘引状の執行を受けた者
　…………………264
公益目的 …………88, 90
公害 …………191
公害罪法 …………191
強姦罪 …………108
強姦致死傷罪 …………112
広義の包括的一罪 ……12
公共危険罪 …44, 170, 181, 190
公共の安全 …………181
公共の危険 …16, 19, 170, 176, 178
公共の信用 ……208, 215
公共の平穏・平和 …44, 168
公共の利害に関する場合の特例 …………88
抗拒不能 …………111
航空機の強取等の処罰に関する法律 …………182
鉱坑 …………175
公債証書 …………204
行使の目的 …………200
強取 …………135
公正証書原本不実記載罪
　…………………213
公正な価格 …………262
構成要件 ………2, 8, 129
構成要件該当性 ……2, 3
公然 ………86, 219, 229
公然わいせつ罪 ………219
公訴時効の起算点 ……18
強談威迫 ……226, 272
交通関係業過 …………130
交通事故 …………51, 130
後天性免疫不全症候群
　…………………35
強盗強姦罪 …………144
強盗罪 …………2, 134
強盗殺人 …………28, 142
強盗致死傷罪 …………141
強盗予備罪 …………145
幸福追求権 ……77, 85, 105
公文書 …………209, 211
公文書偽造罪 …………211
公務 …………95, 251
公務員職権濫用罪 …236, 253
公務員の役割 …………252
公務員犯罪 …………240
公務執行妨害罪 …168, 251, 252
拷問 …………234, 238
効用喪失説 …………172
公用文書毀棄罪 ………164
小型騒乱罪 …………44
国外犯 ………9, 182, 225
国章 …………280
国璽 …………211
告訴 …………19
告訴期間 …………104
告訴権 …………71
国内犯 ……………9
国民の健康を害する罪
　…………………189
国民の国外犯 …………224
心のケア …………105
個人責任主義 ………38, 39
個人的法益 ……102, 147
個人的法益に対する罪
　…………………15
個人の私生活の平穏 …274
個人の尊重 …………82
国家機関による国民（個人）

に対する犯罪 ………234
国家的法益 …147, 234, 252, 278
国家的法益に対する罪 ………………………15
国旗 ………………280
コピー ……………208
昏睡強盗罪 ………141
コンピュータ ……152, 206

さ

罪刑法定主義 ……2, 40, 80, 110, 187
財産罪の保護法益 …121
財産上の損害 ……150, 160, 199
財産上の利益 ……120, 136
財産上不法の利益 …137, 146
財産秩序の侵害 ……147
財産的処分行為 ……149
財産犯罪 …………171
罪数 ………………11
裁判員裁判 ………273
財物 ………………118
債務の免除 ………120
債務名義の存在 ……260
詐欺罪 ……3, 147, 203, 225
詐欺賭博 …………225
作成名義の冒用 ……215
サザーランド ……195
差押えの表示 ……259
殺意 ……………26, 142
殺人罪 ………25, 169, 257
殺人予備罪 …………28
残虐な刑罰 …………235
35条説 ………………91
三徴候説 ……………23

し

屍姦 ………………230
時間的接着性 ……140
自己虚偽告訴 ……274
自己決定権 ………29, 34
事後強盗罪 ………138
事後収賄罪 ………246
事後法の禁止 ……110
自殺 ………29, 103, 113
自殺関与罪 …………29
自殺教唆 ……………29
自殺幇助 ……………29
事実証明に関する文書 ………………………215
事実の公共性 ………89
事実の錯誤 …………8
事実の真実性の証明 …89
事実の摘示 ……85, 87
死者 ……………86, 128
自首 ………64, 274, 279
私人の平穏な生活 ……274
私戦予備・陰謀罪 ……281
自然保護 ……………94
事前収賄罪 ………245
死体 ……………22, 228
死体損壊罪 ………230
失火罪 ……170, 172, 179
実刑 ………………11
執行猶予 …………11, 25
実質的一罪 …………12
自転車競技法 ……228
児童買春 …………224
児童買春，児童ポルノに係る行為等の処罰及び児童の保護等に関する法律 ………………………224
児童虐待 ……………46
児童虐待防止法 ……47
児童相談所 …………47
児童福祉司 …………48
児童ポルノ ………224
死の判定 ……………23
自白 …………234, 273
自白強要 …………238
支払用カード電磁的記録不正作出罪 …………206
支払用カード電磁的記録不正作出準備罪 ………207
私文書 …………209, 214
私文書偽造罪 ……214
紙幣 ………………200
死亡証書 …………209
地面師 ……………198
社会生活上の感情を侵す罪 ………………………219
社会的制裁 …………69
社会的法益 ………102
社会的法益に対する罪 ………………………15
社会的名誉 ……82, 85, 92
社会統合機能 ………18
社会復帰 ……………10
社会倫理的機能 ……18
酌量減軽 ……………25
社交儀礼 …………241
重過失 ……………51
重過失致死傷罪 ……50
宗教的感情 ………230
祝儀 ………………263
住居 ………………74
住居権説 ……………73
住居侵入罪 ……72, 169
集合 ………………168
集合犯 ……………226
重婚罪 ……………223
収受 ………………244
重大な過失 ………180
集団強姦罪 ………112
集団犯 ……………241
集団犯罪 ………168, 278
収得 ………………202
収得後知情行使罪 ……202
収賄罪 ……………240
受刑者処遇法 ………78
出水罪 ……………181
受託収賄罪 ……240, 244
守秘義務 ………47, 80
準起訴手続 ………235
準強制わいせつ罪 ……111
準強姦罪 …………111
準詐欺罪 …………152
準職務行為 ………242
傷害 ……………34, 165
傷害罪 …………33, 257

傷害致死罪 ………… 36, 39	職権濫用罪 ………… 234	信任違背行為 ………… 12
傷害の罪と比較して，重い刑により処断する …13	処罰条件 ………… 245	人民電車事件 ………… 184
	処罰阻却事由 ………… 7	信用毀損罪 ………… 93, 97
障害未遂 ………… 31	処分 ………… 257	信用の毀損 ………… 98
消火妨害罪 ………… 178	処分行為 ………… 153	心理的外傷 ………… 47
焼燬 ………… 172	署名 ………… 218	**す**
承継的共同正犯 ……… 40	白地刑罰法規 ………… 281	推定規定 ………… 192
証言拒絶権 ………… 81	知る権利 ………… 82, 91	水利権 ………… 181
証拠 ………… 270	侵害犯 ………… 19	水利妨害罪 ………… 181
証拠隠滅罪 ………… 270	人格権 ………… 85	数故意犯説 ………… 143
証拠裁判主義 ………… 270	人格的価値 ………… 82, 85	ストーカー規制法 ……116
証拠能力 ………… 235	人格的自由 ………… 103	ストーカー行為 ………116
常習強盗強姦 ………… 226	人格なき社団 ………… 94	ストリップ・ショウ …220
常習強盗傷人 ………… 226	人工妊娠中絶 ………… 53	**せ**
常習性 ………… 226	進行を制御することが困難な高速度 ………… 46	請願権 ………… 258
常習強盗傷人罪 ……… 145		請願作業 ………… 279
常習特殊強窃盗 ……… 226	親告罪 …… 19, 79, 93, 115	性質上の凶器 ………… 45
常習特殊強盗罪 ……… 145	親告罪の告訴期間 …104, 115	政治犯罪 ………… 278
常習賭博罪 ………… 226		青少年保護育成条例 …224
常習犯 ………… 226	真実性の証明 ………… 89	正常な運転が困難な状態 ………… 46
常習累犯強窃盗 ……… 226	新住居権説 ………… 73	
詔書偽造罪 ………… 211	新宿騒乱事件 ………… 169	精神障害 ………… 30, 103
浄水汚染罪 ………… 191	信書 ………… 79	精神的障害 ………… 34
浄水毒物混入罪 ……… 191	信書隠匿罪 ………… 164	精神的苦痛 ………… 85, 93
使用窃盗 ………… 125	信書開封罪 ………… 78	精神的被害 ………… 103
焼損 ………… 172	心神耗弱 ………… 152	精神保健及び精神障害者福祉に関する法律 ……239
状態犯 ………… 18	心神喪失 ………… 111	
承諾殺人 ………… 29	人身売買罪 ………… 61, 67	生体 ………… 22
証人威迫罪 ………… 272	真正不作為犯 …56, 76, 170	請託 ………… 244
少年審判 ………… 5	真正身分犯 ………… 81	性的感情を害する罪 …102
情報化社会 ………… 100	親族 ………… 272	性的虐待 ………… 224
除去 ………… 281	親族関係 ………… 131, 164	性的搾取 ………… 224
殖産住宅事件 ………… 241	親族相盗例 ………… 131	性的自己決定権 ……… 104
嘱託殺人 ………… 29	身体 ………… 34, 103	性的自由 …… 69, 103, 105
職務 ………… 243	身体の自由 ………… 103	正当業務行為 ………… 87
職務強要罪 ………… 258	身体の完全性 ………… 34	正当行為 ………… 81
職務行為の適法性 …… 253	侵奪 ………… 133	正当な理由がない ……74
職務質問 ………… 236	診断書 ………… 209	正当な理由がないのに ………… 78, 81
職務に関し ………… 242	陣痛説 ………… 26	
職務を執行するに当たり ………… 256	心的外傷 ………… 103	正当防衛 ……… 4, 122, 253
	心的外傷後ストレス障害 ………… 103	性に関する表現 ………221
所在国外移送目的拐取罪 ………… 67		正犯 ………… 108, 269
	人的な担保 ………… 199	
所持説 ………… 121	侵入 ………… 75	

性犯罪 ……………102, 107
性病の感染 ……………113
生理的機能 ……………34
世界主義 ……………10
セカンド・レイプ ……103
責任共犯論 ……………269
責任主義 ……………2, 5
責任年齢 ……………5
説教妨害罪 ……………229
窃取 ……………128, 132
絶対的強制下 ……………72
絶対的強制下の行動 ……2
絶対的法定刑 ……………280
絶対に禁ずる ……………235
窃盗罪 ……………126
窃盗の機会 ……………139
窃盗犯人 ……………138
先行行為 ……………54, 135
全部露出説 ……………26
占有 ……121, 127, 133, 155
占有者 ……………155
占有説 ……………122
占有離脱物 ……………127, 155
占有離脱物横領罪 ……127, 155

そ

臓器移植法 ……………24, 230
臓器の移植に関する法律施行規則 ……………25
捜索差押令状 ……………74
相当因果関係 ……8, 32, 114
蔵匿 ……………267
相場操縦の罪 ……………197
贓物罪 ……………161
騒乱罪 ……………168, 279
贈賄罪 ……………240, 248
遡及処罰の禁止の原則 ……………109
即成犯 ……………19
属地主義 ……………9
属人主義 ……………9
組織体犯罪 ……………195
組織犯罪 ……………278

訴訟詐欺 ……………149
訴訟条件 ……………280
率先助勢 ……………169
損壊 …165, 231, 259, 265, 281
損害賠償 ……………105
尊厳死 ……………30
損失補てん・損失保証の罪 ……………197
尊属殺人罪 ……………28
村民税減税事件 ……………159

た

対価性 ……………241
退去要求 ……………76
対向犯 ……………240, 248
第三者 ……………246, 248
第三者供賄罪 ……………246
胎児 ……………22
胎児傷害 ……………35
逮捕 ……………58
逮捕監禁罪 ……………57, 238
逮捕監禁致死傷罪 ……60
逮捕状 ……………254, 264
ダイヤルQ² ……………222
代用監獄 ……………264
平事件 ……………168
代理・代表の冒用 ……216
択一関係 ……………13
打撃の錯誤 ……………143
多衆 ……………168
多衆犯 ……………241, 278
多衆不解散罪 ……………170
多数 ……………219
堕胎 ……………52
堕胎罪 ……………52
立ち入り調査 ……………47
脱獄 ……………262
他人の物 ……………155
他人占有物 ……………127
他人のために事務を処理する者 ……………158
魂の殺人 ……………103
談合 ……………262
談合罪 ……………262

単純横領罪 ……………155, 158
単純収賄罪 ……………244
単純逃走罪 ……………263
単なる行動 ……………2

ち

痴漢 ……………107, 112
チャタレイ事件 …16, 106, 221
注意義務 ……………49
中華民国国章遮蔽事件 ……………281
中止犯 ……………185
抽象的危険犯 …19, 44, 55, 79, 171, 257, 262, 272
抽象的職務権限 ……………254
中立命令違反罪 ……………281
懲役と禁錮の区別 ……279
朝憲の紊乱 ……………279
陳列 ……………222

つ

追徴価額の算定基準 …248
通貨及証券模造取締法 ……………201
通貨偽造罪 ……………200
通貨偽造準備罪 ……………204
通貨発行権 ……………200
通貨変造罪 ……………200
つきまとい ……………116
罪を犯した者 ……………267

て

邸宅 ……………74
DV法 ……………48
適正な手続 ……………253
適法性の判断基準 ……255
デュ・プロセス ……………253
電気 ……………118
電気窃盗事件 ……………118
天狗橋事件 ……………183
電子計算機 ……………100
電子計算機使用詐欺罪 ……………152

事項索引 307

電子計算機損壊等業務妨害
　罪 ……………………100
電磁的記録 …100, 207, 217
電磁的記録不正作出罪
　………………………217
電車転覆罪 ……………185
伝統型犯罪 ……………194
伝播可能性 ………………86
電話盗聴行為 …………237

と

同意殺人罪 ………………29
東海大学安楽死事件 …31
道義的非難 ………………5
同居 ……………………163
同時傷害の特例 …………38
同時犯 …………………38, 41
当せん金附証票法 ……228
逃走援助罪 ……………266
東大地震研事件 …………74
盗聴 ………………………78
盗犯等ノ防止及処分ニ関ス
　ル法律 …………145, 226
盗品等に関する罪 ……161
盗品譲受け罪 …………161
動物 ……………………165
動物の保護及び管理に関す
　る法律 ………………166
道路交通法 ……………182
図画 ……………………222
特別関係 …………………13
特別公務員職権濫用罪 …238
特別公務員職権濫用等致死
　傷罪 …………………239
特別公務員暴行陵虐罪
　………………………238
特別法は一般法に優先する
　…………………………13
特別法犯 …………………15
毒物及び劇物取締法 …190
独立呼吸説 ………………26
独立燃焼説 ……………172
賭博 ……………………225
賭博罪 ……………225, 227

賭博場開張図利罪 ……227
賭博常習者 ……………226
富くじ ……………225, 228
富くじ販売罪 …………228
ドメスティック・バイオレ
　ンス …………………46, 63
トラウマ …………………47
図利加害目的 …………158
取引の安全 ……………200
ドル表示軍票 …………202

な

内乱罪 ……………168, 278
泣き寝入り ……………103

に

2項恐喝罪 ……………153
2項強盗罪 ………120, 136
2項詐欺罪 ………120, 151
2項犯罪 …………120, 151
二重抵当 ………………159
二重売買 ………………155
入札 ……………………261
任意的共犯 ……………240
任意的減軽 ………32, 279
任意的没収 ……………248
人間 ……………………22, 118
人間の行為 ………2, 129
人間の尊厳 ………………83
人間はどのような行為に陥
　りやすいか …………203
認知件数 ……15, 118, 130
任務違背 …………159, 198

ね

ネアンデルタール人 …229

の

脳死説 ……………………23
ノラ犬 …………………165

は

配偶者からの暴力の防止及
　び被害者の保護に関する

　法律 …………………48
ハイジャック …61, 72, 182
ハイジャック防止法 …182
排出型の公害 …………191
売春 ……………………223
売春防止法 ……………223
背信行為 ………………234
背信説 …………………158
背任罪 …12, 154, 158, 198
破壊 ……………………186
破壊活動防止法 ………279
爆発物使用罪 …………181
爆発物取締罰則 ………181
場所的適用範囲 …………8
バス停カメラ紛失事件
　………………………127
八郎湖事件 ……………155
罰金以上の刑にあたる罪
　………………………266
発生件数 …………………14
浜口首相狙撃事件 ……32
破廉恥犯 …………234, 278
犯罪捜査のための通信傍受
　に関する法律 …78, 238
犯罪成立要件 ………2, 6, 8
犯罪のカタログ …219, 230
犯罪被害者等基本法 …20
犯罪被害者等の保護を図る
　ための刑事手続に付随す
　る措置に関する法律
　………………………116
犯罪予防 …………………48
犯罪類型 …………3, 230
反対解釈 …………………34
犯人隠避罪 ………………82
犯人蔵匿罪 ……………266
販売 ……………………222
販売の目的 ……………223
頒布 ……………………222

ひ

PTSD ……………103, 114
被害者なき犯罪 …………16
被害者の感情 ……………20

被害者の同意 ………………30
被害者のない犯罪 ………219
被害者への援助 …………105
被害者保護 ……………38, 138
被拐取者収受罪 ……………68
被疑者の防御権 …………254
非刑罰化 …………………219
非現住建造物等放火罪
　……………………………176
被拘禁者奪取罪 …………265
非広汎性 …………………224
微罪処分 ……………………11
ビジネス犯罪 ……………194
必要的共犯 ……240, 248, 278
必要的没収 ………………248
人 ……………………85, 185
人が住居に使用する …175
人質強要罪 …………………72
人質による強要行為等の処
　罰に関する法律 ……61, 72
人質犯罪 ……………………61
人の飲料に供する浄水
　……………………………190
人の健康に係る公害犯罪の
　処罰に関する法律 ……191
人を買い受ける ……………68
非難可能性 …………………5
非破廉恥犯 ………………278
非犯罪化 …………………219
秘密 …………………………80
秘密漏示罪 ……………57, 79
病気の感染 …………………35
表現の自由 ……77, 82, 219,
　221
被略取者所在国外移送罪
　……………………………68

ふ

封印 ………………………259
封印破棄罪 ………………259
風俗犯罪 …………………219
風評 …………………………87
封をしてある信書 …………79
付加刑 ………………………11

不可罰的事後行為 …………18
不起訴処分 …………………11
複合建造物 ………………175
不敬な行為 ………………229
誣告罪 ……………………274
不作為 ………………170, 172
不作為による幇助犯 ………37
不真正不作為犯 …8, 56, 172
不真正身分犯 ………238, 266
付審判制度 ………………235
侮辱罪 …………………83, 92
不正アクセス行為の禁止等
　に関する法律 ……………77
不正電磁的記録カード所持
　罪 …………………………207
不正な行為 ………………247
不正な指令 ………………100
不正な利益 ………………263
不正の指令 ………………152
不正融資 …………………198
不退去罪 ……………76, 170
物色 …………………129, 139
物的な担保 ………………199
不同意堕胎罪 ………………53
不同意の性交 ……………105
不動産侵奪罪 ………132, 164
不特定 ……………………219
不燃性建造物 ……………173
不能犯 ………………………32
不能未遂 ……………………32
不法原因給付 ………137, 156
不法に …………………………57
不法領得の意思 …124, 128,
　151, 156
プライバシー …17, 25, 69,
　74, 237
プライバシーの保護 …77, 81
不良債権 …………………195
付和随行者 ………………169
粉飾決算 …………………195
文書 …………………204, 209
文書偽造罪 ………………209
墳墓発掘罪 ………………229
墳墓発掘死体損壊罪 …231

へ

平安神宮放火事件 ………176
平穏侵害説 …………………73
平穏占有説 ………………122
平穏な利用 …………………73
併科 ………………………197
併合罪 ………………12, 145
弁解録取書 ………………165
弁護活動 ……………………87
変死者 ……………………231
変死者密葬罪 ……………231
変造 ……………201, 205, 210

ほ

法益 ……………2, 15, 16, 94
法益保護機能 ………………18
放火罪 ……………………170
放火する …………………172
放火予備罪 ………………178
包括一罪 ……………………77
暴行 …41, 71, 104, 107, 134,
　140, 168, 239, 256
暴行罪 ………33, 41, 169, 251
法社会学 …………………269
報酬 ………………………241
幇助 ………68, 204, 264, 277
法条競合 ……………………12
幇助犯 …………………2, 241
法人に対する脅迫 …………69
法人に対する侮辱 …………92
法人処罰規定 ……………193
放置 …………………………56
没収 ………………………248
法定刑 ………………………10
法定的符合説 ……………143
暴動 …………………168, 278
法の下の平等 ………28, 251
法は家庭に入らず ………131
法律婚主義 ………………223
法律的財産説 ……………160
暴力行為等処罰ニ関スル法
　律 …………………………226
暴力犯罪対策 ………………44

法令行為 …57, 74, 228, 230
保管 …………………163
保健師助産師看護師法
　　…………………80
保護主義 ………………9
保護処分 ………………5
保護責任の根拠 ………54
保護責任者遺棄罪 …54, 170
保護命令 ………………48
補充関係 ………………12
保障的機能 ……………18
保助看法 ………………80
補助公務員 …………212
母体保護法 ……………53
ホワイトカラー犯罪 …195
本権説 ………………121

ま

マジックホン …………98
松川事件 ………………92
松川名誉毀損事件 ……92
丸正名誉毀損事件 ……88

み

身代り犯人 …81, 267, 269
「未決」の者 …………264
未遂罪処罰 ……………31
未成年者拐取罪 ………62
三鷹事件 ……………187
未必の故意 ……………27
身の代金 …………61, 68
身の代金目的拐取罪 …64, 68
身の代金誘拐罪 ………61
身の代金要求罪 ………66
身分 ……………………155
身分犯 …………………159
宮本身分帳事件 ……237

む

無形偽造 ………209, 216
無辜 ……………………267
無言電話 ……35, 98, 116
無罪の推定の法理 …267
無償の譲受け ………162

無人電車 ……………186
無銭飲食 ……………151
無銭宿泊 ……………151
無担保貸付 …………198
無賃乗車 ……………146
夢遊状態の行為 ………2
村八分 …………………69

め

名誉 ……………………85
名誉感情 …83, 85, 92, 280
名誉毀損罪 ………83, 85
名誉の毀損 ……………87
迷惑防止条例 ………107
面会の強請 …………273
免状 ……………………214

も

燃え上がり説 ………172
目的犯 …64, 159, 200, 279, 280
黙秘権 …………………273
模写 ……………………200
模造 ……………………201
物 ………………………118
漏らす …………………81

や

野球賭博 ……………227
薬害 ……………………191
約束 ……………………244
薬物犯罪 ………14, 189
野次馬行為 ……………37
野生動物 ……………165
闇取引 ………………147

ゆ

誘拐 ……………………61
有価証券 ……………204
有価証券偽造罪 ……204
夕刊和歌山時事事件 …91
有形偽造 ………209, 216
有償の処分あっせん …163
有償譲受け …………163

優生保護法 ……………52
有責性 ……………………5
有責性推定機能 ………4
有責性阻却事由 ………5
有体性説 ……………120
有体物 ………………118
有体物説 ……………120

よ

要求 ……………………244
用に供する …………207
用法上の凶器 …………45
予見可能性の内容 ……48
吉展ちゃん事件 ………64
四畳半襖の下張事件 …221
予測可能性 …………110
予備 ……64, 172, 204, 279

ら

礼拝所不敬罪 ………228

り

利益窃盗 ……………151
利益を図る …………227
陸路の閉塞 …………183
リッカー事件 ………196
立証責任 ………………41
略取 …………………61, 63
利用価値 ……………134
両替 ……………………201
量刑相場 ……………105
陵辱 ……………………239
両罰規定 ……………192
利用妨害 ……………125

る

類推解釈 …………40, 188
類推解釈の禁止 ………40

れ

令状逮捕 ………………57
レスピレーター ………24

ろ

労務の提供 …………120
ロストボール …………128
ロッキード事件丸紅ルート
　…………………242

わ

わいせつの意義 …106, 221
わいせつ画像データ …222
わいせつな行為 ………105
わいせつ物頒布罪 …219, 221
賄賂 ………………240
賄賂犯罪 …………234

判 例 索 引

〔年代と項目で手早く探せる〕

〔明治〕

大判明36・5・21刑録9輯874頁〔電気は財物〕……………………………118
大判明42・4・16刑録15輯452頁〔器物損壊罪の損壊〕……………………165
大判明43・3・4刑録16輯384頁〔焼損〕………………………………………173
大判明43・3・10刑録16輯402頁〔偽造通貨行使罪の交付〕………………200
大判明43・9・30刑録16輯1569頁〔未成年者拐取罪の保護法益〕…………62
大判明43・9・30刑録16輯1572頁〔文書〕……………………………………208
大判明44・2・27刑録17輯197頁〔動物傷害罪の傷害〕……………………166
大判明44・7・10刑録17輯1409頁〔封印破棄罪の無効〕……………………259
大判明44・11・9刑録17輯1843頁〔変造〕……………………………………210
大判明44・12・8刑録17輯2183頁〔堕胎〕……………………………………52
大判明45・6・20刑録18輯896頁〔暴行罪の暴行〕…………………………34

〔大正〕

大判大2・1・23刑録19輯28頁〔通貨偽造準備罪の器機〕…………………204
大判大2・1・27刑録19輯85頁〔信用の毀損〕………………………………98
大判大3・7・21刑録20輯1541頁〔わいせつ行為〕…………………………107
大判大3・7・28刑録20輯1548頁〔富くじ罪と賭博罪の区別〕……………225
大判大3・12・1刑録20輯2303頁〔脅迫と権利の行使〕……………………71
大判大3・12・3刑録20輯2322頁〔偽計業務妨害罪の偽計〕………………99
大判大4・2・9刑録21輯81頁〔偽計業務妨害罪の偽計〕…………………99
大判大4・3・2刑録21輯194頁〔背任罪の共犯〕……………………………160
大判大4・3・4刑録21輯231頁〔犯人蔵匿罪の故意〕………………………270
大判大4・5・21刑録21輯670頁〔遺棄罪は抽象的危険犯〕…………………55
大判大4・5・21刑録21輯663頁〔窃盗罪の不法領得の意思〕……………129
大判大4・6・8新聞1024号31頁〔侮辱罪と被害者の存在〕………………93
大判大4・7・9刑録21輯990頁〔異性間の情交も賄賂〕…………………241
大判大4・12・11刑録21輯2088頁〔強姦犯に殺意があるとき〕……………115
大判大5・11・10刑録22輯1718頁〔相当の行為をしなかった〕……………246
大判大5・12・18刑録22輯1909頁〔虚偽の風説の流布〕……………………98
大判大6・2・6刑録23輯35頁〔封印〕…………………………………………259
大判大6・4・13刑録23輯312頁〔放火罪の非現在性〕………………………175
大判大6・5・23刑録23輯517頁〔盗品性〕……………………………………162

大判大6・10・15刑録23輯1113頁〔占有の離脱〕・・・・・・・・・・・・・・・・・・・・・・・・・・・・・・・・・・・・155
大判大7・8・20刑録24輯1203頁〔強制わいせつの暴行〕・・・・・・・・・・・・・・・・・・・・108
大判大8・12・13刑録25輯1367頁〔一部露出説〕・・・・・・・・・・・・・・・・・・・・・・・・・・・・・26
大判大9・2・4刑録26輯36頁〔自転車の使用窃盗〕・・・・・・・・・・・・・・・・・・・・・・・・125
大判大10・9・24刑録27輯589頁〔公文書〕・・・・・・・・・・・・・・・・・・・・・・・・・・・・・・・・・212
大判大10・11・24刑録27輯643頁〔業務妨害罪の業務〕・・・・・・・・・・・・・・・・・・・・・94
大判大11・9・27刑集1巻483頁〔背任罪の財産上の損害〕・・・・・・・・・・・・・・・・199
大判大11・10・20刑集1巻558頁〔有価証券偽造の作成権限〕・・・・・・・・・・・・・205
大判大11・11・28刑集1巻705頁〔殺人の客体〕・・・・・・・・・・・・・・・・・・・・・・・・・・・・・26
大判大12・2・22刑集2巻107頁〔賭博常習者が非常習者を教唆〕・・・・・・・・227
大判大13・2・9刑集3巻95頁〔一時の娯楽に供する物〕・・・・・・・・・・・・・・・・・・225
大判大13・3・14刑集3巻285頁〔葬祭の義務ある者の放置〕・・・・・・・・・・・・231
大判大13・10・22刑集3巻749頁〔強制わいせつの暴行〕・・・・・・・・・・・・・・・・107
大判大13・12・12刑集3巻871頁〔誘拐罪の複数の目的〕・・・・・・・・・・・・・・・・・・64
大判大14・10・10刑集4巻599頁〔事実証明に関する文書〕・・・・・・・・・・・・・・215
大判大15・3・24刑集5巻117頁〔名誉毀損罪の人の名誉〕・・・・・・・・・・・・・・・・85
大判大15・6・25刑集5巻285頁〔準強姦罪の抗拒不能〕・・・・・・・・・・・・・・・・・111
大判大15・11・2刑集5巻491頁〔電車内に遺留された物〕・・・・・・・・・・・・・・・155

〔昭和1〜10年〕

大判昭2・3・28刑集6巻118頁〔現場助勢の意義〕・・・・・・・・・・・・・・・・・・・・・・・・38
大判昭2・4・12刑集6巻183頁〔その他の方法による往来危険〕・・・・・・・184
大判昭2・12・8刑集6巻512頁〔恐喝と収賄〕・・・・・・・・・・・・・・・・・・・・・・・・・・・・245
大判昭5・2・7刑集9巻51頁〔身代りを知った弁護人〕・・・・・・・・・・・・・・・・・・82
大判昭6・10・29刑集10巻511頁〔強盗の機会〕・・・・・・・・・・・・・・・・・・・・・・・・・143
大判昭7・2・29刑集11巻141頁〔逮捕〕・・・・・・・・・・・・・・・・・・・・・・・・・・・・・・・・・・58
大判昭7・7・20刑集11巻1104頁〔権利の行使を妨害した〕・・・・・・・・・・・・・・72
大判昭7・9・12刑集11巻1317頁〔蛸配当と図利加害目的〕・・・・・・・・・・・・159
大判昭7・10・10刑集11巻1519頁〔威力〕・・・・・・・・・・・・・・・・・・・・・・・・・・・・・・・・99
大判昭7・12・11刑集11巻1817頁〔証拠隠滅罪の証拠〕・・・・・・・・・・・・・・・・270
東京控判昭8・2・28法律新聞3545号5頁〔殺人と因果関係〕・・・・・・・・・・32
大判昭8・4・15刑集12巻427頁〔暴行罪の暴行〕・・・・・・・・・・・・・・・・・・・・・・・・42
大判昭8・6・5刑集12巻648頁〔事後強盗の暴行の相手方〕・・・・・・・・・・140
大判昭8・6・5刑集12巻736頁〔人の飲料に供する浄水〕・・・・・・・・・・・・・190
大判昭9・6・11刑集13巻730頁〔詐欺賭博〕・・・・・・・・・・・・・・・・・・・・・・・・・・・・225
大判昭9・6・13刑集13巻747頁〔墳墓〕・・・・・・・・・・・・・・・・・・・・・・・・・・・・・・・・・230
大判昭9・8・27刑集13巻1086頁〔自殺関与罪の承諾〕・・・・・・・・・・・・・・・・・・30
大判昭9・10・29新聞3793号17頁〔業務上横領罪の業務〕・・・・・・・・・・・・158
大判昭10・2・2刑集14巻57頁〔艦船の意義〕・・・・・・・・・・・・・・・・・・・・・・・・・・185

大判昭10・10・24刑集14巻1267頁〔国の統治機構を破壊〕……………………279
大判昭10・12・3刑集14巻1255頁〔監禁の方法〕……………………………59

〔昭和11～20年〕

大判昭11・3・24刑集15巻307頁〔信書開封罪の告訴権者〕……………………79
大判昭11・6・25刑集15巻826頁〔同時傷害の特例の暴行の同時性〕……………39
大判昭12・2・27新聞4100号4頁〔威力業務妨害の威力〕……………………99
大判昭14・11・4刑集18巻497頁〔監禁罪の間接正犯〕…………………………59
大判昭15・8・22刑集19巻540頁〔ガソリン・カー事件〕………………185, 187
大判昭20・5・1刑集24巻1頁〔死体損壊の遺棄〕………………………………230

〔昭和21～30年〕

最判昭22・11・26刑集1巻28頁〔強盗罪の暴行の相手方〕……………………136
最判昭23・3・16刑集2巻3号227頁〔有償譲受け罪の故意〕…………………163
最判昭23・6・5刑集2巻7号641頁〔不法原因給付物と横領〕………………156
最判昭23・6・8判例体系32巻380頁〔重過失失火〕……………………………180
最判昭23・6・12刑集2巻7号676頁〔強盗致傷罪の既遂・未遂〕……………144
最判昭23・7・8刑集2巻8号822頁〔賭博罪の既遂〕…………………………225
最判昭23・7・29刑集2巻9号1,067頁〔賭博常習者〕…………………………226
最判昭23・11・2刑集2巻12号1443頁〔放火罪の既遂〕………………………176
最判昭23・11・9刑集2巻12号1504頁〔有償の処分のあっせん〕……………163
最判昭23・11・16刑集2巻12号1535頁〔屍姦〕……………………………230
最判昭23・11・18刑集2巻12号1614頁〔強盗罪の暴行・脅迫の程度〕………134
最判昭23・11・25刑集2巻12号1649頁〔住居侵入罪の侵入〕…………………75
最判昭23・12・24刑集2巻14号1883頁〔強盗罪の強取〕………………………136
最判昭24・2・8刑集3巻2号75頁〔強盗罪の暴行・脅迫の程度〕……………135
最判昭24・5・10刑集3巻6号711頁〔強姦罪の暴行・脅迫〕………104, 107, 109
最判昭24・6・18刑集3巻7号1094頁〔賭博場開張図利罪の利益を図る〕……227
最判昭24・7・12刑集3巻8号1237頁〔強姦致傷罪の責任の範囲〕……………113
最大判昭24・7・22刑集3巻8号1363頁〔住居侵入罪の同意〕…………………75
最判昭24・8・9刑集3巻9号1440頁〔犯人蔵匿罪の客体〕……………………267
東京高判昭24・12・10高刑集2巻3号292頁〔事後強盗罪の主体〕……………139
最判昭24・12・20刑集3巻12号2036頁〔監禁罪の手段〕………………………59
最判昭24・12・22刑集3巻12号2070頁〔窃盗罪の既遂時期〕…………………130
最判昭24・12・24刑集3巻12号2114頁〔強姦犯による強盗〕…………………145
最判昭24・12・24刑集3巻12号2088頁〔強盗予備の事例〕……………………145
福岡高判昭25・2・17高刑判特4号74頁〔準詐欺罪の処罰根拠〕……………153
最判昭25・2・28刑集4巻2号268頁〔公文書の作成権限〕……………………212

東京高判昭25・6・10高刑集3巻2号222頁〔投石は暴行〕…………………………42
最判昭25・7・4刑集4巻7号1168頁〔詐欺罪の保護法益〕…………………………147
名古屋高判昭25・11・14高刑集3巻11号748頁〔窃盗罪の既遂時期〕………………129
最大判昭25・11・22刑集4巻11号2380頁〔賭博罪の保護法益〕……………………225
最判昭25・12・14刑集4巻12号2548頁〔強盗殺人罪の強盗の機会〕………………143
最判昭25・12・14刑集4巻12号2548頁〔放火罪における建造物〕…………………174
東京高判昭26・3・31刑集9巻8号1763頁〔往来の危険の方法〕……………………184
最判昭26・7・13刑集5巻8号1437頁〔窃盗罪の不法領得の意思〕…………………126
最大判昭26・7・18刑集5巻8号1491頁〔公務執行妨害罪の暴行の程度〕…………257
最判昭26・8・9裁判集刑51号363頁〔禁制品の窃取〕………………………………122
最判昭26・9・20刑集5巻10号1937頁〔傷害致死罪の致死の結果の予見〕……36, 40
大阪高判昭26・10・26高刑集4巻9号1173頁〔逮捕監禁罪の逮捕〕…………………58
最判昭26・12・14刑集5巻13号2518頁〔詐欺罪の財産的処分行為〕………………150
最決昭27・2・21刑集6巻2号275頁〔被害者を利用した殺人〕………………………27
最判昭27・3・28刑集6巻3号546頁〔職務行為の適法性〕…………………………255
最判昭27・6・8刑集6巻6号765頁〔病気に感染させる傷害〕………………………35
最決昭27・7・10刑集6巻7号876頁〔盗品運搬罪の保護法益〕……………………163
最判昭27・7・22刑集6巻7号927頁〔請託〕…………………………………………244
最判昭27・7・25刑集6巻7号941頁〔害悪の告知の影響力〕…………………………70
東京高判昭27・8・5高刑集5巻8号1364頁〔不敬な行為〕…………………………229
東京高判昭27・8・18高刑集特34巻148頁〔公正な価格を害する目的〕……………263
最大判昭27・11・5刑集6巻10号1159頁〔法律により宣誓した証人〕………………273
最判昭27・12・25刑集6巻12号1387頁〔虚偽公文書作成罪の間接正犯〕…………213
大阪高判昭28・1・21高刑集6巻1号57頁〔窃盗罪の不法領得の意思〕……………129
最判昭28・1・22刑集7巻1号8頁〔職務強要罪の処分〕……………………………258
最判昭28・1・23刑集7巻1号46頁〔虚偽告発罪の故意〕……………………………274
最判昭28・1・30刑集7巻1号128頁〔威力〕……………………………………………99
東京高判昭28・2・21高刑集6巻4号367頁〔挙証責任の転換〕………………………89
最判昭28・4・2刑集7巻4号750頁〔詐欺罪の損害の範囲〕…………………………150
最判昭28・4・16刑集7巻5号915頁〔横領罪における他人の物〕……………………156
最大判昭28・6・17刑集7巻6号1289〔逮捕監禁罪の罪数〕……………………………60
最判昭28・10・2刑集7巻10号1883頁〔公務執行妨害罪の保護法益〕………………252
最判昭28・10・19刑集7巻10号1945頁〔偽証罪の共犯〕……………………………273
最判昭28・11・13刑集7巻11号2096頁〔架空人名義の偽造〕………………………210
最判昭28・11・27刑集7巻11号2344頁〔監禁中の暴行・脅迫〕………………………60
最判昭28・12・15刑集7巻12号2436頁〔公務員の批判〕………………………………90
最判昭28・12・22刑集7巻13号2608頁〔業務上過失における業務〕…………………51
福岡高判昭29・1・12高刑集7巻1号1頁〔単純逃走罪の既遂〕……………………264
最判昭29・4・6刑集8巻4号407頁〔恐喝行為〕……………………………………154
大阪高判昭29・5・30高刑集7巻5号752頁〔傷害〕……………………………………35

判例索引　*315*

東京高判昭29・6・16東高刑5巻6号236頁〔殺人罪の不能犯〕…………………………27
最判昭29・8・20刑集8巻8号1277頁〔暴行罪の暴行〕…………………………………42
最判昭29・8・20刑集8巻8号1256頁〔第三者収賄罪の第三者〕……………………246
大阪高判昭29・10・30高刑裁特1巻追録759頁〔不正な利益を得る目的〕……………263
最判昭29・12・23刑集8巻13号2288頁〔5条の刑の執行の減免〕……………………10
最判昭30・1・11刑集9巻1号25頁〔印章偽造罪の印章〕……………………………218
広島高判昭30・2・5高刑裁特2巻4号60頁〔名誉毀損罪における公益目的〕………90
名古屋高判昭30・3・17高刑裁特2巻6号156頁〔強盗予備〕…………………………145
東京高判昭30・3・26高刑裁特2巻7号219頁〔未成年者拐取罪の既遂時期〕………62
最判昭30・4・19刑集9巻5号898頁〔日本国内に流通している外国の紙幣〕………202
仙台高判昭30・4・26高刑集8巻3号423頁〔占有離脱物〕……………………………155
広島高岡山支判昭30・6・16高刑裁特2巻12号610頁〔営利拐取罪の略取〕…………63
最大判昭30・6・22刑集9巻8号1189頁〔三鷹事件〕…………………………………187
最判昭30・7・7刑集9巻9号1856頁〔2項詐欺罪の処分行為〕………………………151
広島高判昭30・9・6高刑集8巻8号1021頁〔欺く行為を手段とした窃盗〕…………128
最判昭30・10・14刑集9巻11号2173頁〔恐喝と権利行使〕……………………………154
広島高岡山支判昭30・11・15高刑裁特2巻22号1173頁〔放火罪の公共の危険〕……176
最判昭30・12・26刑集9巻14号3053頁〔不動産の二重売買〕…………………………155

〔昭和31～40年〕

福岡高判昭31・4・14高刑裁特3巻8号409頁〔未成年者拐取罪の保護法益〕………62
名古屋高判昭31・5・31高刑裁特3巻14号685頁〔監禁の機会の暴行〕………………60
最決昭31・8・22刑集10巻8号1237頁〔住居侵入と不退去〕……………………………77
最決昭31・8・22刑集10巻8号1260頁〔磁石でパチンコ玉を出す〕…………………129
最判昭31・12・7刑集10巻12号1592頁〔二重抵当〕……………………………………159
広島高判昭31・12・25高刑集9巻12号1336頁〔加重逃走罪の損壊〕…………………265
最判昭32・1・22刑集11巻1号50頁〔談合罪における不正な利益〕…………………263
最判昭32・1・24刑集11巻1号230頁〔過失と因果関係〕………………………………188
最決昭32・1・29刑集15巻1号325頁〔公用文書の毀棄〕………………………………165
最決昭32・2・7刑集11巻2号530頁〔印章〕……………………………………………218
最大判昭32・3・13刑集11巻3号997頁〔チャタレイ事件〕……………………16, 106, 221
最決昭32・4・25刑集11巻4号1480頁〔外国通貨行使罪の行使〕……………………201
最決昭32・5・22刑集11巻5号1526頁〔公然わいせつ罪の公然〕……………………219, 220
東京高判昭32・5・31高刑裁特4巻11＝12号289頁〔強盗予備〕………………………145
最判昭32・7・18刑集11巻7号1861頁〔強盗の機会〕…………………………………143
最判昭32・7・25刑集11巻7号2037頁〔有価証券〕……………………………………205
最判昭32・8・1刑集11巻8号2065頁〔強盗殺人〕………………………………………142
大阪高判昭32・9・13高刑集10巻7号602頁〔村八分〕…………………………………69
最判昭32・9・13刑集11巻9号2263頁〔債権者殺害と2項強盗罪〕…………………136

最判昭32・10・4 刑集11巻10号2464頁〔起案担当者による虚偽公文書作成〕……………213
最判昭32・11・8 刑集11巻12号3061頁〔バス停カメラ紛失事件〕……………………127
最判昭32・11・19刑集11巻12号3073頁〔業務上横領〕……………………………………158
最決昭32・11・19刑集11巻12号3093頁〔親族間の行為における同居の親族〕…………163
最判昭32・12・13刑集11巻13号3207頁〔談合罪の性質〕…………………………………262
最決昭33・1・16刑集12巻1号25頁〔有価証券〕…………………………………………205
最決昭33・3・6 刑集12巻3号452頁〔恐喝行為〕…………………………………………154
最決昭33・3・19刑集12巻4号636頁〔偽計による監禁〕……………………………………59
最判昭33・3・28刑集12巻4号708頁〔差押えの表示の欠損〕……………………………259
最判昭33・4・18刑集12巻6号1090頁〔業務上過失の業務〕……………………………50, 180
東京高判昭33・7・19高刑集11巻6号347頁〔勾引状の執行を受けた者〕………………264
最判昭33・9・9 刑集12巻13号2882頁〔不作為の放火〕…………………………………172
最判昭33・9・30刑集12巻13号3151頁〔警官に投石〕……………………………………256
最判昭33・10・14刑集12巻14号3264頁〔密造酒入り瓶の破砕〕…………………………258
最判昭33・11・21刑集12巻15号3519頁〔追死を誤信させ自殺させる〕……………………27
広島高判昭33・12・24高刑集11巻10号701頁〔準強姦の抗拒不能〕………………………111
高松高判昭34・2・11高刑集12巻1号18頁〔強取〕………………………………………136
最決昭34・2・19刑集13巻2号186頁〔伝播可能性〕………………………………………86
最決昭34・3・23刑集13巻3号391頁〔事後強盗罪の主体〕………………………………139
最判昭34・5・7 刑集13巻5号641頁〔伝播可能性〕………………………………………86
最決昭34・5・22刑集13巻5号801頁〔強盗の機会〕………………………………………143
最判昭34・6・30刑集13巻6号985頁〔偽造通貨行使罪の行使の目的〕…………………200
最判昭34・7・24刑集13巻8号1163頁〔保護責任者〕………………………………………56
最判昭34・8・27刑集13巻10号2769頁〔公務執行妨害罪の暴行〕………………………257
最判昭34・9・28刑集13巻11号2993頁〔詐欺罪における財産上の損害〕………………150
最判昭34・10・28刑集13巻11号3051頁〔強姦致傷〕………………………………………113
最決昭35・1・11刑集14巻1号1頁〔公正証書原本不実記載罪の虚偽〕…………………214
最決昭35・1・12刑集14巻1号9頁〔運転免許証の写真のはりかえ〕……………………211
最判昭35・3・18刑集14巻4号416頁〔脅迫罪の加害の告知〕………………………………70
最判昭35・4・26刑集14巻6号748頁〔窃盗罪の保護法益〕………………………………124
最判昭35・6・24刑集14巻8号1103頁〔強制執行妨害罪の保護法益〕…………………260
最判昭35・8・30刑集14巻10号1418頁〔強盗殺人〕………………………………………137
最判昭35・12・8 刑集14巻13号1818頁〔平事件〕…………………………………………169
最決昭35・12・13刑集14巻13号1929頁〔盗品の有償の処分あっせん〕…………………163
最決昭35・12・27刑集14巻14号2229頁〔不動産の横領罪〕………………………………156
最判昭36・1・10刑集15巻1号1頁〔天狗橋事件〕…………………………………………183
最決昭36・3・30刑集15巻3号667頁〔架空の名義人〕……………………………………212
広島高判昭36・7・10高刑集14巻5号310頁〔殺人の不能犯〕………………………………33
最決昭36・8・17刑集15巻7号1293頁〔証拠隠滅罪の証拠〕………………………………271
最判昭36・9・8 刑集15巻8号1309頁〔浄水汚染〕…………………………………………191

名古屋高判昭36・10・10下刑集 3 巻 9 ＝10号846頁〔通貨偽造罪の偽造〕……………………201
最判昭36・10・13刑集15巻 9 号1586頁〔名誉毀損罪の公然性〕………………………………86
大阪地判昭36・10・17下刑集 3 巻 9 ＝10号945頁〔強要罪の強要〕……………………………71
名古屋高判昭36・11・8 高刑集14巻 8 号563頁〔重婚罪〕………………………………………223
最判昭36・12・1 刑集15巻11号1807頁〔人民電車事件〕………………………………………184
最判昭37・5 ・29刑集16巻 5 号528頁〔収賄罪の職務〕…………………………………………242
大阪地判昭37・7 ・24下刑集 4 巻 7 ＝8 号696頁〔夢遊状態の行動〕……………………………3
東京高判昭37・8 ・30高刑集15巻 6 号488頁〔強姦後の畏怖状態に乗じた強盗〕…………135
最決昭37・11・8 刑集16巻11号1522頁〔殺人予備の共同正犯〕………………………………28
最決昭37・11・21刑集16巻11号1570頁〔営利拐取罪の営利目的〕……………………………64
東京地判昭37・12・3 判時323号33頁〔死者の占有〕…………………………………………128
名古屋高判昭37・12・22高刑集15巻 9 号674頁〔安楽死〕………………………………………31
東京地判昭38・3 ・23判タ147号92頁〔女性の頭髪の切断〕……………………………………34
最決昭38・4 ・18刑集17巻 3 号248頁〔監禁の方法〕……………………………………………59
最判昭38・5 ・13刑集17巻 4 号279頁〔権利の行使の妨害〕…………………………………237
福岡高判昭38・7 ・15下刑集 5 巻 7 ＝8 号653頁〔証人威迫罪の面会の強請〕…………………273
最判昭38・9 ・12刑集17巻 7 号661頁〔松川事件上告審〕………………………………………92
最判昭38・11・8 刑集17巻11号2357頁〔盗品等に関する罪の親族間の特例〕………………164
最判昭38・12・6 刑集17巻12号2443頁〔有価証券の作成権限〕………………………………206
最決昭39・1 ・28刑集18巻 1 号31頁〔日本刀の抜き身の振り回し〕………………………37, 42
最決昭39・3 ・11刑集18巻 3 号99頁〔墳墓発掘罪の発掘〕……………………………………229
最決昭40・3 ・30刑集19巻 2 号125頁〔女性と男性による強姦罪〕…………………………108
最決昭40・4 ・16刑集19巻 3 号143頁〔外国国章損壊罪の除去〕……………………………281
東京地判昭40・6 ・26下刑集 7 巻 6 号1319頁〔機密資料コピーの持ち出し〕………………120

〔昭和41～50年〕

名古屋高判昭41・3 ・10高刑集19巻 2 号104頁〔未現像の映画フィルム〕…………………222
最判昭41・3 ・24刑集20巻 3 号129頁〔公務員の補助者に対する暴行〕……………………257
最判昭41・4 ・8 刑集20巻 4 号207頁〔死者の占有〕…………………………………………128
最決昭41・4 ・14判時449号64頁〔職務行為の適法性の判断基準〕…………………………256
最決昭41・6 ・10刑集20巻 5 号374頁〔建造物の損壊〕………………………………………165
大阪高判昭41・8 ・9 高刑集19巻 5 号535頁〔不動産の侵奪〕………………………………133
東京高判昭42・1 ・24東高刑18集 1 号 2 頁〔背任罪の任務違背行為〕………………………199
最大判昭42・5 ・24刑集21巻 4 号505頁〔地方議会議長の職務行為の適法性〕……………255
福岡高判昭42・6 ・22下刑集 9 巻 6 号784頁〔窃盗の機会〕…………………………………140
静岡地沼津支判昭42・6 ・24下刑集 9 巻 6 号851頁〔公然わいせつ罪の公然性〕…………220
最決昭42・12・19刑集21巻10号1407頁〔封印破棄罪の行為〕………………………………260
最決昭43・1 ・18刑集22巻 1 号 7 頁〔「人の噂であるから真偽は別として」〕………………87
神戸地尼崎簡判昭43・2 ・29下刑集10巻 2 号211頁〔住居侵入罪の保護法益〕……………73

岡山地判昭43・4・30下刑集10巻4号416頁〔強要罪の権利の行使の妨害〕……72
最決昭43・6・5刑集22巻6号427頁〔礼拝所不敬罪の公然性〕……229
最決昭43・6・25刑集22巻6号490頁〔有価証券の作成権限〕……206
最決昭43・9・17刑集22巻9号862頁〔強姦致傷の手段〕……113
最判昭43・9・25刑集22巻9号871頁〔賄賂の価額の追徴の算定基準〕……249
最決昭43・10・15刑集22巻10号901頁〔あっせん収賄罪のあっせん〕……247
大阪高判昭43・11・25判時552号86頁〔「外遊はもうかりまっせ」事件〕……87
最決昭43・12・11刑集22巻13号1469頁〔2項恐喝の処分行為〕……154
最大判昭44・6・25刑集23巻7号975頁〔夕刊和歌山時事事件〕……91
最決昭44・7・25刑集23巻7号975頁〔13歳未満の者に対するわいせつ行為〕……106
最判昭45・1・29刑集24巻1号1頁〔強制わいせつは傾向犯か〕……106
最決昭45・3・27刑集24巻3号76頁〔原質権の範囲を超越する転質行為〕……156
東京高判昭45・5・11高刑集23巻2号386頁〔保護責任者遺棄罪の先行行為〕……54
札幌高判昭45・7・14高刑集23巻3号479頁〔暴行の同時性〕……39
最決昭45・7・28刑集24巻7号585頁〔強姦罪の手段となる暴行〕……110
最決昭45・9・4刑集24巻10号1319頁〔代理・代表の冒用〕……217
京都地判昭45・10・12刑月2巻10号1104頁〔監禁罪の客体〕……58
名古屋高判昭45・10・28刑月2巻10号1030頁〔加害の告知〕……70
最決昭45・12・3刑集24巻13号1707頁〔凶器準備集合罪の保護法益〕……44
最決昭45・12・22刑集24巻13号1862頁〔強盗罪の強取〕……135
東京地判昭46・3・19刑月3巻3号444頁〔凶器〕……45
最判昭46・4・22刑集25巻3号530頁〔電車の破壊〕……185
仙台高判昭46・6・21高刑集24巻2号418頁〔窃盗罪の不法領得の意思〕……125
東京高判昭46・7・15高刑集24巻3号464頁〔逮捕を免れるための暴行〕……141
最決昭46・9・22刑集25巻6号769頁〔強姦致傷〕……113
最決昭46・10・22刑集25巻7号838頁〔松川名誉毀損事件〕……92
最決昭47・3・2刑集26巻2号67頁〔背任罪の任務違背行為〕……159
最判昭47・3・14刑集26巻2号187頁〔凶器〕……45
最決昭48・2・28刑集27巻1号68頁〔電話に野球賭博〕……227
最大判昭48・4・4刑集27巻3号265頁〔尊属殺違憲判決〕……28
広島高判昭48・5・27高刑集6巻9号1105頁〔威力〕……99
東京高判昭48・8・7高刑集26巻3号322頁〔偽計〕……98
東京地判昭49・4・25刑月6巻4号475頁〔虚偽の風説〕……98
山形地判昭49・4・29刑月6巻4号439頁〔業務〕……51
最大判昭49・5・29刑集28巻4号114頁〔観念的競合における1個の行為〕……257
東京地判昭49・11・5判時758号116頁〔真実性の証明の程度〕……89
最判昭50・4・24判時774号119頁〔賄賂における対価性〕……242
最決昭50・6・12刑集29巻6号365頁〔盗品保管罪の保管〕……163
最判昭50・6・13刑集29巻6号375頁〔通貨の変造〕……201
東京高判昭50・8・7高刑集28巻3号282頁〔侵奪〕……132

〔昭和50～60年〕

最判昭51・3・4刑集30巻2号79頁〔建物の囲繞地〕……………………………74
最決昭51・3・23刑集30巻2号229頁〔丸正名誉毀損事件〕……………………88
最決昭51・4・1刑集30巻3号425頁〔国に対する詐欺罪〕……………………147
最判昭51・4・30刑集30巻3号453頁〔公文書偽造罪の保護法益〕……………208
最判昭51・5・6刑集30巻4号591頁〔代決者の補助者と正確な文書〕…………212
東京高判51・8・16東高刑27巻8号108頁〔抗拒不能〕…………………………111
大阪地判51・10・25判月8巻9＝10号435頁〔安否を憂慮する者〕……………66
最決昭52・4・25刑集31巻3号169頁〔偽造公文書の行使〕……………………214
最判昭52・5・6刑集31巻3号544頁〔共同加害目的〕…………………………45
松江地判昭52・9・20判時877号111頁〔放火罪と消火妨害罪〕………………179
最判昭52・12・22刑集31巻7号1176頁〔販売目的所持〕………………………223
東京高判53・3・22刑月10巻3号217頁〔自動販売機に偽貨を投入〕…………200
最判昭53・7・28刑集32巻5号1068頁〔打撃の錯誤〕…………………………143
最決昭53・9・4刑集32巻6号1077頁〔大須事件〕……………………………169
大阪高判53・12・7高刑集31巻3号313頁〔職務を執行するに当たり〕………256
東京高判54・4・12判月11巻4号277頁〔占有の有無〕………………………127
東京高判54・5・21高刑集32巻2号134頁〔屋根の上も住居〕…………………74
最決昭54・6・26刑集33巻4号364頁〔解放による刑の減軽の安全な場所〕…64
東京地判昭54・8・10判時943号122頁〔嫌がらせ電話〕………………………35
最決昭54・10・24刑集33巻6号665頁〔常習性〕………………………………226
最決昭54・11・19刑集33巻7号710頁〔強盗の目的〕…………………………145
最決昭54・11・19刑集33巻7号728頁〔業務上失火〕…………………………180
最判昭54・12・25刑集33巻7号1105頁〔加重逃走罪の損壊〕…………………265
長崎地佐世保支判昭55・5・30判時999号131頁〔業務妨害罪の業務〕………94
名古屋地判昭55・7・28刑月12巻7号709頁〔抗拒不能〕……………………111
最決昭55・10・30刑集34巻5号357頁〔自動車の使用窃盗〕…………………125
最判昭55・11・28刑集34巻6号433頁〔四畳半襖の下張事件〕………………221
最決昭55・12・9刑集34巻7号513頁〔艦船の破壊〕…………………………186
最決昭55・12・22刑集34巻7号747頁〔有価証券〕……………………………205
最決昭55・12・22刑集34巻7号747頁〔追徴額の算定時〕……………………249
東京高判昭56・1・27刑月13巻1＝2号50頁〔抗拒不能〕……………………112
最判昭56・2・20刑集35巻1号15頁〔八郎湖事件〕……………………………115
福岡高判56・3・26判時1029号132頁〔器物損壊罪の損壊〕…………………165
最判昭56・4・8刑集35巻3号57頁〔名義人の承諾〕…………………………216
最判昭56・4・16刑集35巻号84頁〔月刊ペン事件〕……………………………90
最決昭57・1・28刑集36巻1号1頁〔宮本身分帳事件〕………………………237
最判昭57・3・16刑集36巻3号260頁〔住居侵入罪と他罪〕…………………76
大阪地判昭57・7・9判時1083号158頁〔詐欺罪と2項強盗罪〕……………137

大阪地判昭58・2・8判タ504号190頁〔ガス漏出罪〕……………………………181
大阪高判昭58・2・10判時1076号3頁〔賄賂と政治献金との区別〕………………241
最判昭58・4・8刑集37巻3号215頁〔大槌郵便局事件〕……………………………73
東京高判昭58・4・27高刑集36巻1号27頁〔伝播可能性〕…………………………86
最決昭58・5・9刑集37巻4号401頁〔入札妨害罪の威力〕…………………………262
最決昭58・5・24刑集37巻4号437頁〔任務違背〕……………………………………159
東京高判昭58・6・20刑月15巻4～6号299頁〔現住建造物放火罪の客体〕………174
最判昭58・6・23刑集37巻5号555頁〔凶器準備集合罪の保護法益〕………………45
最決昭58・9・27刑集37巻7号1078頁〔身の代金要求罪の罪数〕……………………67
最決昭58・11・1刑集37巻9号1341頁〔侮辱罪の被害者〕……………………………70
最決昭58・11・1刑集37巻9号1341頁〔侮辱罪の保護法益〕…………………………92
最判昭59・2・17刑集38巻3号336頁〔通称の使用〕…………………………………215
最決昭59・3・23刑集38巻5号2030頁〔威力〕…………………………………………99
最決昭59・3・27刑集38巻5号2064頁〔殺害の方法〕…………………………………27
最決昭59・4・12刑集38巻6号2107頁〔陸路の閉塞〕………………………………183
最決昭59・4・27刑集38巻6号2584頁〔マジックホン〕………………………………99
大阪高判昭59・5・23高刑集37巻2号328頁〔欺く行為〕……………………………148
最決昭59・5・30刑集38巻7号2682頁〔収賄罪の職務行為〕…………………………243
東京高判昭59・6・13判時1149号155頁〔わいせつ行為〕……………………………107
東京地判昭59・6・28判時1126号6頁〔情報の財物性〕………………………………120
最決昭59・7・6刑集38巻8号2793頁〔傷害致死罪〕…………………………………36
大阪高判昭59・11・28高刑集37巻3号438頁〔財産上不法の利益〕………………137
最判昭59・12・18刑集38巻12号3026頁〔人の看守する〕………………………74,75
最決昭59・12・21刑集38巻12号3071頁〔新宿騒乱事件〕…………………………169
最決昭60・7・3判時1173号151頁〔犯人隠避の教唆〕………………………………269
最決昭60・7・16刑集39巻5号245頁〔義務のないことを行わせる〕………………237
最決昭60・10・21刑集39巻6号362頁〔業務上過失における業務〕…………………50
最決昭60・10・21刑集39巻6号362頁〔業務上失火罪における業務〕……………50,180
最大判昭60・10・23刑集39巻6号413頁〔福岡県青少年保護育成条例事件〕……224

〔昭和61～64年〕

最決昭61・6・27刑集40巻4号340頁〔コピーの文書性〕……………………………208
最決昭61・6・27刑集40巻4号369頁〔賄賂罪の職務行為〕…………………………242
最決昭61・6・27刑集40巻4号369頁〔受託収賄罪〕…………………………………245
大阪高判昭61・12・16高刑集39巻4号592頁〔法人に対する脅迫〕…………………69
福岡地判昭62・2・9判時1233号157頁〔事後強盗罪の暴行・脅迫〕………………141
最決昭62・3・12刑集41巻2号140頁〔県議会の委員会の業務性〕…………………96
最決昭62・3・24刑集41巻2号173頁〔安否を憂慮する者〕…………………………66
最決昭62・4・10刑集41巻3号221頁〔窃盗罪の客体〕………………………………127

広島高松江支判昭62・6・18高刑集40巻1号71頁〔強姦罪の犯罪主体〕……………………109
最決昭62・9・30刑集41巻6号297頁〔封印破棄〕…………………………………………259
最決昭63・1・19刑集42巻1号1頁〔保護責任者遺棄罪の客体〕………………………………26
最決昭63・2・29刑集42巻2号314頁〔胎児傷害〕……………………………………………36
最決昭63・4・11刑集42巻4号419頁〔職務に関し〕…………………………………………242
最決昭63・7・18刑集42巻6号861頁〔殖産住宅事件〕………………………………………241

〔平成1〜10年〕

東京高判平1・2・27高刑集42巻1号87頁〔財産上不法の利益〕……………………………137
大阪高判平1・3・3判タ712号248頁〔強盗罪の暴行・脅迫〕………………………………135
最判平1・3・9刑集43巻3号95頁〔公務執行妨害罪の暴行〕………………………………257
最決平1・3・10刑集43巻3号188頁〔職務を執行するに当たり〕……………………………256
最決平1・3・14刑集43巻3号283頁〔共産党幹部宅盗聴事件〕………………………………237
福岡高宮崎支判平1・3・24高刑集42巻2号103頁〔被害者の行為を利用した殺人〕………30
最決平1・5・1刑集43巻5号405頁〔犯人は逮捕されているのに身代わり〕………………268
最決平1・7・7刑集43巻7号607頁〔買戻約款付自動車売買事件〕…………………………124
最決平1・7・7判時1326号157頁〔エレベーターのかごに放火〕……………………………174
最決平1・7・14刑集43巻7号641頁〔平安神宮放火事件〕……………………………………176
東京高判平2・2・20高刑集43巻1号11頁〔事実証明に関する文書〕…………………………215
鹿児島地判平2・3・16判時1355号156頁〔職務行為の適法性〕……………………………253
大阪地判平3・12・2判時1411号128頁〔公然陳列〕…………………………………………222
最決平4・2・18刑集46巻2号1頁〔客殺し商法〕……………………………………………148
東京地判平4・6・19判タ806号227頁〔安否を憂慮する者〕……………………………………66
東京地判平4・9・22判タ828号281頁〔強盗罪の脅迫の程度〕………………………………135
東京高判平4・10・28判タ823号252頁〔窃盗の既遂時期〕……………………………………130
東京高判平5・6・29高刑集46巻2号189頁〔虚偽の情報〕…………………………………152
最決平5・10・5刑集47巻8号7頁〔同姓同名の使用〕………………………………………210
最決平6・3・29刑集48巻3号1頁〔特別公務員暴行陵虐罪の主体〕………………………239
仙台高判平6・3・31判時1513号175頁〔建造物への侵入〕……………………………………75
最決平6・7・19刑集48巻5号190頁〔親族相盗例の親族関係〕……………………………131
広島地判平6・9・30判時1524号154頁〔再度の無期懲役〕…………………………………144
最決平6・11・29刑集48巻7号453頁〔替え玉受験〕…………………………………………215
最大判平7・2・22刑集49巻2号1頁〔ロッキード事件丸紅ルート〕………………………242
横浜地判平7・3・28判時1530号28頁〔東海大学安楽死事件〕…………………………………31
名古屋地判平7・6・6判時1541号144頁〔嘱託殺人と錯誤〕…………………………………30
東京地判平8・1・17判時1563号152頁〔監禁と被害者〕………………………………………58
千葉地判平8・1・29判時1583号156頁〔内容虚偽の検察官調書作成〕……………………272
最決平8・2・6刑集50巻2号129頁〔背任罪の財産上の損害〕……………………………160
東京地判平9・3・6半時1599号41頁〔威力業務妨害罪の業務〕………………………………97

大阪地判平9・8・20判タ995号286頁〔同時傷害の特例〕……………………………41
京都地判平9・9・24判時1638号160頁〔わいせつ画像データとハードディスク〕………222
大阪地判平9・10・3判タ980号285頁〔電子計算機損壊等業務妨害〕………………101
最決平10・7・14刑集52巻5号343頁〔偽計による競売入札妨害〕…………………262
東京高判平10・11・27判時1682号3頁〔業務と公務〕……………………………97

〔平成11〜18年〕

釧路地判平11・2・12判時1675号148頁〔不作為の傷害致死〕……………………37
最決平11・10・20刑集53巻7号641頁〔内閣官房長官の職務権限〕………………244
最決平11・12・9刑集53巻9号1117頁〔廃棄物堆積と不動産侵奪〕…………………133
最決平11・12・20刑集53巻9号1495頁〔架空の名義人〕……………………………216
大阪地判平12・2・24判時1728号163頁〔製薬会社代取の注意義務〕………………51
最判平12・3・24民集54巻3号1155頁〔過労と自殺との因果関係〕……………114
札幌高判平12・3・16判時1711号170頁〔せっかん死の母親が見逃し〕……………37
最決平12・3・27刑集54巻3号402頁〔欺く行為〕……………………………………148
横浜地判平12・5・29判時1724号171頁〔犯人の隠避〕……………………………267
福岡高判平12・9・21判時1731号131頁〔電子計算機〕……………………………100
最決平12・12・15刑集54巻9号1049頁〔不動産の侵奪〕……………………………133
最決平12・12・20刑集54巻9号1095頁〔業務上失火と業務上過失致死傷〕…………181
福岡地判平14・1・17判タ1097号305頁〔建造物の一体性〕………………………177
最決平14・2・14刑集56巻2号86頁〔窃盗の機会〕…………………………………140
最決平14・7・1刑集56巻6号265頁〔盗品の有償の処分のあっせん〕………………162
最決平14・9・30刑集56巻7号395頁〔威力業務妨害の保護の対象〕………………97
最決平14・10・22刑集56巻8号690頁〔文部事務次官の職務行為〕…………………243
最決平15・1・14刑集57巻1号1頁〔あっせん収賄〕…………………………………248
東京高判平15・1・29判時1835号157頁〔看守者の陵辱・加虐〕……………………239
最決平15・2・18刑集57巻2号161頁〔特別背任罪〕………………………………161
東京地判平15・3・6判タ1152号296頁〔強盗致傷〕…………………………………144
最決平15・3・12刑集57巻3号322頁〔欺く〕………………………………………149
最決平15・3・18刑集57巻3号371頁〔母国に連れ去る目的で子を拉致〕……………67
最決平15・4・14刑集57巻4号445頁〔建造物以外の物の公共の危険〕……………177
最大判平15・4・23刑集57巻4号467頁〔横領罪の委託関係〕………………………157
最決平15・6・2刑集57巻6号749頁〔往来危険罪の往来危険〕……………………184
最決平16・2・9刑集58巻2号89頁〔欺く〕…………………………………………149
千葉地判平16・5・7判タ1159号118頁〔進行を制御することが困難な高速度〕……46
最決平16・7・7刑集58巻5号309頁〔詐欺罪の財産上の損害〕……………………150
最決平16・8・25刑集58巻6号515頁〔被害者の占有〕………………………………127
最決平16・11・8刑集58巻8号905頁〔共同収受した賄賂〕…………………………249
最決平16・11・30刑集58巻8号1005頁〔詐欺罪の不法領得の意思〕………………151

最判平16・12・10刑集58巻9号1047頁〔窃盗の機会の継続中〕……………………140
東京地八王子支判平16・12・16判時1892号150頁〔可罰的違法性〕…………………76
最決平17・3・11刑集59巻2号1頁〔警察官の職務行為〕…………………………243
最決平17・3・29刑集59巻2号54頁〔傷害の手段〕………………………………35
神戸地判平17・4・26判時1904号152頁〔2項強盗殺人〕…………………………138
札幌高判平17・8・18判時1923号160頁〔犯人隠避罪の罪を犯した者〕……………268
最決平17・12・6刑集59巻10号1901頁〔未成年者拐取罪の可罰的違法性〕……………63
東京高判平17・12・9判時1949号169頁〔可罰的違法性〕…………………………76
最決平18・1・17刑集60巻1号29頁〔建造物損壊〕………………………………165
最決平18・2・14刑集60巻2号165頁〔電子計算機使用詐欺罪〕……………………152

図表索引

図表 1-1	犯罪成立要件のスケッチ	6
図表 1-2	さまざまな猶予制度	11
図表 1-3	罪数の区分	13
図表 1-4	刑法第2編の構成	15
図表 1-5	親告罪の理由	20

図表 2-1	主な生命・身体を害する罪の認知件数	23
図表 2-2	人・胎児・死体と刑法の評価	23
図表 2-3	傷害罪と暴行罪の関係と評価	33
図表 2-4	同時傷害の特例とその周辺	40
図表 2-5	過失による生命・身体に対する罪の体系	49
図表 2-6	遺棄罪の内容	55
図表 2-7	主な犯罪の検挙率	65
図表 2-8	秘密の保護	78
図表 2-9	名誉に対する罪の構造	84
図表 2-10	刑法230条の2のしくみ	88
図表 2-11	業務と公務の関係をどう捉えるか	96
図表 2-12	性的感情を害する罪と性犯罪の区分	102
図表 2-13	主な性犯罪と性的感情を害する罪の認知件数	102
図表 2-14	主な財産犯罪の認知件数	119
図表 2-15	財産犯罪の分類	119
図表 2-16	財物と財産上の利益	121
図表 2-17	買戻約款付自動車売買事件	123
図表 2-18	窃盗の手口別構成比	130
図表 2-19	親族関係誤解事件	131
図表 2-20	強盗・居直り強盗・事後強盗の区別	141
図表 2-21	詐欺罪の成立要件	146

図表 3-1	放火罪の危険犯の区別	172
図表 3-2	主な薬物犯罪の検挙人員	190
図表 3-3	有形偽造と無形偽造の区別の意味	209
図表 3-4	非犯罪化と犯罪化	220

図表 4 - 1	拷問に関する法制度のしくみ	235
図表 4 - 2	共犯の種類	241
図表 4 - 3	逃走の罪の主体・客体	265
図表 4 - 4	虚偽の供述と可罰性	271

著者略歴

船山泰範（ふなやま　やすのり）

昭和21年，東京都に生まれる。昭和46年，日本大学法学部法律学科を卒業。昭和48年，日本大学大学院法学研究科修士課程を修了。昭和58年，日本大学法学部専任講師となり，その後助教授・教授となり，現在に至る。この間，亜細亜大学・明治大学・慶応大学の法学部の非常勤講師（刑法，刑事訴訟法），日本大学法科大学院教授（兼担専任）を務める。専攻は刑法。大学のゼミナールにおいては模擬裁判を毎年行ない，中学生・高校生・社会人に対しては解説付きの裁判傍聴を行なっている。さらに，市民が法に親しむための講座を継続的に展開している。

主要著書
『ポイント整理刑法入門』（住宅新報社）
『条文解説・少年法』（共著，有斐閣）
『人間の目でみる刑法』（こぶし社）
『刑法』（弘文堂）
『刑法がわかった』（法学書院）
『司法試験論文本試験過去問・刑法』（辰巳法律研究所）
『図解雑学・刑法』（ナツメ社）
『刑法の役割と過失犯論』（北樹出版）
『図解雑学・裁判員法』（共著，ナツメ社）
『裁判員のための刑法入門』（共著，ミネルヴァ書房）

事例で学ぶ刑法各論

2008年8月1日　初版第1刷発行

著　者　　船　山　泰　範

発行者　　阿　部　耕　一

〒162-0041　東京都新宿区早稲田鶴巻町514番地
発行所　株式会社　成　文　堂
電話 03(3203)9201(代)　Fax 03(3203)9206
http://www.seibundoh.co.jp

製版・印刷　シナノ　　　製本　弘伸製本
☆乱丁・落丁はおとりかえいたします☆　検印省略
© 2008 Y.Funayama　Printed in Japan
ISBN 978-4-7923-1808-6 C3032

定価（本体2800円＋税）